KB178370

신화 비밀 코드

신화가 숨겨놓은 제주

신화가 숨겨놓은 제주

신화
비
밀
코드

송문석

푸른사상
PRUNSASANG

채록의 시대를 넘어

일만 팔천 신들의 고향이 위태롭다. 사회 변화와 함께 신화의 무대가 되었던 무속의 기반이 급격히 무너지고 있다. 제주 공동체의 생활 의식을 규정했던 신화의 힘은 사회 변화와 함께 생활규범으로서 지위를 거의 상실했다. 신앙민이 떠나버린 무속, 삶과 유리된 신화, 그 속에서 일만 팔천 신들도 고향을 잃어가고 있다.

신화는 초월적인 신의 내력담이며 동시에 숨겨진 문화의 역사이다. 얼핏, 신화와 문화는 서로 분리되어 있는 것처럼 보인다. 하지만 마을마다 존재하는 당을 보면 그 속에는 사람들의 삶이 녹아 있다. 그래서 제주의 역사를 조금만 거슬러 올라가면 신화가 곧 문화로 연결되어 있음을 발견할 수 있다.

신의 고향을 지키기 위해서는 신의 위치를 잡아 주어야 한다. 그래야 제주문화의 정체성도 제대로 정립할 수 있다. 신의 좌정처는 어디일까. 당일까? 당에만 머무는 신은 살아 있는 신이 아니다. 신앙민들의 가슴속에, 생활 속에 깃들 때 비로소 살아 있는 신이 되어 당에 머물 수 있다.

마찬가지로 살아 있는 신화가 되려면 심방의 입에서 끝나서는 안 된다. 심방의 입에서 끝나는 신화는 생경한 제주어의 이해되지 않는 주술일 뿐이다. 수많은 독자의 가슴속에서 이해되고 공감되고 소통될 때 비로소 살아 있는 신화가 되는 것이다.

하지만 안타깝게도 제주신화를 살아 있는 신화로 자리매김시키지 못하고 있다. 최근 일부 연구자들은 심방의 입에만 매달렸고, 혹, 고장난 레코드가 이상한 첨가음을 내거나 한 칸 건너뛴 소리를 내는 것처럼, 어떤 심방이 어떤 이야기를 조금 바꿔서 하면 새로운 원전(原典)을 발견한 듯 호들갑을 떠는 형국이다.

해석과 창작을 시도하는 경우도 별반 다르지 않다. 모든 해석에는 이데올로기가 반영되지만 그렇다고 여성성을 과대 포장하거나 지나치게 영웅성을 강조하는 것을 올바른 해석으로 보기 어렵다. 그것이 해석자의 정치적 편향성이 아니라고 하려면 적어도 일관된 해석과 해석의 방법이 있어야 한다. 하지만 그것은 보이지 않는다.

이제 채록을 넘어 독자들이 읽고 이해하고 공감할 수 있도록 일관된 해석 방법으로 풀어놓을 필요가 있다. 그래서 현대문학의 연구를 위해 내가 정립했던 '인지시학'의 방법을 제주신화에 적용했다.

'인지시학'으로 풀어서 꺼낸 제주신화는 문자로 기록할 수 없었던 민중의 삶의 지혜, 아픔, 투쟁의 전언이었고 역사였다. 어떻게 삶을 이어왔는지, 삶을 이어오기 위해 어떤 질서와 제도가 필요했는지, 그 제도가 어떻게 생성되고 소멸되었는지에 대한 기록이었다.

다행스럽게도, 태어나 지금까지 제주에서 살면서 보고, 듣고 체득한 제주문화에 대한 약간의 이해와 인지시학의 방법이 나를 신화 속으로 쉽게 들어갈 수 있게 하였고, 그리고 신화가 숨겨놓은 제주의 이야기를 쉽게 꺼낼 수 있게 만들었다. 그것이 '신화가 숨겨놓은 제주'라는 부제가 달린 『신화 비밀 코드』이다.

이제 신화 하면 그리스 로마 신화만이 아니라 우리나라의 제주신화도 떠올릴 수 있을 것이다. 제주의 오름과 바닷가 돌 사이에, 지금까지 생경한 제주어와 상징으로 숨어 있던 신화가 상징의 옷을 벗으면서 차진 언어로 온전한 모습을 드러냈기 때문이다. 우리 청소년들도 이 책을 통해 그리스 로마 신화 못지않게 재미있는 제주신화를 만나게 될 것이다.

달빛에 젖어 있던 신화가 우리 모두의 관심으로 햇빛에 바래는 역사가 되기를 기대하며 쓴 『신화 비밀 코드』는 청소년을 포함한 독자들에게 다양한 상상력과 재미를 줄 것이다. 제주신화를 처음 접하는 독자들은 신화를 해석하는 나의 상상력을 즐기면서 제주 문화를 체험하는 여행을 하게 될 것이다. 제주신화를 이미 접했던 독자나 내용을 이해할 수 없어 중간에 읽기를 포기했던 독자들은 의미를 깨닫는 놀라운 경험을 선물로 받게 될 것이다. 그리고 이 책을 읽는 신화 연구자들에게는 신화의 의미를 추출하고 해석하는 방법 하나를 부가적으로 획득하는 기회가 되기를 바란다.

『신화 비밀 코드』는 독자의 취향에 따라 다양한 패턴으로 읽을 수 있도록 한쪽에는 제주신화의 원전을 의미가 파괴되지 않게 충실히 실었고, 다른 한쪽에는 신화가 숨겨놓은 제주의 역사와 문화가 흐르도록 배치하면서 읽기 쉽게 구어체를 사용하였다.

종교가 가지고 있는 교리를 해석했다고 해서 종교의 권능이 없어지는 것이 아니듯, 심방이 구술하는 신화를 풀어냈다고 해서 신의 권능이나 심방의 권능이 사라지는 것이 아님을 밝힌다.

그리고 사회적 관심이 전혀 없던 시절부터 오랜 세월 개미가 좁쌀을 줍듯, 제주신화의 채록을 위해 헌신하신 문무병 선생, 진성기 선생, 그리고 고(故) 현용준 선생께 경의를 표한다. 채록의 시대를 넘어 해석의 시대로 나를 이끈 힘의 근원이 선학(先學)들의 공덕임을 밝힌다.

마지막으로 원고를 읽고 오탈자와 필자의 상상력을 검토해 준 후배 강원갑, 강순희 그리고 사진을 흔쾌히 제공해준 오승룡 후배에게 감사를 드린다.

2018년 4월

송 문 석

인간 문화는

부모와 자식이

맺어짐에서

삶과 죽음의 관계에서

모여 사는 공간에서

시작된다.

그곳에 문화 시조신,

대별왕이 있다.

네 개의 눈동자

천지왕 신화

문화의 신

천 근 활로 하늘에 두 개씩 떠 있는 해와 달을 쏘아 떨어뜨렸다.

신들의 이야기가 비논리적으로 보이는 것은 무한한 신의 사고와 정서를 유한한 인간의 관습적 언어와 그 질서로 받아들이는 데서 오는 것이다.

인간의 관습적 언어와 질서를 버리길…….

신화 시대, 제주에서 만들어진 최초의 질서는 무엇이었을까? 천지왕 신화에는 제주 사람들이 만든 최초의 질서가 들어 있지. 최초의 질서가 왜 만들어졌는지, 어떻게 만들어졌는지를 알려면, 태초의 세상이 어떤 세상인지 알아야 해. 사람이 인식한 세상은 어떻게 시작되었을까?

태초에 천지는 암흑으로 휩싸여 한 덩어리가 되어 있었다. 하늘과 땅이 서로 맞붙어 구분이 없었다. 이 혼돈 천지에 개벽의 기운이 돌기 시작했다. 갑자년 갑자월 갑자시에 하늘의 머리가 자방으로 열리고, 을축년 을축월 을축일 을축시에 땅의 머리가 축방으로 열려, 하늘과 땅 사이에 금이 생겨났다. 이 금이 조금씩 벌어지면서 땅덩어리에는 산이 솟아오르고, 물이 흘러내렸다.

하늘과 땅의 경계가 점점 분명해져가면서 하늘에서는 청이슬이 내리고 땅에서는 흑이슬이 솟아나, 서로 합수되어 만물이 생겨나기 시작했다. 먼저 별이 생겨났다. 동쪽에는 견우성, 서쪽에는 직녀성, 남쪽에는 노인성, 북쪽에는 북두칠성 그리고 중앙에는 삼태성 등 많은 별들이 자리 잡았다.

암흑이 계속되던 중에 동쪽에선 청구름이, 서쪽에서는 백구름이, 남쪽에선 적구름이, 북쪽에선 흑구름이, 그리고 중앙에선 황구름이 오락가락하는데, 천황닭이 목을 들고, 지황닭이 날개를 치고, 인황닭이 꼬리를 쳐 크게 우니, 갑을동방(甲乙東方)에서 먼동이 트기 시작했다. 이때 하늘 옥황상제 천지왕이 해도 둘, 달도 둘을 내보내 천지는 활짝 개벽이 되었다.

해도 둘, 달도 둘인 천지의 개벽. 삶이 시작된 세상에는 어디서 흘러왔는지 어떻게 지켜냈는지 모를 생명들이 산과 땅, 바다에서 모습을 드러내기 시작했어. 세상은 암컷과 수컷, 남자와 여자로 만들어졌지. 남자들은 혼자 또는 몇 명이 무리를 지어 사냥을 했어. 여자들도 혼자 또는 몇 명이 무리를 지어 다니며 바다나 들에서 채집을 하면서 살았어. 사냥과 채집을 하다 우연히 만난 남자와 여자들은 당분간 같이 머물며 짝짓기를 해.

그 후, 남자는 떠났고 여자는 아이를 낳아 혼자 키웠지. 여자들은 자식을 낳아 기르다 새로운 남자를 만나 당분간 같이 살지. 그리고 남자가 떠날 때 여자는 기르던 아이를 함께 떠나보냈어. 아이가 새아버지를 따라가는 거지. 그렇게 되면 아이에게 아버지는 하나가 아니라 둘이야. 새아버지 그리고 살과 피를 물려준 아버지. 해가 둘인 세상이 아이에게 주어진 거지.

아이에게 어머니도 둘이야. 새아버지가 또 다른 여자를 만나는 순간, 새아버지를 따라갔던 아이에겐 새어머니가 생겨났어. 아이에게 달도 두 개인 세계가 주어진 거지. 아이는 성장하면서 새아버지, 새어머니와 살아야 되는 세상이 펼쳐졌어.

이것이 개벽되면서 옥황상제 천지왕이 만든 세상의 질서, 원초적 제주의 모습이야.

새아버지, 새어머니와 사는 아이들에겐 무슨 일이 생길까?

● 마틴 테일리와 마고 윌슨의 연구에 의하면, 함께 사는 부모가 둘 다 생물학적 친부모가 아닌 유아와 아동은 생물학적 친부모 모두와 함께 지내는 경우에 비해 가족 내에서 살해되거나 상해를 입을 가능성이 40배에서 100배나 높다고 한다.

그러나 천지의 혼돈이 완전히 바로잡힌 것은 아니었다. 하늘에는 해도 둘, 달도 둘이 떠 있으므로, 낮에는 만민 백성들이 더워 죽고, 밤에는 추워 죽었다.

혈연적으로 아무 관련이 없는 새아버지, 새어머니와 살아가야 하는 아이들. 친자식이 아니어서 그런지 아이들을 지키고 보호하고 양육하는 데 별 관심이 없었던 것 같아. 사냥을 따라 다니다 길을 잃고 죽는 경우도 많았고, 더위나 추위에 죽어가는 아이들도 많았어.

이때는 모든 초목이나 새, 짐승들이 말을 했다.

사냥하는 남자들은 동물의 소리를 들으며 살았어. 동물의 소리를 따라가면 그곳에는 사냥감이 있었지. 어디에 있는지, 어디로 가는지, 목이 마른지, 덫에 걸렸는지를 동물들은 사람들에게 소리로 알려주었어. 동물들의 소리는 사람들이 사냥을 어떻게 해야 될지를 알려주는 언어인 거지.
여자들도 바람에 실려 오는 풀이나 나무의 향기, 바다의 소리를 들으며 살았어. 바람에 실려 오는 향기나 소리를 따라가면 그곳에는 열매가 있었고 바다가 건네준 물고기가 있었지. 향기와 소리도 사람들이 어떻게 해야 할지를 알려주는 말이었어. 초목과 새와 짐승이 말하는 시대가 바로 이런 시대였던 거야.

그뿐 아니라 귀신과 인간의 구별이 없었다. 사람 불러 귀신이 대답하고, 귀신 불러 사람이 대답했다.

다니면서 수렵과 채집을 하다 보면, 사람들이 죽기도 했어. 다쳐서 죽거나, 굶어 죽거나, 병들어 죽었지. 한 곳에서 사냥이 이루어지는 동안 죽은 자와 산 자가 같이 지내야 했어. 그러다 보니 사람이 부르면 귀신이 대답하고 귀신이 부르면 사람이 대답하듯 산 사람과 죽은 사람이 같은 공간에서 지내야 했던 시대야. 그러다 떠날 때는 산 자만 떠나갔지.

이런 세상을 바로잡을 방법이 무엇일까?

천지왕은 항상 혼란한 세상 질서를 바로잡는 일이 걱정이었다. 묘책이 생각나지 않았다. 어느 날 천지왕은 꿈을 꾸었다. 하늘에 떠 있는 해 둘, 달 둘 중에 해와 달을 하나씩 삼키는 꿈이었다. 이 꿈이야말로 혼란한 세상의 질서를 바로잡아 줄 귀한 자식을 얻을 꿈임에 틀림없다. 이렇게 생각한 천지왕은 총맹부인과 천정배필을 맺고자 지상으로 내려왔다.

세상을 바로잡기 위해선 가장 먼저 아버지와 어머니, 새아버지와 새어머니가 뒤섞여 있는 세계, 두 개의 해, 두 개의 달부터 바로잡아야 할 것 같아. 그것 때문에 아이들이 많이 죽었거든. 그러려면 부모와 자식이 있어야 되겠지. 부모와 자식이 있으려면 먼저 자식을 만들어야 해. 자식을 만들기 위해 천지왕이 총맹부인을 찾아왔어.

총맹부인은 매우 가난했다. 모처럼 천지왕을 맞이했으나, 저녁 한 끼 대접할 쌀이 없었다. 생각 끝에 총맹부인은 수명장자에게 쌀을 꿔다가 저녁을 짓기로 했다. 총맹부인이 쌀 한 되를 꾸러 가니, 쌀에 흰 모래를 섞어서 한 되를 채워주었다. 총맹부인은 그 쌀을 아홉 번, 열 번 깨끗이 일어 저녁밥을 짓고, 천지왕과의 첫 밥상을 차려 마주 앉았다. 천지왕은 흐뭇한 마음으로 첫 숟가락을 들었는데 당장 돌을 씹었다.

"총맹부인, 어인 일로 첫 숟가락에 돌이 씹힙니까?"

"쌀이 없어 부자 수명장자에게 쌀 한 되를 꾸었더니 백모래를 섞어서 주어, 아홉 번 열 번을 일어 진지를 지어도 첫 숟가락에 돌이 씹힙니다."

혼돈의 시대, 짝짓기. 평화롭지만은 않았어. 한 여자를 차지하기 위해 목숨을 건 치열한 싸움도 일어났어. 승리한 남자는 여자를 차지했고 패배한 남자는 여자를 빼앗겼어. 여자들은 자신을 차지한 남자로부터 고기를 얻기도 했지. 여자들은 그런 면에서 가난하게 보일 수밖에 없었어. 그러다 남자가 떠나버리면 여자들은 또 새로운 남자를 만나기도 했어. 여자들은 누구의 부인이었고 동시에 누구의 부인도 아니었던 거야.

총맹부인은 수명장자가 이미 차지하고 있던 여자였어. 천지왕이 이 총맹부인을 차지하려고 온 거야. 한 여자를 빼앗고 지키려는 싸움이 시작된 거지.

"괘씸하구나. 괘씸해!"

분노한 옥황상제 천지왕은 수명장자의 됨됨이를 낱낱이 캐어물었다. 고약하기 이를 데 없었다. 가난한 사람이 쌀을 꾸러 가면 흰 모래를 섞어 주고, 좁쌀을 꾸러 가면 검은 모래를 섞어주고, 이것도 작은 말로 꿔주었다가 돌려받을 때는 큰 말로 받아 부자가 되었다.

수명장자의 딸들은 가난한 사람들을 시켜 김을 맬 때 점심을 먹게 되면, 맛있는 간장은 자기네만 먹고 일꾼들에겐 고린 간장을 먹였다. 그뿐 아니라 그의 아들들은 마소의 물을 먹여 오라고 하면, 말발굽에 오줌을 싸서 물통에 들어섰던 것처럼 보이게 하고는 물을 굶겼다.

수명장자를 불태워 죽이는 행위
● 신화는 신(천지왕)과 이 신을 모시는 심방의 이야기이다. 심방이나 신들의 행위는 옳고 정당한 것으로, 대항하는 세력의 행위는 나쁘고 부정한 것으로 기술한다. 승리한 무속신의 입장이 반영된 결과이다. 상대 남자를 죽이고 여자를 차지하는 행위는 오늘과는 달리 신화 시대 제주에서는 자연스러운 현상인 듯하다.

천지왕은 분노를 참을 수 없었다.

"수명장자 괘씸하구나. 벼락장군 내보내라. 벼락사자 내보내라. 우레장군 내보내라. 우레사자 내보내라. 화덕진군 내보내라."

벼락같이 명을 내리고 수명장자의 으리으리한 집을 일시에 홀랑 불태워버렸다. 불탄 자리에 사람이 죽어 있었다.

천지왕은 수명장자의 아들과 딸들에게도 엄벌을 내렸다. 딸들은 가난한 사람들을 고약하게 학대했으니, 꺾어진 숟가락을 하나 엉덩이에 꽂아서 팥벌레 몸으로 환생시켜버리고, 아들들은 마소의 물을 굶겨 목마르게 했으니, 솔개 몸으로 환생시켜 꼬부라진 주둥이로 비 온 뒤에 날개에 맺힌 물을 핥아먹도록 했다.

천지왕과 수명장자의 싸움은 처절했어. 아니 처절하게 수명장자가 패했어. 천지왕은 싸움에 진 수명장자를 불에 태워 죽였어. 너무 못된 짓을 했다는 이유를 엄청 퍼뜨리면서. 승자인 천지왕은 당연히 총맹부인을 차지했지.

천지왕은 합궁일을 받아서 총맹부인과 천정배필을 맺었다. 달콤한 며칠이 지나자, 천지왕은 하늘나라로 올라가게 됐다.

"아들 형제를 두었으니. 태어나거들랑 큰아들은 대별왕이라 이름을 짓고, 작은아들은 소별왕이라 이름을 지어두라."

총맹부인은 한마디 남기고 떠나려는 천지왕을 붙잡아, 징표라도 주고 가라고 애원했다. 천지왕은 박씨 두 개를 내주며 '아들이 나를 찾거든 정월 첫 돼지날에 이 박씨를 심으면 알 도리가 있으리라' 하고는 홀홀히 하늘로 올라가버렸다.

아닌 게 아니라, 총맹부인은 천지왕의 말대로 태기가 있더니 아들 형제를 낳았다.

총맹부인을 차지한 천지왕, 달콤한 며칠을 보냈어. 그래서 아기는 점지되었고, 태어날 아이에게는 해도 둘, 달도 둘인 세계를 바로잡아야 하는 운명이 주어졌지. 아버지도 둘, 어머니도 둘인 세상을 바로잡아 제대로 된 세상을 만들어야 하는 운명을 가지고 아들 형제가 태어난 거야.

쌍둥이 형제는 한 살 두 살 자랐다. 서당에 보낼 나이가 되었다. 삼천 선비 서당에서 글공부, 활공부를 하는데, 벗들 사이에서 '애비 없는 호로 자식'이라고 항상 놀림을 받았다.

형제는 아버지가 없는 것이 한이었다. 하루는 어머니더러 아버지가 누구냐고 졸라댔다. 그제야 어머니는 사실을 털어놓았다.

형제는 아버지가 두고 간 박씨를 받아, 정월 첫 돼지날에 정성껏 심었다. 박씨는 얼마 안 되어 움이 돋아나 덩굴이 하늘로 쭉쭉 뻗어 올라갔다. 아버지가 박씨를 주고 간 것은 이 줄기를 타고 하늘로 찾아오라는 것임을 곧 알았다. 형제는 박 덩굴 줄기를 타고 하늘로 올라갔다.

가고 보니 박 덩굴 줄기는 아버지가 앉는 용상의 왼쪽 뿔에 감겨 있고 아버지는 안 계셨다.

형제는 가슴이 터질 듯 기뻤다. 이 용상은 바로 내 차지라고 생각했다. 형제는 용상에 걸터앉아 기세를 올렸다.

"이 용상아, 저 용상아. 임자를 몰라보는 용상이로구나."

눈을 부릅뜨고 힘껏 용상을 흔들었더니, 그만 용상의 왼쪽 뿔이 부러지면서 지상으로 떨어지고 말았다.

얼마 안 되어 천지왕이 달려왔다. 귀동자 형제를 맞은 왕은 희색이 만면했다.

성장한 두 형제는 아버지를 찾았어. 해도 둘, 달도 둘인 형제의 문제가 해결됐지. 그러나 세상의 다른 아이들에겐 아직도 해도 둘, 달도 둘인 현실이 그대로 지속되고 있었어.

아직도 해도 둘, 달도 둘인 세상을 바꾸어야 하는데. 이 형제에게 그런 능력이 있을까? 능력이 있는지 없는지, 검증을 받아야 하겠지. 어떤 방식으로 두 형제는 검증받을까?

이제 세상의 혼잡한 질서를 바로잡을 때가 왔다고 생각했다. 천지왕은 대별왕에게는 이승을, 소별왕에게는 저승을 차지해서 통치하도록 하였다. 이승은 누구나 욕심이 나는 곳이었다. 소별왕은 어떻게 해서든 이승을 차지하고 싶었다. 한 가지 꾀를 내었다.

아버지 천지왕은 대별왕에게는 이승을, 소별왕에게는 저승을 맡겼어. 이승은 누구나 욕심나는 곳이었어. 더구나 해도 둘, 달도 둘인 세상을 바로잡기 위해서는 이승을 다스려야 해. 부모와 자식의 관계를 정하는 것도 이승의 문제였거든.

"형님, 우리 수수께끼 놀이나 해서 이기는 사람이 이승을 차지하고, 지는 사람은 저승을 차지하는 것이 어떻습니까?"
"어서 그것일랑 그리 해라."
동생의 제안을 형은 곧 수락했다. 수수께끼는 형부터 시작했다.
"아우야! 어떤 나무는 주야 평생 잎이 아니 지고, 어떤 나무는 잎이 지느냐?"

"형님아! 마디가 짧은 나무는 주야 평생 잎 아니 지고, 속이 빈 나무는 잎이 집니다."

"아우야! 그런 말 말아라. 청대 갈대는 마디마디 속이 비어도 잎이 아니 진다."

이 말에 동생이 졌다.

이승을 차지하고 싶은 소별왕은 대별왕에게 수수께끼로 이승을 차지할 사람을 정하자고 제안해. 수수께끼는 두 형제의 능력을 검증하는 일종의 시험이야.

어떤 나무는 항상 푸르고 어떤 나무는 잎이 지는가? 이것이 첫 번째 수수께끼 문제지. 이 수수께끼는 일종의 사냥 문제야. 문제를 풀려면 사냥에서 중요한 것이 무엇인지 알아야 해. 사냥을 잘 하려면 사냥감에게 들키지 않고 접근할 수 있는 능력이 있어야 해. 몸을 잘 숨겨 사냥감에게 접근하기 위해서는 어떤 나무를 선택할 것인지가 매우 중요하지. 늘 푸른 나무는 잎이 무성해서 사냥꾼들이 몸을 잘 숨길 수 있어. 그러면 짐승이 쉽게 접근해 올 수도 있고, 사냥감을 잡기도 쉬워. 반면에, 잎이 진 나무는 몸을 잘 숨길 수 없어. 그러면 짐승이 접근해 오지도 않고, 짐승을 잡기도 어렵지. 사냥감에게 접근할 줄 아는 능력이 있는지를 알아보는 것, 그것이 첫 번째 수수께끼야. 불행히도 동생은 문제를 풀지 못했어. 틀린 거야.

이어서 두 번째 수수께끼를 냈어.

형이 다시 물었다.

"설운 아우야, 무슨 까닭에 동산의 풀은 잘 자라지 않고 우묵한 곳의 풀은 잘 자라느냐?"

"설운 형님아. 이, 삼, 사월 동풍에 봄비가 오더니 언덕의 흙이 낮은 쪽으로 내려가니 언덕의 풀은 잘 자라지 못하고 낮은 곳에 풀은 잘 자랍니다."

"설운 아우야, 모르는 말 말아라. 사람의 머리털은 길고, 발등에 난 털은 짧단다."

이것도 동생이 졌다.

동산의 풀은 잘 자라지 않고 우묵한 곳의 풀은 왜 잘 자라느냐? 이것이 두 번째 수수께끼야. 두 번째 수수께끼도 사냥과 관련된 문제였어. 짐승이 다니는 길을 아는지를 물어본 거지. 짐승이 많이 다니는 길의 풀은 발에 밟히거나 뜯어 먹힌 까닭에 잘 자라지 않고, 짐승이 잘 다니지 않는 곳의 풀은 밟히지 않고, 뜯어 먹히지도 않아 무성하게 자라지. 이런 사실을 알고 있는지 물어본 거야. 동생은 또 문제를 풀지 못했어. 동생이 진 거야.

수수께끼 문제를 볼 때 이승을 다스리기 위해 중요한 것이 사냥이라는 사실을 알 수 있어. 문제를 풀지 못한 소별왕, 사냥 능력이 별로였다는 거야.

포기할 수 없었던 소별왕이 다시 제안하는 경쟁은 무엇일까?

동생은 다시 꾀를 생각해냈다.

"형님, 꽃을 심어서 가꾸어봅시다. 꽃을 잘 피우는 사람은 이승을 차지하고 시들게 하는 사람은 저승을 차지하는 것이 어떻습니까?"

형은 이를 수락했다. 형제는 지부왕에게 가서 꽃씨를 받아다가 은동이, 놋동이에 각각 심었다. 꽃은 움이 돋아났다. 형이 심은 꽃은 나날이 자라서 번성한 꽃이 되어가는데, 동생이 심은 꽃은 시들어가기만 했다. 그대로 두면 동생이 질 게 뻔했다. 동생은 얼른 묘책을 생각해냈다.

"형님, 우리 누가 잠을 잘 자나 경쟁해볼까요?"

"그러자꾸나."

형제는 잠을 자기 시작했다. 동생은 눈을 감고 자는 척하다가 형이 깊이 잠들었음을 확인하고 꽃을 바꾸어놓았다.

"아이고, 설운 형님. 일어나세요. 점심 때가 되었습니다."

동생이 깨우는 바람에 일어나고 보니 형의 꽃은 동생 앞에 가 있고, 동생의 꽃은 형 앞에 가 있었다. 형이 진 것이다. 어쩔 수 없이 이승 차지는 동생에게 넘겨야만 했다.

새로운 제안 꽃가꾸기, 세 번째 경쟁이야.

제주 사람들은 공동으로 소를 방목하고 돌보는 일을 '모시 ㄱ꾸기(가꾸기)'라 하고, 여자의 달거리를 '꽃이 핀다'고 해. 꽃을 가꾼다는 것은 재배와 생식을 포함한 '생명과 피를 가꾸는 능력'으로 심방과 무속신의 핵심 권능이야. 제주신화에서 사람을 살리거나, 죽이거나, 살이 오르게 하거나, 숨을 쉬게 하거나, 웃게 만들거나, 가문을 멸망시키는 등 '생명과 관련된 모든 것을 가꾸는 것'에 반드시 필요한 게 꽃이지.

꽃은 나무와 풀만이 아니라 동물이나 사람의 몸속에 들어 있어. 그러다가 어느 순간 몸 밖으로 나와 열매를 만들지, 열매들은 다시 나무나 풀, 동물이나 사람이 되어 그 속에 꽃을 숨겨놓게 되지. 꽃이 많이 필수록 열매가 많아지고 생명의 숫자도 늘어나게 돼. 대별왕이 꽃가꾸기를 잘했지만 부정한 방법으로 소별왕이 이승을 차지하게 되었어.

형은 저승을 차지해 가면서 동생에게 말했다.

"설운 동생 소별왕아, 네가 이승법을 차지하더라도 인간세상에 살인 역적 많으리라. 도둑도 많으리라. 남자는 열다섯 십오 세가 되면 혼인을 하더라도 남의 아내를 탐내리라. 여자도 열다섯 십오 세가 되면 혼인을 하더라도 남의 남편을 그리워하게 되리라."

소별왕이 이승에 내려와 보니 과연 질서가 말이 아니었다. 게다가 하늘에는 해도 둘, 달도 둘이 떠서 사람들이 낮에는 더워 죽어가고 밤에는 추워서 죽어가고 있었다. 초목과 새와 짐승들이 말을 하여 세상은 뒤범벅이고, 귀신과 생인의 분별이 없어 귀신 불러 생인 대답하고, 생인 불러 귀신 대답하는 판국이었다. 거기에다 살인 역적 도둑이 많고, 남녀 할 것 없이 제 남편 제 부인을 놓아두고 간음이 퍼져 있는 것이다.

소별왕은 이 혼란을 바로잡을 방법이 없었다. 생각 끝에 형에게 가서 이 혼란을 바로잡아달라고 간청했다.

대별왕은 동생의 부탁을 들어주기로 했다.

사냥 능력도 부족하고 재배와 생식 능력도 떨어진 소별왕이 이승을 다스리기는 어려웠어. 소별왕은 대별왕에게 부탁할 수밖에 없었지. 문제만 해결해달라고. 대별왕은 동생의 부탁을 들어주기로 했어.

대별왕은 우선 큰 혼란을 정리해갔다. 먼저 천근 활과 천근 살을 준비해서 하늘에 두 개씩 떠 있는 해와 달을 쏘아 떨어뜨렸다. 앞에 오는 해는 남겨두고 뒤에 오는 해를 쏘아 동해 바다에 던져두고, 앞에 오는 달은 남겨두고 뒤에 오는 달을 쏘아 서해바다로 던졌다. 그래서 오늘날 해와 달이 하나씩 떠오르게 되어 백성이 살기 좋게 된 것이다.

이승에서 제일 먼저 해결해야 할 일. 아이들에게 주어진 해도 둘, 달도 둘인 문제. 아버지도 둘, 어머니도 둘인 세계야. 친부와 새아버지, 친

모와 새어머니 중 누구를 아버지와 어머니로 인정할
것인가? 아이와 처음 관련을 맺는 것은 친부, 친모이
고, 성장하면서 관계를 맺은 것은 새아버지와 새어머
니야. 대별왕이 쏘아 떨어뜨린 것은…… 뒤에 오는 새
아버지와 새어머니였어. 그렇게 되면 아이들과 친부
모가 같이 사는 세계가 만들어지겠지. 씨족의 출현인 거야.

송피가루는 왜 뿌렸을까?

● 소나무껍질에 들어 있는 송진
은 딱딱하게 눌러붙을 수 있다.
그래서 사람들이 한곳에 정착해
서 살게 하는 '붙들어 매다'는 의
미를 나타내는 데 적합하다.

대별왕은 초목과 새, 짐승들이 말하는 것은 송피(松皮)가루를 뿌려서 눌
렀다. 송피가루 닷 말 닷 되를 세상에 뿌리니 모든 금수와 초목의 혀가 굳
어져서 말을 못하고 사람만이 말을 하게 되었다.

▶ **북촌리 바위그늘집자리** 선사유적인 속칭 '고두기엉덕'. '고두기'는 고유 지명이
고, '엉덕'은 절벽 밑이 안으로 굴처럼 파인 곳을 말한다. 제주 화산섬에는 이런 곳
이 많아 곳곳에 사람이 머물러 살았던 흔적이 발견된다. 이렇게 정착하면서부터 사
람끼리만 말을 해도 살아갈 수 있었다. 아니, 그러한 말의 질서를 세워나갔음을 추
정해볼 수 있다.

대별왕이 해결해야 할 두 번째 문제는 무엇일까?

초목과 새, 짐승들이 말하는 문제야. 초목과 새, 짐승들이 말을 못하도록 하려면, 사람들이 초목과 새, 짐승의 말을 듣지 말아야 하는데, 사냥과 채집의 이동 생활을 하게 되면 이 초목과 새, 짐승의 말을 듣지 않을 수 없어. 듣지 않으려면 정착 생활을 해야 해. 이동하는 생활을 금지시키고 눌러 앉히는 생활 방식, 곧 마을의 출현이야. 마을을 이루어 살게 되면 사람들끼리 역할 분담이 생기고, 역할을 수행하려면 사람끼리의 말이 중요해지지. 그러면 초목과 새, 짐승들의 말은 들을 필요가 없어져. 사람끼리만 말을 하게 되지. 만약 초목과 새, 짐승과 대화하면서 이동하게 되면 마을은 붕괴되고 하늘에는 다시 두 개의 해와 두 개의 달이 뜰 거야.

▶ **삼양 선사유적지** 기원전 3세기 경 제주도 최초로 형성된 대규모 마을 유적으로 230여기의 주거지가 확인되고 있다. 이곳은 용담동 유적, 외도 동유적과 함께 가장 큰 3대 고대 마을 중 하나로 추정되고 있다. 이곳에서는 소형 주거지군과 대형 주거지가 따로 형성되어 있으며, 대형 주거지 안에서만 중요 유물이 출토되고 있다.

다음은 귀신과 생인의 분별을 짓는 일이었다. 이것은 우선 그 무게로 써 가르기로 했다. 저울을 가지고 하나하나 달아서 백 근이 차면 인간으로 보내고 백 근이 못 되는 놈은 눈동자를 두 개 박아서 귀신으로 처리 했다.

마지막 남은 문제, 귀신과 사람을 어떻게 구별할까?

살아 있으면 사람, 죽으면 귀신. 그런데 이동 생활이냐 정착 생활이냐 에 따라 사람과 귀신을 처리하는 데에 큰 차이가 있지. 이동 생활에서 사람이 죽어 귀신이 되면 두고 떠났어. 풀이 죽으면 다시 그 자리에서 풀이 돋아나듯이, 죽은 사람도 저승으로 갔다가 다시 살아날 것이라 믿었기 때문이지. 실제로는 산 사람들이 죽은 사람을 두고 떠난 것이지만 죽은 사람이 떠난 것이나 다름이 없어. 이때는 산 사람과 죽은 귀신을 구별할 필요가 없었어. 왜냐하면 죽은 사람을 두고 산 사람들이 사냥을 위해 그냥 떠나면 되었거든.

하지만 정착 생활로 바뀌면 산 자와 죽은 자를 구별해서 처리해야 해. 그렇지 않으면 산 사람도 떠나지 않고 죽은 사람도 떠나지 않아. 마을의 움막이든 동굴이든, 한 장소에 산 사람과 죽은 사람이 계속 같이 있는 것은 문제가 많아. 이 문제를 해결하려면 죽은 사람을 떠나보내야 돼. 죽은 사람을 떠나보내는 것을 장례라고 하지.

제주 사람들은 하늘 밑에 이승인 땅이 있고, 이승 밑에 땅속, 저승이 있다고 믿었어. 저승은 이승으로 올 만물의 저장소였고, 동시에 만물이 죽어서 돌아갈 장소야. 그런데 죽은 사람이 갈 저승인 땅속은 햇빛이 들지 않아 밤하늘보다도 더 깜깜해. 잘 가게 하는 방법, 눈동자가 더 필요한 거지. 그래서 죽은 사람의

산 자와 죽은 자 왜 몸무게로 구별할까?
● 나이가 들어 죽어가거나, 아파서 죽어가거나, 다쳐서 사냥을 못 하거나, 어떤 이유에서건 죽어가는 사람은 사냥을 못해 식량을 구할 수 없다. 그렇게 되면 계속 굶어 뼈만 앙상해져서 죽게 된다. 이것이 몸무게로 죽은 자를 구별한 이유로 보인다.

양쪽 눈에 눈동자를 하나씩 더 그려 넣어 네 개의 눈동자를 만들어준 거야.

눈동자 네 개를 만든 것은 사람을 땅속에 매장하기 위한 거야. 일종의 장례 문화라고 해야겠지. 요즘 장례 문화에는 어두운 저승길을 잘 보는 것보다 더 중요한 것이 있는지, 눈동자를 그려 넣는 대신 입에 쌀을 넣거나 관 속에 돈을 넣어. 배고픔과 돈 없음에 대한 제주 사람들의 아픈 기억이 투영된 결과가 아닐까 해.

이로써 자연의 질서는 바로잡혔다. 대별왕은 더 이상 수고를 해주지 않았다. 그래서 오늘날도 인간세상엔 역적, 살인, 도둑, 간음이 여전히 많은 법이며 저승법은 맑고 공정한 법이다.

▶ **용담동 고인돌 유적** 이동 생활을 하는 고대인들에게 삶과 죽음은 하나로 이어져 있었지만, 정착 생활은 삶과 죽음의 처리 방식을 다르게 하도록 만들었다. 그리하여 매장 문화가 생겨났을 것이다. 때문에 묘지는 매우 다양한 층위의 해석적 코드를 가지고 있다. 고인돌이 많은 노동력을 필요로 하는 것이라면 그것은 정치적 강자의 무덤을 의미한다.

▶ **삼양동 옹관묘** 몸무게를 달아서 백 근이 모자라면 귀신으로 처리하여 저승으로 보내야 한다. 땅속에 있는 저승길은 어둡다. 그래서 더 잘 볼 수 있게 눈동자 두 개를 더 그려 넣었다. 옹관묘를 보고 있노라면 무게를 달았음직한 장면이 떠오른다. 성읍리 유적에서 옹관(甕棺) 토기가 발굴되었다. 이는 몸체가 둥근 발형(鉢形)으로 그 안에는 잘게 부서진 뼈들이 가득 들어 있었는데 그 뼈 가운데 인골(人骨) 조각으로 보이는 불탄 뼈가 섞여 있었다고 한다.

이로써 세상의 큰 질서는 잡혔어. 제주에 최초로 사람들에 의해 세 가지 질서가 만들어진 거야. 세 가지 질서가 만들어졌다고 모든 문제가 해결되는 것은 아니야. 이승은 해결해야 할 문제가 계속 많이 생기는 곳이기 때문이지.

태초에 이 세상은 암흑과 혼돈의 덩어리였고 그 사이에 가는 틈이 생기면서 하늘과 땅으로 구분되었다. 이런 세상에 천지왕이 해도 둘, 달도 둘을 보내어 천지가 개벽되었다. 해도 둘, 달도 둘인 까닭에 만민 백성들이 밤낮으로 죽어가자, 이를 해결할 아들을 낳기 위해 총맹부인과 합궁하여 대별왕과 소별왕을 낳았다. 성장한 대별왕은 천근 활과 천근 화살로 하늘에 떠 있는 두 개의 해와 두 개의 달 가운데 나중에 오는 해와 달을 쏘아 세상을 편안하게 한 다음 저승을 다스리는 신이 되었고, 소별왕은 이승을 다스리는 신이 되었다.

지금까지 사람들은 이 천지왕 신화를 창세신화로 읽으려 부단히 노력했다. 왜 우리는 '천지가 개벽했다'에서 '개벽'이라는 글자에 목을 매고 있을까? 우리나라의 개국신화인 단군신화를 뛰어넘어 더 멀리 있었던 제주의 역사, 그 소실된 역사를 회복하고자 하는 갈망, 또는 소외되고 핍박받았던 섬이지만 한반도의 개국신화보다도 먼저, 최초로, 또는 일등으로 더 위대한 신화를 가지고 있다는 제주 사람들의 자부심. 그것도 그리 나쁘지는 않다.

그런데 신화가 역사를 따라 내려오다 보면 상징화되고 변용된다. 이런 상징화되고 변용된 부분을 펴서 읽어야 하지 않을까. 그것을 푸는 열쇠는 제주의 문화다. 문화라는 열쇠가 들어가야 처음과 중간, 끝이 이어지고 풀린다. 천지왕 신화를 풀어내는 가장 중요한 열쇠, 해와 달이 아버지와 어머니의 상징임을 알아채는 것이다.

아버지는 해, 어머니는 달 같은 존재로 여기는 제주의 문화적 인식. 천지왕 신화에 이 열쇠를 넣어 열면 숨겨졌던 제주의 가족관계, 죽음과 매장, 정착과 이동 생활에 대한 제주의 문화가 그 모습을 드러낸다.

짝짓기를 하고 떠나버리는 남자, 그리고 혼자 아이를 출산하고 키우는 여자, 그러다 새로운 남자를 만나고, 떠나가는 새아버지를 따라 떠나는 아이들. 친부모가 누구인지도 모른 채 새아버지, 새어머니와 살아가면서 스스로 독립해서 살아야 하는 세계, 이것이 해도 둘, 달도 둘인 세계였다. 대별왕은 이런 세계를 친부와 친모를 중심으로 하는 씨족사회로 전환시

컸다. 또 초목과 새, 짐승의 소리를 따르던 이동 생활을 사람끼리 말을 하는 정착 생활로 바꾸었고, 동시에 정착에 따른 장례 문화를 출현시켰다.

한 번 맺어졌다고 해서 평생 가지 않는 일부다처제 또는 일처다부제 같은 복혼적인 남녀 관계를 보여주는 해도 둘, 달도 둘로 개벽된 제주 사회. 오늘의 관념으로 보면 비윤리적으로 보이지만, 당시에는 가장 적합한 질서가 아니었을까? 이것이 천지왕 신화가 숨겨놓은 제주라 여겨진다.

이 의식이 문화의 핏줄을 타고 왔는지, 제주도는 자식들이 부모를 모시지 않는 사회가 되었고, 우리나라에서 이혼율이 가장 높은 지역이 된 것은 아닐까?

새아버지와 새어머니 밑에 살아야 했던 자식들에게 친부모를 찾아주고, 정착 생활과 매장이라는 장례 문화의 사회 질서를 만든 대별왕, 우리는 그를 어떻게 불러야 할까? 창세의 신보다는 제주문화의 시조신으로 부르는 것이 더 적합할 듯한데…….

문화의 정착과정에

필연적으로 나타나는 양면성,

저항과 진압.

구속되는 것이 싫다.

바람처럼 구름처럼 자유스런 영혼으로

산과 들에서

짐승의 피와 고기로 살아가련다.

구속하려는 문화를 거부하는 그곳에,

아내를 버리고, 자식을 버리고 떠난

사냥의 신이 있다.

사냥의 신이 버린 자식,

정착의 신이 되었다.

고기 한 접시를 사이에 두고.

사냥꾼의 운명

송당 신화와 궤눼기도 신화

사냥의 신과 정착의 신

유한한 인간의 관습적 언어와 질서를 벗어나
신의 사고와 정서로 가는 길

원숭이 엉덩이는 빨개.
빨간 건 사과, 빨간 건 사랑, 빨간 건 피……

원숭이 엉덩이라고 쓰여 있어도 사랑이라 읽을 수 있기를.
"원숭이 엉덩이는 언제나 고독하다."

머리빡 셋, 넷 달린 장수를 죽이니
'머리빡 셋'이라고 쓰여 있어도 '여자 셋 거느린 남자'라 읽을 수 있기를.

혁명이 일어나면 따라서 반혁명이 일어나듯, 옛날이나 지금이나 새로운 제도나 질서가 나타나면 그에 따른 반작용이 나타나는 법일까? 천지왕 신화에서 대별왕은 정착 생활을 하도록 했지. 그 후, 많은 여자들은 자식을 키우면서 살아가기에는 정착 생활이 더 좋다는 사실을 알았어. 하지만 사냥하기를 좋아하는 사람들은 정착을 받아들이기가 쉽지 않았어. 받아들이려는 사람과 저항하려는 사람은 누구일까?

소천국은 알손당 고부니모를에서 솟아나고, 백주또는 강남천자국의 백모래밭에서 솟아났다.

정착하면서 살려는 백주또와 사냥을 좋아했던 소천국이 태어났어. 이야기가 시작된 거지.

백주또가 태어나 십오 세가 되어, 가만히 천기를 짚어보니 천정배필이 조선국 제주도 송당리에 탄생하여 사는 듯했다. 백주또는 신랑감을 찾아 제주도로 들어와 송당리로 가서 소천국과 백년가약을 맺게 되었다.

사람들이 십오 세 되면 집을 떠나 짝짓기 상대를 찾았던 시대였어. 이때 남자가 여자를 선택하는가, 여자가 남자를 선택하는가에 따라 생활방식이 결정됐어. 여자들은 자식을 낳아 기르기에 좋은 정착 생활을, 남자들은 피와 고기를 얻을 수 있는 이동 생활을 더 선호했지. 백주또가 송당리에 있는 소천국을 찾아 백년가약을 맺었어. 여자인 백주또가 남자인 소천국을 택한 거야. 정착 생활에 좋은 남자를 선택했다는 거지. 백년가약은 소천국도 정착 생활을 따르겠다는 약속인 거야.

정착 생활을 하면 어떻게 될까?

부부는 아들 오형제를 낳고 여섯째를 포태 중에 있었다. 백주또는 많은 자식을 먹여살릴 것이 걱정이었다.

"소천국님아, 아기는 이렇게 많은데 놀아서 살 수 있겠습니까? 이것들을 어떻게 길러냅니까? 농사를 지으십시오."

부인의 말에 소천국은 오봉이굴밭을 돌아보았다. 곡식 아홉 섬지기나 되는 넓은 밭이었다. 소를 몰고 쟁기를 져서 밭을 갈러 갔다.

백주또는 국도 아홉 동이, 밥도 아홉 동이, 열여덟 동이 점심을 차려서 밭에 지고 갔다.

"점심일랑 소 길마로 덮어두고 내려가오."

백주또는 집으로 돌아오고 소천국은 계속 밭을 갈고 있었다.

정착 생활은 자식들을 안정적으로 키울 수 있어서 좋아. 그래서 백주또는 여러 명의 자식을 낳을 수 있었어. 여러 명의 자식을 키우기 위해선 먹을 음식이 더 필요해지지. 그래서 백주또는 소천국에게 농사를 짓도록 한 거야. 소천국은 농사를 잘 지을까?

이때 배가 고픈 태산절 중이 지나다가 들렀다.
"밭을 가는 선관님아, 잡수던 점심이나 있거든 조금 주십시오."
소천국은 먹으면 얼마나 먹으랴 싶어,
"저, 소 길마를 들고 보시오."
중은 국 아홉 동이, 밥 아홉 동이를 모조리 쓸어 먹고 도망가버렸다.
소천국은 배가 고파 점심을 먹으려고 보니 밥은 한 술도 없었다. 할 수 없이 밭 갈던 소를 때려 죽여 손톱으로 잡았다.
찔레나무로 고기를 구우면서 익었는가 한 점, 설었는가 한 점, 먹다 보니 소 한 마리를 다 먹었다. 그래도 요기가 되지 않았다. 다시 소가 없을까 하여 묵은 각단밭을 살펴보니 검은 암소 한 마리가 풀을 뜯고 있었다. 이 소까지 잡아먹었다, 소천국은 그제야 요기가 된 듯했다.
쇠머리도 두 개, 쇠가죽도 두 개를 담장에 걸쳐두고 소천국은 배때기로 밭을 갈았다. 백주또가 점심 그릇을 가지러 왔다.
"소천국님아, 어째서 배로 밭을 갑니까?"
"그런 게 아니라 태산절 중이 지나가다가 국 아홉 동이, 밥 아홉 동이를 다 들러 먹고 도망가버려, 할 수 없이 밭 갈던 소를 잡아먹고 남의 소까지 잡아먹고 나서야 겨우 요기가 되었소."

농사, 쉬운 일이 아니지. 수확할 때까지 오랜 시간을 기다려야 하고, 계절과 기후에 맞춰 밭을 갈고, 씨를 뿌리고, 수확하고, 다듬어야 하지. 그런데, 농사짓는 것도 힘들지만 남자들을 더 힘들게 하는 것은 피와 고기를 먹을 수 없다는 거야. 고기와 피에 대한 갈망, 그리고 힘든 노동을 견디지 못한 소천국, 중이 점심을 다 먹어버렸다는 핑계로 소를 잡아먹고 말았어. 소천국의 몸속에 흐르던 사냥꾼의 피가 밖으로 터져 나온 셈이지. 정착을 거부하고 사냥 생활로 돌아가겠다는 선언이야.

"당신 소 잡아먹은 건 예상사지만 남의 소까지 잡아먹었으니, 당신은 소 도둑놈, 말 도둑놈이오. 같이 살 수 없으니 살림을 분산합시다."
백주또는 화를 내며 바람 위로 올라서고 소천국은 바람 아래로 내려섰다.

남자가 사냥 생활로 돌아가면 결혼은 당연히 깨지고 말지. 왜냐하면 집을 떠나 사냥 생활을 하면서 돌아오지 않으니까. 정착 생활을 전제로 소천국을 선택했던 백주또, 살림을 분산할 수밖에 없어.
사냥 생활로 돌아간 소천국은 어떻게 될까?

소천국이 배운 것은 원래 사냥질이었다. 백주또와 살림을 가르자, 총열이 바른 마상총에 귀약통, 남날개를 둘러메고, 산야를 휘돌며 노루, 사슴, 산돼지를 잡아먹었다. 사냥을 다니다가 해낭굴 밭에서 정동칼쳇 딸을 만나 첩으로 삼고, 고기를 삶아 먹으며 새살림을 꾸몄다.

사냥 생활로 가면 고기와 피를 많이 먹을 수 있어서 좋지, 남녀관계도 역전되지. 여자가 선택하는 것이 아니라 남자가 여자를 선택해. 그리고 책임질 필요 없이 살다가 또 떠나면 되지. 또 이동하다 필요하면 다른 여자랑 같이 살면 되니까.
그러면 뱃속의 아이는 어떻게 하지?

한편, 백주또는 아들을 낳았다. 아들이 세 살이 되자, 제 애비나 찾아

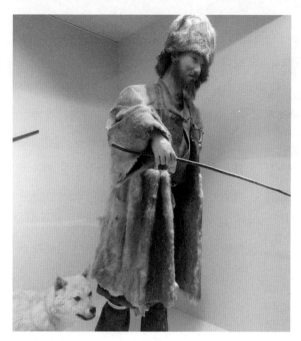

▶ **사냥꾼** 짐승을 찾아 떠나야 하는 사냥은 육식으로 대표되는 이동 생활의 상징이다. 제주민속자연사 박물관에서 만나게 되는 이 사냥꾼은 눈 덮인 한라산을 누비던 겨울철의 소천국이 아니었을까. 이제 손에는 거친 덫과 손수 만든 사냥 도구 대신 마상총(馬上銃)과 귀약통(화약통)을 들었으니, 제법 전문가답지 않은가. 마상총과 귀약통은 심방의 구연 과정에서 시대상이 반영된 결과로 보인다.

주려고 아이를 업고 소천국을 찾았다. 해낭굴 밭 움막에서 연기가 모락모락 나는 것을 보고 찾아가 보니 소천국이 있었다.

업은 아이를 부려놓았다. 아이는 아버지를 만났으니 어리광을 부리느라고, 아버지 무릎에 앉아 삼각수 수염을 뽑고 가슴팍을 치곤 했다. 아버지 소천국은 화를 내었다.

"이 자식, 잉태한 때도 일이 글러서 살림을 분산하더니, 태어나서도 이런 불효한 행동을 하니 죽여야 마땅할 것이로되, 그럴 수는 없고 동해바다로 띄워버려라."

무쇠석함에 세 살 난 아들을 담아 자물쇠를 잠그고 동해바다에 띄워버렸다.

백주또가 소천국에게 보내는 아들

● 씨족 개념이 형성되지 않은, 해도 둘, 달도 둘인 시대에는 자식을 새아버지에게 딸려 보낸다. 하지만 씨족 개념이 형성되면서 어머니는 친부에게 자식을 보내기 시작한 것으로 보인다.

불효를 이유로 버리는 자식?

● 자식을 버리는 것은 수렵과 사냥의 이동 생활에 따른 자연스런 방식이었을 것으로 여겨진다. 하지만 굳이 불효를 내세운 이유는, 자식을 버리던 이동 생활의 자연스러운 질서가 정착 생활로 변하고 세월이 흐르면서 비윤리적인 내용이 되었기에, 심방들은 현실에 맞게 불효를 근거로 자식을 버렸다고 표현한 것으로 보인다.

소천국과 백주또 사이에 남겨진 문제가 있었어. 소천국이 떠나버린 후 태어난 자식, 궤눼기도야. 정착 생활을 했으면 백주또와 소천국이 잘 키울 텐데. 어떻게 키워야 되지? 이동 생활 방식으로 키울 수밖에 없어. 이동 생활 방식에 따라 백주또는 자식을 아버지나 새아버지에게 보내야겠지. 그래서 여섯째 아들, 궤눼기도가 아버지 소천국에게 보내진 거야.

소천국도 이동 생활의 방식에 따르지. 자식이 혼자 스스로 살아가도록 버렸어. 무쇠석함에 담아 동해바다로 띄워버린 것은 스스로 살아가야 하는 세계를 상징한 거라고 할 수 있어.

무쇠석함은 용왕국에 들어가 산호 가지에 걸렸다. 그날부터 용왕국에 풍운조화가 일어났다. 용왕국 대왕이 이상히 생각하고 큰딸을 불렀다.

"큰딸아기, 나가보라. 어찌 든변 난변이 세어지느냐?"

"아무것도 없습니다."

"둘째딸아기, 나가보라. 어찌 든변 난변이 세어지느냐?"

"아무것도 없습니다."

"작은딸아기, 나가보라. 어찌 든변 난변이 세어지느냐?"

작은딸이 나가보더니

"산호 가지에 무쇠석함이 걸렸습니다."

"큰딸아기가 내리라."

"한쪽 귀도 달싹 못 하겠습니다."

"둘째딸아기가 내리라."

"한쪽 귀도 달싹 못 하겠습니다."

"작은딸아기가 내리라."

작은딸은 번쩍 들어서 내려놓았다.

"큰딸아기, 문 열어라."

열 수가 없었다.

"둘째딸아기, 문 열어라."

열 수가 없었다.

"작은딸아기 문 열어라."

작은딸아기가 꽃당혜 신은 발로 세 번을 돌아가며 차니 무쇠석함이 저절로 설강 열렸다. 속에는 옥 같은 도련님이 책을 한 상 가득히 받고 앉아 있었다. 용왕국 대왕이 말을 걸었다.

"어느 국에 사느냐?"

"조선 남방국 제주도 삽니다."

"어찌하여 왔느냐?"

"강남천자국에 국란이 났다 하여 세변을 막으러 가다가 풍파에 쫓겨 들렀습니다."

용왕국 대왕은 천하 맹장이라는 생각이 들었다.

"큰딸 방으로 드십시오."

대답이 없었다.

"둘째딸 방으로 드십시오."

대답이 없었다.

"작은딸 방으로 드십시오."

작은딸 방으로 들어간다.

버려진 아들 궤눼기도, 버려진 이유는 부모가 정착 생활을 버리고 이동 생활로 돌아갔기 때문이야. 자신을 불행하게 만든 이동 생활, 자기와 같이 불행한 또 다른 아이가 생기지 않으려면, 다시 정착 생활로 돌려놓아야 되겠지. 정착 생활로 돌려놓기 위해서는 부모의 정착 실패의 한계를 극복해야 해. 그러기 위해 궤눼기도가 해야 할 첫 번째 일, 남녀 관계를 다시 정립하는 거야.

어머니가 아버지를 선택해서 부모의 정착 생활은 이루어졌어. 하지만 그것만으로는 부족해. 아버지는 어머니만 선택한 것이 아니었어. 사냥 생활로 돌아가면서 또 다른 여자를 선택해서 살았거든 이 문제를 해결하려면 여자가 남자를 선택해야겠지만, 동시에 남자도 한 여자만을 선택해야 해. 여러 여자를 거느리는 것은 정착 생활을 위험에 빠뜨리는 거지. 이것이 궤눼기도가 용왕국의 딸들 중에서 작은딸만 선택한 이유야.

작은딸은 칠첩반상에 융숭하게 상을 준비하여 갔으나 거들떠보지도 않았다.

"조선국 장수님아, 무슨 음식을 잡수십니까?"

"내 국은 소국이라도 돼지도 잡아 한 마리를 다 먹고, 소도 잡아 한 마리를 다 먹는다."

아버지에게 가 말을 하니 용왕국 대왕이 말했다.

"내가 사위 손님 하나 못 대접하겠느냐?"

날마다 돼지를 잡고 소를 잡고 석 달 열흘을 먹여가니, 동창고, 서창고가 다 비어갔다. 용왕국 대왕이 이 사위를 그대로 두었다간 용왕국이 망할 것이라 생각하고,

"여자라 한 것은 출가외인이니 남편 따라 나가거라."

용왕국 대왕은 막내딸을 불러 지시하고, 무쇠석함에 사위 부부를 들여

놓아 물 바깥으로 띄워버렸다.

정착 생활로 되돌리기 위해 궤눼기도가 해야 할 두 번째 일, 육식 문제를 해결하는 일이야. 육식은 수렵과 사냥을 통해 얻어지지. 육식을 하려면 사냥을 해야 하고, 사냥을 위해선 집을 떠나야 해. 그렇게 되면 정착 생활은 무너져. 정착 생활을 지키기 위해선 육식을 멈추면 돼. 육식을 멈추면 사냥하러 집을 떠날 필요가 없게 되지. 궤눼기도가 셋째 딸과 함께 용왕국을 떠나는 이유, 육식을 멈추고 정착 생활을 지키려는 뜻이지.

무쇠석함은 강남천자국 백모래밭에 떠올랐다. 그날부터 강남천자국에 풍운조화가 일기 시작하였다. 천자님은 매우 걱정하여 하인을 시켜 해변을 돌아보도록 하였다. 보고가 들어왔다. 백모래밭에 무쇠석함이 떠올랐는데 거기에서 풍운조화가 일어난다는 것이었다.

"황 봉사를 불러라."

황 봉사에게 점을 치니 무쇠석함의 문을 열려면 천자님이 모대를 차리고 향촉을 피워 북향 사배를 드려야 열린다는 것이었다. 할 수 없이 천자님이 모대를 차리고 향촉을 피워 북향 사배를 드리니 무쇠석함이 열렸다. 속에는 옥 같은 도련님과 아기씨가 앉아 있었다.

"어느 국에서 오셨습니까?"

"조선 남방국 제주도에 삽니다."

"어찌하여 오셨습니까?"

"소장은 귀국에 남북적을 격파하고 세변을 막으러 왔습니다."

그때는 마침 남북적이 강성하여 천자국을 치려는 판이었다. 천자님은 팔목을 덥석 잡고 궁 안으로 모셔들었다. 천자님은 무쇠 투구, 갑옷, 언월도, 비수검, 나무활, 보래활, 기치창검을 내어주고 남북적을 쳐달라고 부

● 머리는 보통 우두머리, 대장의
의미로 수렵과 채집 시대에 여
자들을 둘, 셋, 넷씩 거느린 남자
를 상징하고 있다. 천지왕 신화
에 나타난 하늘에 떠 있는 두 개
의 해, 두 개의 달과 같은 의미라
할 수 있다.

탁했다.

천자의 부탁을 받은 궤눼기도는 억만 대병을 거느리
고 싸움판으로 나아갔다. 처음에 들어가서 머리빡 둘
달린 장수를 죽이고, 두 번째 들어가서 머리빡 셋 달린
장수를 죽이고, 세 번째 들어가서 머리빡 넷 달린 장수
를 죽이니, 더 이상 대적할 장수가 없었다. 천자님이
크게 기뻐하여 포상을 하려 했다.

"이런 장수는 천하에 없는 장수로다. 땅 한 조각, 물 한 조각을 베어드
릴 테니 땅세, 국세를 받아먹고 사십시오."

"받지 않겠습니다."

"그러면 천금상에 만호후를 봉하리다."

"그것도 싫습니다."

남자가 한 여자만을 선택하고 육식을 하지 않으면, 정착 생활이 유지
될 수 있을까? 그렇지는 않아. 정착을 거부하는 저항 세력이 있기 때문이
야. 이들은 강남천자국에 변란을 일으킨 머리빡이 둘, 셋, 넷 달린 장수들
로, 여러 여자를 거느린 남자를 상징하고 있어. 이 세력을 진압하지 않으
면 정착 생활이 계속 위험해. 정착으로 되돌리기 위해 궤눼기도가 해야
할 세 번째 일이 바로 이들을 진압하는 거야.

"그러면 소원을 말하십시오."

"소장은 본국으로 가겠습니다."

관솔을 베어서 전선 한 척을 짓고, 산호, 양식 등을 한 배 가득 싣고, 억
만 군사를 대동하여 조선국으로 나왔다. 경상도라 칠십칠 관 전라도라 오
십삼 관으로 하여, 일 제주, 이 거제, 삼 남해, 사 진도, 오 강화, 육 완도로

하여 제주도로 들어온다.

제주 비자림에 올라가서 천지가 진동하게 방포일성을 놓았다. 송당리에 있는 아버지 소천국과 어머니 백주또는 총소리에 깜짝 놀라 하녀를 불렀다.

"어찌하여 방포일성이 크게 나느냐?"

하녀님이 나가 보더니 황급히 보고했다.

"세 살 적에 무쇠석함에 담아 띄워버린 상전님이 아버지를 치러 들어옵니다."

"에이 이년, 고약한 년이로다. 그사이에 무쇠석함이 다 녹아 없어졌을 터인데, 여섯째 아들놈이 살아올 리가 만무하다."

말이 끝나기도 전에 방포일성을 크게 내며 여섯째 아들이 들어왔다. 아버지는 겁이 나서 어쩔 줄 모르고, 알손당 고부니모를로 도망치다가 죽어 좌정하고, 어머니도 겁이 나서 도망가다 웃손당 당오름에 가 죽어 좌정하여 당신이 되었다.

강남천자국에서 많은 여자를 거느리고 있는 정착 거부 세력을 진압한 궤눼기도. 마지막으로 해야 할 일, 사냥 생활로 회귀하면서 자신을 버린 아버지를 진압하는 일이지. 아버지 소천국은 사냥 생활을 하며 백주또와 정동쳇칼집을 거느리고 있었어. 육식에 빠진 머리빡 둘 달린 장수와 같은 존재였던 거야. 당연히 진압해야겠지. 그래서 아버지도 죽고 어머니도 죽었어.

여섯째 아들 궤눼기도는 각 마을 일류 포수들을 모아다 노루, 사슴, 산돼지 들을 많이 잡아오게 하였다. 아버지가 생시에 사냥을 잘하고 고기를 좋아했으므

아버지 소천국과 어머니 백주또는 왜 도망치다 죽었을까?
● 아들이 아버지와 어머니를 죽였다고 하는 것은 시대가 바뀌면서, 윤리적인 문제를 야기할 수밖에 없다. 이를 해결하기 위해 아들이 죽인 것이 아니라 도망가다 죽었다고 표현한 것으로 여겨진다.

▶ **송당 본향당** 이곳에서는 1년에 네 번 큰굿이 행해진다. 현대적 마을 만들기에 밀려 점차 사라져버리는 다른 마을의 당굿과 달리 성대하게 치러진다. 하지만 대제일(大祭日)이 끝나버리면 백주또 신위를 모신 송당 본향당의 바람과 빛도 역시 고즈넉하기만 하다. 백주또는 아들 열여덟, 딸 스물여덟을 낳았다. 이후 신의 자손들은 가지가지 송이송이 뻗어나가 제주 전역에 좌정하였다. 마을이 퍼져 나갔고, 삶이 이어져 나갔기에 송당 본향당은 제주 사람 모두의 본가(本家)라 할 수 있을 것이다. 사냥의 상징인 육류는 당연히 반입 금지.

로 사냥해 온 고기를 올려 제를 지낸 후 방광오름으로 가서 억만 군사를 다 돌려보냈다. 이제는 홀가분한 몸으로 한라영산을 구경하러 나섰다.

차차 올라 교래리, 김녕리를 지나 정시물에 왔다. 여기나 좌정할까 하여 보니 여자들이 목욕을 하고 있는 것이 보였다.

"더러워 못 쓰겠다."

다시 좌정할 곳을 찾아 좌우를 살펴보니 별도 솜솜, 달도 솜솜해서 알궤눼기가 좌정할 만했다.

좌정할 곳을 정해두고 모래사장을 내달아 보니 서울 둥당 과거 줄 만하다. 노물이는 괴괴 잔잔하고, 젱핌은 말발이 세고, 당올래는 인발이 세고, 식당빌래는 개짐승이 세다.

김녕리를 한 바퀴 둘러본 뒤, 망태목에 차일을 치고, 사흘이레 동안을 앉아 있어도 어느 누구 대접하려 드는 자가 없었다. 궤눼기도는 마흔 여덟 상단골, 서른여덟 중단골, 스물여덟 하단골에 풍운조화를 내려줬다. 당골들은 원인을 알 수가 없었다. 심방을 데려다 점을 쳐보니 심방이 말했다.

"소천국 여섯째 아들이 옥황상제의 명을 받아 김녕 신당으로 상을 받으려고 내려준 풍운조화입니다."

그제야 당골들은 궤눼기도를 모시고 물었다.

"그러면 어디로 좌정하시겠습니까? 좌정할 곳을 말씀하옵소서."

"나는 알궤눼기로 좌정하겠노라."

"무엇을 잡수시겠습니까?"

"소도 전 마리를 먹고 돼지도 전 마리를 먹는다."

만백성이 사정을 했다.

"가난한 백성이 어찌 소를 잡아 위할 수 있겠습니까? 가가호호에서 돼지를 잡아 위하겠습니다."

"어서 그리 해라."

그리하여 만백성이 알궤눼기에 자리를 고르고 제단을 만들어 일 년에 한 번 돼지를 잡아 물 한 방울도 덜지 아니하고 위하는 신당이 되었다.

부모를 포함한 정착 거부세력은 모두 진압됐어. 그러면 모든 문제가 해결된 걸까? 사람들이 고기를 먹고 싶다는 욕망을 완전히 없앨 수는 없었어. 이 욕망이 있는 한 정착 생활은 언제 다시 위험에 빠질지 몰라. 그래서 생각해낸 방법이 있어. 일 년에 한번은 고기를 먹게 하는 거야. 돗

▶ **궤눼기당** 알궤눼기를 덮은 고령의 신목(神木) 팽나무가 궤눼기도의 행적을 상상
케 한다. 요즘은 궤눼기도를 전쟁의 영웅이라 부르기도 하지만, 그는 '정착 영웅'이
마땅하다. 이동에서 정착으로 삶의 생태를 바꾸었고, 언제나 어디서나 분별이 없었
던 육식의 식습관을 질서와 의례로써 정착화시킨 신격이기 때문이다. 김녕리 일대
에서는 지금도 일 년에 한 번 돼지를 전(全) 마리 바치는 '돗제'가 행해져 이 신을 달
래고 있다.

제 때 그날만은 고기를 먹어도 된다고 정한 거지.

송당 신화에서는 백주또가 자신에게 맞는 남자를 선택하기 위해 송당으로 와서 소천국을 만나고, 혼인하여 살면서 아들 다섯을 낳고 여섯째를 임신 중에 소천국에게 농사를 짓게 한다. 밭을 갈러 간 소천국은 중을 핑계로 밭을 갈던 소와 각단밭에 있던 소까지도 잡아먹어 버린다. 그러자 백주또는 도둑하고 같이 살 수 없다 하여 살림을 가르고 헤어진다.

궤눼기도 신화에서는 백주또가 남편과 결별할 때 임신했던 아들이 태

▶ **제주시 상귀리 송씨할망당** 신의 좌정처, 식성이 문제로다. 원래 송씨 할망과 강씨 하르방은 황다리궤에 같이 좌정하여 당골의 공양을 받았다. 강씨 하르방은 남정네들끼리 돼지 추렴을 하여 술 냄새 고기 냄새를 풍긴다. '아이고, 냄새야. 술과 고기를 좋아하는 당신은 저 바람 아래쪽 문간으로 내려삽서.' 사진 오른쪽이 송씨 할망이 좌정한 곳이고, 왼쪽 하단의 바위틈이 하르방이 좌정한 문간방이다.

사냥을 통한 이동 생활을 금기시하는 신화들

● 짐승의 피와 고기를 먹는 행위는 사냥의 상징이 되었고, 사냥은 곧 정착 생활을 위협하는 것으로 인식되었다. 그래서 육식을 금지하고자 했던 의식이 신화에 반영되었는데, 제주시 상귀리 송씨할망당, 제주시 와흘본향당, 제주시 세화본향당 신화가 대표적이다.

어나 네 살이 되자, 아버지에게 데려다준다. 아버지 소천국은 불효를 이유로 자식을 버린다. 버려진 궤눼기도는 용왕국에 도착해 막내딸과 결혼하고 강남천자국으로 가서 국난을 평정한다. 그 공으로 강남천자국 천자님이 영토를 나누어주겠다고 하지만 이를 거부하고 제주도로 돌아온다. 궤눼기도가 돌아왔다는 소식을 들은 소천국과 백주또는 도망가다 죽어 송당에 좌정하여 신이 되고 궤눼기도는 김녕에 좌정해서 신이 된다.

▶ **제주시 구좌읍 세화리 본향당** 피와 고기를 먹는 사냥을 금지한 후 금상이 죽어가자, 금상을 살리기 위해 당골들이 상을 바치는 날에 따로 고기를 대접한 것도 정착 생활로 인한 사냥 금지의 문제를 해결하는 방법으로 보인다.

▶ **제주시 와흘 본향당** "돼지고기가 너무 먹고정허영 돼지털 그슬려 냄새를 맡앗수다." "에, 투, 더럽다. 당장 저리 내려앉읍서." 금백주의 아들인 백조도령은 서정승따님아기를 내쫓았다. 그리하여 와흘본향당 중앙 제단에는 백조도령이 혼자 좌정해 있고, 동쪽 제단에 서정승따님아기가 좌정해 있다. 이 신화에서는 남녀의 위치가 바뀌었다. 문화의 열쇠를 넣어 그 이유를 알아보면 어떨까.

    사람들은 이 신화를 통해 남자를 선택하고 살림을 분산하는 백주또의 모습에서 결혼과 이혼에 당당한 제주 여성의 주체성과 독립성을 읽기도 한다. 그리고 어렵게 성장하여 강남천자국의 국난을 평정한 궤눼기도의 영웅적인 면모에서 어려운 환경을 극복하는 불굴의 의지를 생각하기도 한다. 하지만 이동 생활과 정착 생활이라는 문화적 열쇠를 넣어 읽게 되면 이 송당 신화와 궤눼기도 신화는 정착의 질서를 거부하며 저항했던 세력을 어떻게 진압했는지를 보여준다.

이동 생활을 하는 사람들에게 정착 생활은 혁명적인 변화다. 정착 생활을 통해 농사를 지으며 살아가도록 한 이 변화는 피와 고기를 사냥하는 사람들, 특히 남자들에겐 수용하기 힘든 변화였다. 정착은 남자들이 피와 고기 먹는 것을 어렵게 했으며 생존과 자식 양육을 위해 힘든 농사를 감내하도록 만들었다. 더욱이 떠돌며 사냥하던 남자들이 살림살이를 이유로 여자들에게 구속되는 결과도 가져왔다.

자식의 양육과 가족의 생계에 대한 책임, 계절에 맞추어야 하는 힘든 농경생활. 이를 받아들이는 세력과 거부하는 세력 간의 투쟁. 저항의 신 소천국. 이를 진압하는 신 궤눼기도. 정착 생활의 복귀를 통해 안정적인 생존을 영위하고자 하는 세력을 대표하는 궤눼기도. 이에 맞서 정착을 거부하고 이동하며 사냥을 통해 자유롭게(?) 살아가려는 세력을 대표하는 소천국. 이들의 투쟁의 역사가 바로 송당 신화와 궤눼기당 신화이다.

소천국과 백주또 부부 사이에서는 정착을 거부하고 저항한 소천국이 승리하는 듯했지만 그의 아들 궤눼기도의 진압으로 좌절된다. 궤눼기도는 소천국을 진압하여 천지왕 신화에서 선언한 정착의 질서를 회복한 신이라 할 수 있다.

그 후, 정착 사회의 질서를 회복했지만 자유롭게(?) 떠돌며 피와 고기를 사냥했던 남자들은 가정에 묶인 채 일 년에 한 번 마을 대제 때 고기를 먹었다. 세월이 흐르고…… 지금은 마을 대제 때 찾아오는 손님과 관광객들에게 메밀국수를 준다는 소문이……. 고기는 주지 않는가 보다.

21세기 제주도의 남자들에겐 소천국의 피가 흐르고 있을까? 아니면 궤네기도의 피가 흐르고 있을까?

서 말 닷 되의

피를 쏟고

삼백예순

뼈를 늦추고

열두 궁문을 열어,

죽을 것 같은 출산의 강을 건널 때,

생명 속 생명 속 생명 속

생명이 아득해질 무렵,

내미는 유일한 손 .

그곳에 생명의 신,

삼승할망이 있다.

출산, 승리의 프레임

삼승할망 신화

생명의 신

신이 가지고 있는 사고와 정서에는 크기가 있다
사고가 강해질수록
유한한 인간의 관습적 언어와 유사해지고
정서가 강해질수록
관습적 언어로부터 멀어진다.

여자의 삶에서 출산은 특히 중요하지. 두려움과 고통, 그리고 탄생의 기쁨과 신비로움을 동시에 수반하는 출산. 제주 사람들은 어떻게 인식했을까? 출산은 생명의 시작이라는 점에서 사람들의 생과 사를 포함한 세계관을 잘 보여줘. 제주 사람들은 세상이 하늘, 땅위, 땅속으로 이루어졌다고 믿었어. 땅은 사람을 포함한 만물이 살아가는 이승이고, 땅속은 만물이 죽으면 돌아가는 저승이지. 만물은 저승으로 갔다가 때가 되면 다시 이승으로 와서 꽃을 피우고 열매를 맺는다고 생각했어. 사람도 마찬가지야.

그런데 이승에서 저승으로, 저승에서 이승으로 오고 가는 길은 쉽지가 않아. 왜냐하면 저승길인 땅속은 깜깜해서 길을 찾기가 어렵기 때문이지. 사람들이 쉽게 가거나 오려면 누군가의 도움을 받아야 해. 사람들이 이승으로 올 때 받아야 할 도움은 두 가지야. 하나는 이승으로 갈 대상자가 되는 '점지'이고, 다른 하나는 길을 잘 찾아 무사히 이승에 도착하는 '출산'이지.

사람이 이승으로 오는 길, 출산은 여자를 통해 이루어져. 여자의 몸에서 꽃이 피고, 열매 맺듯이 사람이 태어나지. 그런데 이승으로 오다가 길

자식 점지 권능

● 언제부턴가 생명꽃을 얻어 아기를 점지하는 것에서는 심방보다 스님이 더 신뢰를 얻기 시작했다. 아이 출산은 여자가 하는 일이지만 아기를 잉태하게 만드는 것은 남자이기 때문이다. 그러다 보니 아기를 기원해주는 여자 심방보다 남자 스님이 더 잘 점지한다고 알려졌고, 실제로 절간에서 백일기도한 여자가 아기를 가졌다는 사실이 알려지면서 아기를 점지하는 일은 스님의 일로 넘어갔다. 이후 아기 점지는 불교가 더 인정을 받았고, 사람들은 절에서 아기를 기원하는 백일기도를 드리게 되었다.

을 잃게 되면 태어날 아이도, 어미도 저승으로 가버리게 돼. 사람을 '점지'하고 '출산'시키는 권능을 지닌 신이 필요했어. 그런데 이 권능을 차지하려는 도전 세력이 나타났어.

첫 번째 도전 세력은 불교였지. 불교는 유입과 동시에 점지 권능을 어느 정도 인정받았어. 절에서 백일기도를 한 여자가 아기를 잉태한 사실이 알려지면서 사람들로부터 점지 권능을 인정받은 거야. 그래서 출산 권능도 차지하기 위해 나섰어.

출산 권능을 쟁취하기 위해 나선 불교의 신격은 누구일까?

동해용왕이 서해용왕따님과 천정배필을 맺었다. 서른이 지나 마흔 살이 다하도록 자식 하나 없어 호호 근심이었다. 점을 쳤다. 명산대찰에 정성을 드리면 자식을 얻는다고 했다.

동해용왕은 관음사에 가서 석 달 열흘, 백일 간 기도를 정성껏 올렸다. 얼마 안 되어 용왕 부인에게 태기가 있었다. 아들자식을 바랐지만 월궁(月宮) 선녀 같은 딸아기가 태어났다. 딸자식인들 어떠냐고 호호 모셔가며 길렀다.

불교를 기반으로 출산의 권능을 쟁취하고자 하는 신격 동해용왕따님 아기가 태어났어. 당연히 불교의 점지로 태어나야겠지. 권능을 쟁취하기 위한 그녀, 그녀의 성장은 어떻게 이루어질까?

너무 호호 모셔가며 키운 까닭에 딸아기는 여러 가지 죄를 지었다. 한

▶ **자식 기원** 눈미 불돗당에는 지금도 자식을 기원하는 치성을 들인 흔적을 볼 수 있다. 팽나무 신목(神木)과 그 옆에 8평 정도의 초가 당집(堂宇)이 있다. 당집 안에 있는 큰 바위가 신체(神體)다. 옥황상제의 막내딸이 지상으로 귀양을 와, 와산리 당오름 꼭대기에 내려와 큰 바위로 변하여 좌정해 있다고 한다. 아이를 낳기 위한 간절함으로 인하여 제주 여인들은 이곳으로 불교의 신과 무속의 신과 자연의 신을 모두 호출한 것이리라.(자식 점지를 기원하는 무속의 형태를 엿볼 수 있는 기자석(祈子石). 제주민속자연사 박물관)

살 적엔 어머니 젖가슴을 때린 죄, 두 살 적엔 아버지 수염을 뽑은 죄, 세 살 적엔 널어놓은 곡식을 흩뜨린 죄, 네 살 적엔 조상 불효, 다섯 살 적엔 친족 불화, 여섯 살 적엔 존장 불효……

이렇게 죄목이 많아지니 아버지 동해용왕은 딸을 죽이기로 작정했다. 아무래도 딸아기 목숨이 위험함을 안 동해용왕 부인은 남편을 달랬다.

"내 속으로 낳은 자식을 어찌 내 손으로 죽일 수 있겠습니까? 그러지 말고 동해 용궁 무쇠장이를 불러다가 무쇠석함을 만들어서 바다로 띄워 버리는 게 어떻겠습니까?

부인은 딸아기를 인간세상으로 보내어 목숨을 살리려는 심산이었다.

"어서 그것일랑 그리 합시다."

동해용왕따님아기를 부정적으로 기술하는 이유?

● 불교와 무속은 신앙민을 차지하기 위해 서로 경쟁하는 상대들이다. 무속의 입장에서 경쟁자를 긍정적으로 기술할 수 없다.

▶ **석달 열흘 백일 불공** 제주신화에는 영급 좋은 동개남 은중절에 가 수륙재를 드렸다는 표현이 자주 등장한다. 이에 대응되는 짝으로서 '서과남 무광절'이라는 말도 보인다. '개남'과 '과남'은 공히 '관음(觀音)'을 지칭하는 제주어이다. 그렇다면 실제 현실 공간으로서 이 절은 어디였을까. 현재 관음사는 토속신앙을 수용한 고산신각, 칠성각, 독성각을 하나의 당우 아래 두고 있다. 확실한 것은 한라산 650미터에 위치한 현재의 관음사를 지칭한 것은 아닐 것이다.

그리하여 딸아기를 동해바다로 띄워 버릴 준비 작업은 착착 진행되어 갔다. 동해용왕따님아기는 눈앞이 캄캄해졌다.

"어머님아, 난 인간세상에 가서 무엇을 해서 살아갑니까?"

"내 딸아, 인간세상에는 아기를 잉태시켜 낳게 해주고 길러주는 생불왕인 삼승할망이 없으니, 생불왕 삼승할망으로 들어서서 얻어먹어라."

"생불은 어떻게 주며 해산은 어떻게 합니까?"

"아버지 몸에 흰 피 석 달 열흘, 어머니 몸에 검은 피 석 달 열흘, 아홉 달 열 달 채워서 해산시키라."

어디로 해산시키는지 미처 다 듣기도 전에 얼른 딸아기를 무쇠석함에 담아서 바다에 띄워 보내라는 아버지의 호령이 떨어졌다. 동해용왕따님아기는 석함에 담겨지고 자물쇠가 단단히 채워졌다. 바닷물에 띄워 버린 석함은 물 아래도 삼 년, 물 위에도 삼 년 궁글궁글 떠다녔다.

그녀의 성장 과정을 이해하기 위해선 이 신화가 무속의 신화라는 것을 기억해야 해. 무속의 입장에서 보면 동해용왕따님아기는 경쟁하고 물리쳐야 할 대상이야. 일종의 적인 셈이지. 적을 훌륭하다고 칭찬하기는 힘들지. 그러다 보면 물리치지 못하고 적에게 당할 수 있기 때문이야. 그래서 동해용왕따님아기는 여러 가지 죄를 짓는 못된 아이로 표현하고 있는 거지.

더욱이 동해용왕따님아기가 갖고 있는 불교적 세계관은 부모-자식의 인연도 끊어버리게 해. 자식이 출가를 하면 속세의 인연을 끊어야 되고 그렇게 되면 살아 있어도 죽은 자식이 되어버리지. 여기서 무쇠석함에 담아 바다에 버리는 것은, 속세의 인연을 끊고 불교의 계율을 배운다는 상징이야. 문제는 해산의 방법은 알지 못하고 불교의 계율만을 배운 채, 출산의 권능을 쟁취하기 위해 세상에 나오고 있다는 거야.

동해바다, 서해바다 들물, 썰물에 떠다니던 석함은 처녀 물가에 떠올랐다. 석함에는 임박사가 열어보라는 글귀가 쓰여 있었다. 글귀대로 석함은 임박사에게 넘겨졌다. 임박사가 발로 석함을 툭 차니 굳게 잠긴 자물쇠가 저절로 설강 열렸다. 속에는 꽃같이 고운 아기씨가 앉아 있었다.

"너는 귀신이냐, 생인이냐?"

"나는 동해용왕의 딸이오."

"어찌하여 동해용왕의 딸이 여기까지 왔느냐?"

"인간에 생불왕이 없다 해서 삼승할망이 되려고 왔소."

"아, 그러하오? 정말 생불을 줄 수 있단 말이오?"

"그렇소."

"그럼 우리 부부간 오십이 지나도록 생불태가 없으니 생불을 주겠는가?"

"어서 그것일랑 그리하시오."

동해용왕따님아기는 곧 임박사의 집으로 안내되었고 어머니가 가르쳐 준 대로 임박사 부인에게 잉태를 주었다. 아홉 달, 열 달이 가까워 임박사 부인은 만삭이 되어갔다.

딱한 일은 어디로 해산을 시켜야 하는지 모르는 일이었다. 어머니에게 해산법만 배워 왔더라면 만사는 성공이었는데, 그 시간을 주지 않은 아버지의 호령 때문에 일은 그만 낭패였다. 열한 달이 지나고 열두 달이 넘어 갔다. 이젠 뱃속의 아이보다도 산모가 죽을 동 살 동 사경에 이르렀다.

동해용왕따님아기는 겁이 났다. 어떻게 해서든지 해산을 시켜야 한다. 은가위를 가져다가 산모의 오른쪽 겨드랑이를 솜솜이 끊고 아이를 꺼내려 했다. 하지만 산모와 아이는 모두 죽어버렸다.

겁이 난 동해용왕따님아기는 임박사의 집을 빠져나와 처녀 물가로 달려왔다. 이러지도 저러지도 못하고 수양버들 밑에 주저앉아 한없이 울었다. 할 수만 있다면 어머니한테 달려가 해산법을 배워 오련만 인간세상에 온 이상 그럴 수도 없었다.

세상에 나온 동해용왕따님아기가 처음 한 일은 임박사 부부에게 생불을 주어 아기를 점지한 거야. 임박사 부인은 임신을 했고 출산을 할 때가 되었어. 하지만 출산 권능이 없는 동해용왕따님아기는 산모와 아기를 모두 죽게 하고 말지.

동해용왕따님아기의 능력 없음을 보여준 거야. 무능한 불교를 대신할 유능한 무속의 신격을 선보일 때가 되었어. 그렇다면 무속을 대표할 신격은 누구일까?

한편 임박사는 어렵게 점지받은 아기는 물론 부인마저 잃게 된 이 원통한 사정을 호소할 곳이 없었다. 생각 끝에 금백산에 올라가 칠성단을 차려 놓고 요령을 흔들면서 신원(伸寃)했다.

요령 소리는 곧 옥황상제의 귀에 들렸다. 옥황상제는 지부사천대왕을 불러 그 이유를 알아 오도록 했다. 임박사의 원통한 사정이 보고되자 옥황상제는 인간세상의 생불왕으로 들어설 만한 자를 추천하도록 하명했다. 얼마 후 지부사천대왕의 추천이 올라왔다.

"인간에 명진국따님아기가 솟아나 탄생일을 보건대, 병인년 병인월 병인일 병인시 정월 초사흘 날 솟아났고, 부모에 효심하고, 일가방상 화목하니 깊은 물에 다리를 놓아 내를 건너는 공덕을 쌓고, 한쪽 손에는 생명꽃을, 한쪽 손에는 번성꽃을 들고 생불왕으로 내려서게 하는 게 어떻습니까?"

"어서 그것일랑 그리하라."

무속을 대표할 신격, 명진국따님아기야. 옥황상제는 명진국따님아기에게 수련을 쌓은 다음 생명꽃과 번성꽃이라는, 점지와 출산의 권능을 주기로 했어

수련은 깊은 물에 다리를 놓아 내를 건너게 하는 공덕이야. 이 수련의 정체를 좀 알아야 해.

어머니 복중에 있는 아이는 깊은 물(양수)에 있어, 이 물을 잘 건너도록 다리를 놓아 도와주는 일, 출산을 돕는 일을 가리키지.

옥황상제는 곧 금부도사를 내려 보내어 명진국따님아기를 데려오게 했다. 얼마 후 명진국따님아기가 옥황상제 앞에 와 엎드리게 되었다. 옥황상제는 명진국따님아기씨를 떠 보았다.

명진국따님아기의 의미
● 명진국에서 '진'은 길다의 의미를 가진 제주어. 명진국은 '수명을 길게 하는 곳' 또는 '수명을 길게 관장하는 공간'의 의미로 명진국은 만물의 명을 길게 관장하는 무속의 세계를 상징한다.

"총각머리를 늘어뜨려 등에 진 아기씨가 어찌 대청한간으로 들어오느냐?"

"소녀도 아뢸 말씀이 있습니다. 남자 여자 구별은 예나 지금이나 같은데, 어찌 총각머리 등에 진 처녀를 이리로 부르셨습니까?"

"아, 똑똑하고 영리하다. 그만하면 인간 생불왕으로 들어설 만하구나."

두말 없이 생불왕으로 허락을 내렸다.

"옥황상제님, 아무 철도 모르는 어리고 미혹한 소녀가 어찌 생불과 환생을 줍니까?"

"아버지 몸에 흰 피 석 달 열흘, 어머니 몸에 검은 피 석 달 열흘, 살 설어 석 달, 뼈 설어 석 달 아홉 달 열 달, 달수를 채워서 아기 어머니의 느슨한 뼈는 빳빳하게 하고, 빳빳한 뼈는 늦추어서 열두 궁의 문으로 해복시키면 되느니라."

"알겠습니다. 그럼 그렇게 해보겠습니다."

명진국따님아기는 옥황상제의 분부대로 인간세상의 생불왕이 되어 내려서게 되었다. 남방사주 저고리에 백방사주 바지, 대홍대단 홑단치마, 물명주, 속옷 등을 차려입고 눈부신 차림으로, 사월초파일날 인간세상으로 내려왔다.

옥황상제의 수련 과정을 거친 똑똑하고 영리한 명진국따님아기, 인간세상으로 내려왔어. 점지와 출산을 할 수 있는 두 가지 권능을 가지고. 두 세력이 다 세상에 나왔으니 이제 남은 일은 만나서 경쟁하는 일이 아닐까?

처녀 물가에 이른 때였다. 수양버들 밑에 어떤 처녀가 슬피 울고 있었다. 어째서 처녀 아기씨가 앉아 슬피 우는가? 측은한 생각이 들었다. 명진국따님아기가 가까이 다가가 사정을 물었다.

처녀는 동해용왕 딸이었다. 생불왕이 되려고 귀양 왔는데 딱한 사정이 있어 울고 있다는 것이다.

"이게 무슨 말입니까? 내가 옥황상제의 분부를 받은 인간 생불왕 명진국따님아기입니다."

그 말을 듣자 동해용왕따님아기는 화를 발칵 내며 명진국따님아기의 머리채를 감아쥐고 마구 매질하는 것이다.

명진국따님아기와 동해용왕따님아기. 서로 다른 삼승할망의 출현. 무속과 불교를 대표하는 두 따님아기, 출산의 권능을 차지하기 위한 본격적인 대결, 만나자마자 시작되고 있어.

명진국따님아기는 동해용왕따님아기를 달래며 차분히 제안했다.

"우리, 여기서 이러지 말고 옥황상제께 가서 사정을 아뢴 후 분부대로 하는 게 어떠하오?"

"어서 그렇게 하자."

두 처녀는 하늘로 올라가 나란히 옥황상제 앞에 나아갔다. 그리고 낱낱이 그간의 사정을 고하기 시작했다.

옥황상제는 얼른 판가름하기가 어려웠다. 시험을 해보기로 했다.

"너희들 얼굴을 보건대 누구 하나 빠지지 않을 정도로 곱구나. 또한 둘다 착한 성품을 지니고 있으니 생불 환생을 주는 데 누가 적합한지도 당장구별할 수 없구나. 내가 꽃씨 두 방울을 내어줄 테니 각각 서천 서역국 모래밭에 가서 꽃씨를 심거라. 꽃이 번성하는 자에게 생불왕을 맡기리라."

두 처녀는 서천 서역국으로 가서 모래밭에 꽃씨를 심었다. 움이 돋아나고 싹이 뻗어갔다. 그런데 얼마쯤 자랐을까. 동해용왕따님아기의 꽃은 뿌리도 하나, 가지도 하나, 순도 하나 겨우 돋아나더니 금방 시들어버렸다. 명진국따님아기의 꽃은 뿌리는 하나인데 가지는 수만 가지로 번성해

갔다.

드디어 정한 날에 옥황상제가 꽃 심사를 나갔다. 옥황상제는 동해용왕따님아기와 명진국따님아기가 각각 가꾼 꽃을 보더니 즉석에서 분부를 내렸다.

무속과 불교의 대표주자 명진국따님아기와 동해용왕따님아기. 이 둘의 갈등과 경쟁, 옥황상제의 시험을 통해 결정하기로 했어. 꽃가꾸기 경쟁, 생명의 점지와 출산 그리고 성장의 무속 권능을 보려는 시험이야. 꽃은 보이지 않는 몸속에 숨겨져 있다가, 몸 밖으로 나오면서 색깔을 보여주고 열매를 만들어 낸다고 사람들은 생각해. 그래서 꽃은 생명의 상징이야.

꽃가꾸기 경쟁. 점지 권능만 있는 동해용왕따님아기와 점지와 출산 권능 모두를 가진 명진국따님아기의 경쟁. 그 결과는?

"동해용왕따님아기의 꽃은 시들어가는 꽃이 되었으니 저승에서 죽어간 아이의 영혼을 차지하는 저승할망이 되라. 명진국따님아기의 꽃은 번성한 꽃이 되었으니 인간세상의 생불왕인 삼승할망으로 들어서라."

당연히 명진국따님아기의 승리일 수밖에 없지. 그래서 명진국따님아기가 삼승할망으로 들어서게 돼. 패배한 동해용왕따님아기, 현실의 불교가 사라지지 않는 한, 완전히 쫓아내거나 없애버리기 힘들어. 없앨 수 없으면 받아들이는 것도 방법이지. 그래서 무속신으로 받아들이면서 저승할망의 지위를 부여한 거야. 그럼 저승할망은 어떤 신일까?

옥황상제의 분부가 떨어지자 동해용왕따님아기는 발칵 화를 내며 명진국따님아기의 꽃가지 하나를 오도독 꺾었다. 명진국따님아기는 "왜 남의 꽃가지를 꺾느냐?'하며 대들었다.

"아기가 태어나서 백일이 지나면 경풍, 경세 등 온갖 병에 걸리게 하겠노라."

명진국따님아기는 어떻게 해서든지 동해용왕따님아기를 달래지 않으면 안 되겠다고 생각했다. 그래서 사정조로 타일렀다.

"아기가 태어나면 너를 위해 적삼, 멜빵, 폐백과 음식을 차려줄 테니, 서로 좋은 마음을 갖자."

화해는 이루어졌다. 그래서 오늘날도 아이가 아프면 이 저승할망을 위해 음식상을 차려 올린다.

명진국따님아기와 동해용왕따님아기는 서로 작별의 잔을 나누고 헤어졌다. 동해용왕따님아기는 저승으로 올라가고 명진국따님아기는 인간세상으로 내려왔다.

드디어 명진국따님아기는 인간의 생명을 점지해주는 생불왕 삼승할망으로 올라섰다. 앞머리에는 은비녀, 뒷머리에는 놋비녀를 하고, 남방사주, 붕애바지에 열두 폭 금새호리, 대공대단 홑단치마에 구슬무늬 품에 품고 , 한쪽 손에는 생불꽃을 쥐고, 한쪽 손에는 번성꽃을 쥐어, 구덕삼승 거느리고 걸레삼승 거느리고, 업개삼승 거느려 와락치락 내려왔다.

삼승할망은 금백산 아래 비자나무를 기둥으로 삼고, 정자나무로 다리를 걸고, 대추나무로 서까래를 걸어 으리으리한 누각을 지었다. 처마의 네 귀에는 풍경을 달아놓고, 널찍하게 내성 외성을 두르고, 문 밖에 예순 명, 문 안에 예순 명 아기 업개를 거느려 삼승할망으로 좌정하였다.

삼승할망의 생불꽃은 뿌리에서 나무가 나고, 나무에서 가지가 나고, 가지에서 잎이 돋고, 잎에서 동을 맺었다. 뿌리는 보니 한 뿌리, 나무는 보니 한 나무, 가지는 보니 사만 육천 가지가 벌어져 번성꽃이 풍성하였다.

삼승할망은 일천 장의 벼루에 삼천 장의 먹을 갈아, 한 손에는 생명꽃을 쥐고 한 손에는 번성꽃을 쥐고는 앉아서 천 리, 서서 만 리를 보며 하루에 만 명씩 잉태를 주고 해산을 시켰다. 이렇게 하여 매월 초사흘과 초이레 열사흘과 열이레 스무사흘과 스무이레에 만민 자손들한테서 고마운 사례로 제를 받게 되었다.

저승할망의 지위를 부여해도 좋은 신이 되게 할 수는 없지. 아기에게 병을 주는 못된 신, 그래서 달래야 할 신으로 규정했어.
불교의 도전을 물리친 명진국따님아기는 삼승할망이 되어 사람들이 잉태와 해산의 권능을 관장하게 된 거지.
삼승할망의 권능에 도전하는 두 번째 세력은 누구일까?

그러던 어느 날이었다. 삼승할망은 급히 해산을 시켜야 할 자손이 있어 분주히 서천강 다리를 건너 네거리에 이르렀다. 때마침 길을 가던 마마신인 대별상의 행차와 마주쳤다. 대별상은 행렬의 앞에 두 자 가량의 푸른 비단에 붉은 영(令) 자를 쓴 기를 펄럭이며 오고 있었다. 또한 좌우에 육방관속을 거느리고 가마를 타고 인물도감 책을 한아름 안고 있었다. 만민 자손들에게 마마를 시키러 내려오는 길이 분명했다. 그 위세는 하늘을 찌를 듯 실로 당당했다.

삼승할망의 권능에 도전하는 두 번째 세력은 현실의 정치권력 대별상이야. 정치권력의 입장에서 보면 제주 사람들의 생활 질서는 임금인 마마가 운영하는 법과 제도에 따라야 하는 거지.
제주의 정치권력인 대별상은 마마에게 늘 허리를 굽혔고, 모든 사람들이 마마를 받들도록 했어. 그리고 마마의 이름으로 사람들을 아프게도 했어. 제주 사람들은 대별상이 모시는 마마와 얼굴에 나타나 사람들을 아프

▶ **애기구덕** 제주 사람들은 삼승할망의 손을 빌려 출산을 하고, 아이를 기른다고 믿었다. 그런데 현실에는 순조로운 잉태와 출산만 있었던 것은 아니었다. 삼승할망과 저승할망의 싸움에는 삶의 현실이 들어 있다. 꽃이 피고 지는 현실, 살고 죽는 인간사가 투영되어 있다. 그러기에 애기구덕에 아기를 재우면서 항상 두 할머님에게 빌었을 어멍. 잘 낳게 해주셨으니, 행여 저승으로 다시 데려갈 생각은 말아달라고.

게 하는 마마는 같은 신이라 여긴 거야. 제주 사람들은 정치권력 마마와 병으로서 마마 모두를 부정적으로 인식했어. 대별상은 항상 가마를 타고 육방관속을 좌우로 거느렸고, 푸른 비단에 붉은빛으로 영(令) 자를 쓴 기를 펄럭이고 다녔어. 대별상의 말은 아무도 거부할 수 없는 영(令)이었지.

무속신권과 정치권력, 이 두 권력의 충돌은 필연적이야. 두 권력의 충돌은 사람들이 많이 다니는 네거리에서 시작됐어.

삼승할망은 길옆으로 공손히 비켜서며 인사를 올렸다.

"대별상님, 제가 생불을 주고 번성을 준 자손들에게 고운 얼굴로 마마를 시켜 주십시오."

대별상은 눈을 무섭게 부릅뜨고 삼각수염을 거스르며 말했다.

'마마와 마마'

● 마마는 천연두를 주관하는 신의 무속적 명칭이며 동시에 신하가 임금을 높여 부르는 표현이다. 사람들은 소리 내는 주체의 이름을 소리와 연관지어 부르는 경우가 많다. 개가 '멍멍' 한다고 '멍멍이'라고 부르거나, 관원이 목사를 영감이라고 부른다고 목사가 아닌 관원을 '영감'이라고 부르거나, 대별상이 임금을 마마라고 부른다고 대별상을 '마마'라고 호칭하는 경우이다. 이 신화의 마마는 관원(정치권력)에 병의 이미지를 덧씌워 사용한 결과로 일종의 투사(投射)로 보인다.

"이게 어찌된 일이냐? 여자는 꿈만 꾸어도 사특한 물건인데 남자 대장부 행차 길에 재수 없는 여자가 웬 일이냐? 괘씸하다!"

호령이 이만저만이 아니었다.

세상에 이런 모욕을 당하기는 난생처음이었지만, 삼승할망은 분을 참고 고개를 숙인 채 조심히 지나갔다.

삼승할망은 대별상에게 자손들 얼굴에 마마(천연두)를 주지 말 것을 요구해. 하지만 대별상은 재수 없는 여자라고 호통 치며 쫓아내지. 삼승할망이 심한 모욕을 당한 거지. 일차전은 물리력을 가진 대별상의 승리야.

교만한 대별상은 삼승할망이 풀이 죽어 지나가는 것을 보자 더욱 교만해졌다. 마마를 주되 아주 혹독하게 시켜서 삼승할망에게 본때를 보여주고 말리라 생각했다. 대별상은 가는 곳마다 삼승할망이 내어준 자손들의 고운 얼굴을 뒤웅박같이 얽어놓았다. 일시에 마마를 주어 천하일색이었던 얼굴을 구멍이 숭숭한 현무암 속돌로 만든 화로 모양으로 박박 얽어놓는가 하면, 불에 그슬린 나무토막처럼 만들어버리기도 하였다. 삼승할망은 도저히 참을 수가 없었다.

비록 패배했지만 삼승할망은 대별왕을 징치할 명분을 만들었어. 자손들의 고운 얼굴을 곰보로 만드는 주범이 대별상이라는 것이지. 삼승할망이 참을 수 없다고 한 이유야.

'괘씸하다. 나에게도 한 번 굴복하여 사정할 때가 있으리라.'

삼승할망은 생각 끝에 생불꽃 하나를 들고 대별상의 집으로 갔다. 그러고는 그 꽃으로 대별상의 부인 서신국마누라에게 태기를 불러줬다.

한 달, 두 달…… 열 달이 지나갔다. 열두 달이 지나도 해산을 못한다. 삼승할망이 해산을 시켜주지 않으니, 아기를 낳을 도리가 없는 것이다. 서신국마누라는 죽게 되었다. 사경을 몇 번 헤매다가 정신을 차려서 '마지막 소원이니, 삼승할마님이나 한번 청해달라'고 남편에게 애원했다.

대별상은 도저히 마음이 내키지 않았다. 사내대장부가 어찌 여성을 청하러 가겠느냐는 것이다. 그러나 마누라가 죽게 되고 보니 어쩔 도리가 없었다. 곧 행장을 차렸다. 흰 망건에 흰 도포를 입고 마부를 거느려 말을 타고 삼승할망의 집에 다다랐다.

먼 문 밖에만 가면 정중히 마중을 나오리라 믿었던 삼승할망은 거들떠보지도 않았다. 대별상은 하는 수 없이 댓돌 밑으로 나아가 무릎을 꿇고 엎드렸다.

무속을 바라보는 대별상의 눈

● 충암 김정은 제주의 무속에 대해 '귀신을 모시는 심방들은 사람들을 꾸짖어 떡과 술을 바치게 하면서 자신들의 이익에만 관심을 기울인다.'고 보았다. 충암의 눈은 대별상으로 표현되는 정치권력이 무속을 바라보는 시각과 비슷하지 않았을까?(충암 김정 : 조선 중종대의 학자이며 문신, 1520년 기묘사화 때 제주로 유배)

삼승할망의 패배, 명분이 있어야 할 듯

● 삼승할망은 대별상의 길을 가로막았다는 이유로 심한 모욕을 당한다. 하지만 태어난 자손들을 위한 말을 하다 모욕을 당했다는 명분을 만들어 삼승할망에 대한 신앙민의 믿음과 권능을 더 강화하고 있다.

대별상과 싸워 이기려면 점지하거나 출산의 권능으로 이겨야 해. 물리력으로 이길 수는 없어. 그래서 삼승할망이 대별상 부인에게 아기를 점지해. 그런데 대별상 부인은 출산달이 지나도 해산을 못 해, 죽을 지경에 이르게 됐어. 정치권력도 어쩔 수 없는 출산을 매개로 싸우기 위함이야. 출산을 매개로 싸운 결과는 대별상이 패배할 수밖에 없지. 대별상이 댓돌 밑에 가서 무릎을 꿇었어.

▶ **제주목 관아** 제주 관(官)의 권력을 상징하는 건물. 언제나 영기(令旗)가 펄럭이던 이곳의 위세는 하늘을 찌를 듯했다고 신화는 말한다. 이곳에 좌정한 대별상은 물리력과 힘으로 무속의 상징인 삼승할망을 억눌렀다. 그러나 제주목의 권력자들도 자신의 부인이 출산에 직면하여 위기가 닥쳤을 때는 삼승할망을 부를 수밖에 없었을 것이다.

한참만에야 삼승할망의 목소리가 들려왔다.

"날 그대의 집에 청하고 싶거든 어서 바삐 돌아가서 대공단 고칼로 머리를 싹싹 깎고, 한 침 지른 굴송낙 고깔을 쓰고, 귀를 누른 굴장삼을 둘러 입고, 맨버선 바람에 이 댓돌 아래에 와서 엎드리면 내가 가리다."

대별상은 도리가 없었다. 곧장 집으로 달려와서 머리를 빡빡 깎고, 고깔을 쓰고, 장삼을 둘러입고, 버선 바람으로 댓돌 아래에 가 엎드려 빌었다.

"그만하면 하늘 높고 땅 낮은 줄 알겠느냐? 뛰는 재주가 좋다고 하여도 나는 재주가 있다고 하더라."

대별상은 몇 번이고 빌었다. 삼승할망은 '꼭 모셔가고 싶으면 서천강에 명주로 다리를 놓으라'고 했다. 서천강에 명주 다리가 놓였다. 그제야 삼승할망은 은결 같은 손으로 마누라의 허리를 두세 번 쓸어내렸다. 그러자 바로 궁문이 열리며 해산이 되었다. 이런 연유로 오늘날 굿을 할 때 신을 청하려면 무명 또는 광목을 깔아놓고 이를 다리라 하여 청해 들인다.

무릎을 꿇은 대별상에게 삼승할망이 요구하는 것. 스님의 복장을 갖추고 다시 굴복하라는 거야. 스님 복장은 대별상에게 불교의 이미지를 덧씌우기 위한 거지. 한 번에 두 마리 토끼를 잡으려는 생각이야.

정치권력과 불교가 무속의 권능에 굴복했다는 것을 신앙민들에게 보여준 거지. 정치권력과 불교의 도전을 모두 물리쳐 승리했다는 삼승할망의 선언이야.

여자들이 나이가 들면서 겪어야 했던 출산. 생명의 잉태와 출산에 대해 무속이 규정한 법과 질서는 제주 사람들의 의식을 지배하는 중요한 권력이다. 무속신이 차지한 이 권력에 도전장을 내민 불교와 정치권력. 불교는 아기를 점지하는 권능만이 아니라 아기를 출산하는 권능도 가지려 하였다. 무속의 입장에선 심각한 도전이었고 응전이 필요했다.

도전의 결과 승리한 무속신인 삼승할망은 이승세계의 생불왕으로 점지와 출산 권능을 계속 지켰고, 패배한 불교의 신은 죽은 아이의 영혼을 차지하는 저승할망으로 역할이 축소되어 밀려났다.

현실권력도 무속신이 가진 출산의 권능을 위협하였다. 현실권력은 사람들의 생활과 의식을 법으로 규제하려는 임금인 마마를 섬기는 대별상이다. 무속신인 삼승할망은 물리력을 가진 정치권력도 출산의 권능으로 굴복시킨다. 동시에 이 정치권력에 불교를 덧씌움으로써, 출산 권능을 차지하기 위한 투쟁에서 무속신이 승리하였음을 선언하고 있다.

이 삼승할망 신화는 아기 갖기를 기원하는 불도맞이 굿에서 불려진다.

신을 모시면서

신의 말을

전달하려는 자.

어느 신의 부름을

받았다고 하더라도.

혹, 엄청난 수련과

공덕을 쌓았더라도.

반드시 만나야 할 신.

그곳에 인증의 신,

잿부기 삼형제가 있다.

벤치마킹, 그리고 심사

초공 신화

인증의 신

신내림을 받은 심방들이 여기저기 생겨나고, 소미 일을 하던 사람들도 심방이 되면서 심방이 많아졌어. 그중엔 엉터리라며 불신을 받는 심방들도 있었어. 더 큰 문제는 심방들이 많아지면서 상대적으로 신앙민도 줄고 굿 값도 내려간다는 거야. 무속의 경제적 기반이 흔들리고 있다는 거지.

무속의 체계를 세우고 심방이 되는 절차를 마련해서 무속을 안정시켜야 해. 그러려면 인허가 과정을 만들어 아무나 심방이 되지 못하도록 하고, 굿 절차를 체계화해 전문성도 강화해야 되겠지.

체계를 세우려면 교주, 교리, 교단이 있어야 해. 종교들은 대부분 단일 교주를 모시는데, 무속은 신들이 많아서 하나의 교주를 만들기 어려워. 신들의 이야기가 교리인데 너무 다양해서 단일 교리를 만들기도 어려워. 교주도 교리도 통일하기 어렵다는 이야기야.

그렇지만 심방들을 하나의 교단으로 조직할 수는 있어. 하나의 조직을 만들려면 가입 자격이 있어야 되겠지. 그러기 위해선 심방의 의무와 심방이 되는 절차를 규정하고, 이 심방의 권능을 인정해줄 새로운 신이 있어야 해. 이 새로운 신의 허락을 받은 자만이 결국은 심방이 될 수 있는 거지.

새로운 신을 세우기 위해선 새로운 내력담이 필요하지. 내력담에는 무속의 체계에 관한 질서를 규정할 권능이 들어 있어야 해. 그래야 새로운 신의 권능으로 무속의 체계를 세울 수 있기 때문이야.

무속의 체계를 보다 손쉽게 세우는 방법이 없을까? 이미 만들어진 체계를 빌려오는 방법이 있지. 어디서 빌려올까? 경쟁 세력이지만 성공적으로 체계를 운영하는 불교에서 빌려오는 것이 좋을 것 같아.

불교는 이미 하나의 교주인 부처를 중심으로 다양한 불교신이 각자의 권능을 행사할 수 있도록 체계화가 잘 되어 있기 때문이지. 그리고 승려가 되는 절차도 잘 만들어져 있어. 그래서 빌려오기에 적당했을 거야.

새로운 무속신의 조상 내력을 어떻게 세울까?

옛날 옛적 천하 임정국 대감과 지하 김진국 부인이 부부가 되어 살았다. 가지 높은 집 네 귀에 풍경을 달고 집안에는 유기 재물 그득하고 집을 나서면 밟은 땅은 제 논이요, 제 밭이었다. 수백 두의 마소를 기르면서 세상의 부귀영화를 다 누리니 태평스러웠다.

그런데 서른 살이 넘고, 마흔 살이 넘어도 부부 사이에는 자식이 하나 없어 근심이 대단했다.

하루는 집을 나서 길을 가다 보니 나무 위에서 까마귀 소리가 들려왔다. 고개를 들어보니 말 모른 까마귀도 알을 낳아 까옥까옥 울고 있는 것이 아닌가. 자식 없는 서러움이 치밀어 올랐다.

임정국 대감은 자신의 벼 밭도 돌아보았다. 벼 밭에선 말 모른 새들도 엄마 따라 강골, 아빠 따라 강골 하고 지저귀고 있었다.

대감이 한탄을 하며 돌아오다 선비들과 어울려 바둑을 두게 되었다. 그리고 임정국 대감이 바둑판의 돈을 따서 반절을 다 거두게 되었다.

"임정국 대감님, 그 딴 돈 모두 우리에게 나눠주고 가시오. 돈을 따고 집에 가져가면 돈 달라는 애가 있습니까? 애 없는 집에 필요 없는 돈, 우리에게 나눠주고 가시지요."

빈정거리는 말을 듣자 더 가슴이 아파 바둑판에서 딴 돈을 선비들에게 모두 주어버렸다.

집 근처 방앗간에서 큰 웃음소리가 들려왔다. 담 구멍으로 살펴보니 얻어먹는 비렁뱅이 부부가 아이를 하나 놓고 재롱을 보며 웃고 있는 것이었다. 아이가 남편에게 걸어가면 부인이 웃고, 부인에게 걸어가면 남편이 웃었다.

'얻어먹는 비렁뱅이도 저렇게 애길 낳아서 행복하게 사는데, 아기 없는 우린 웃을 일이 없구나. 살아도 쓸 곳이 없구나.'

허둥지둥 정신없이 사랑방으로 들어와 문을 잠그고 드러누웠다.

늦인덕정하님이 진지상을 들고 와보니 사랑방문이 꽁꽁 잠겨 있었다. 늦인덕정하님은 겁을 내어 김진국 부인에게 알렸다.

"대감님, 어서 이 방문을 여세요, 오늘 우리도 크게 웃을 일이 있습니다."

부인의 간곡한 사정에 문을 열었다.

부인이 은당병 마개에 참실 한 자루 잘라매어 내어놓고 둘이 앉아서 은당병에 실을 묶고 병놀이를 하였다. 병을 이리저리 굴리며 놀아도 웃음이 나오지 않았다.

임정국 대감이 고추 같은 수염에 눈물을 뚝뚝 흘리니, 김진국 부인도 갑사댕기를 사각에 물고, 방패건지하고, 연반물 치마에 진녹색 저고리를 입고 앉아서 따라 울었다.

"에고, 내 팔자. 내 사주야!"

부부가 같이 한산 이불, 금산 요를 펴고 원앙 잣베개를 베고 누워 비새

같이 울다 보니, 베개를 다 적셔버렸다. 부부의 눈물로 범벅이 된 신세타령은 밤새도록 끝이 없었다.

부귀영화를 누리며 살았지만 마흔 살이 되어도 자식이 없는 임정국 대감과 김진국 부인. 자식을 애타게 갈구하는 이야기는 부처의 부모 설화에서 빌려온 거야. 부처의 부모도 부귀영화를 누리며 살았지만 마흔 살이 되어도 자식이 없었어. 부처의 부모 설화를 빌려온 이유는 고귀한 혈통을 지닌 조상을 세우기 위한 것이지.

마침 그때, 동개남 금법당 절도 헐고, 당도 헐었다. 금법당에 황금산 주지스님은 명 없는 자손에게 명을 주고, 복 없는 자손에게는 복을 주고, 아이 없는 자손에게는 생불을 주어 시주를 받아다가 헌 절과 헌 당을 수리하기로 하였다.

주지스님은 대사 행장을 차리고 시주를 받으러 소곡소곡 산을 내려왔다. 하늘을 가린 굴송낙을 쓰고, 굴장삼을 입고, 백팔염주를 목에 걸고, 다한줄은 손에 걸고, 시주받은 쌀을 담는 호름 주머니를 지고, 은주랑 철죽대를 짚고 각 마을 촌촌을 돌았다. 마침 임정국 대감이 사는 주년국 땅을 지나게 되었다. 임정국 대감의 집에 들어오며 주인을 불렀다.

"소승, 주인을 뵙고 싶습니다."

"어느 절 대삽니까?"

"소승은 동개남 금법당 절간에 황금산 주지입니다."

임정국 대감은 밖에서 들리는 소리를 듣고 시주를 내보냈다. 주지스님이 시주를 받아서 돌아서자 대감이 말했다.

"대사님 가시기 전에 우리 팔자를 사주로 가늠하여주고 가십시오."

주지스님은 단수육갑 오행팔괘 사주역을 내어놓고 초장, 이장, 삼장을

걷어보고 나더니

"당신네 부부는 호의호식하며 부자로 잘 살 팔잡니다. 다만 부부 사이에 마흔이 넘어도 자식이 없어 걱정입니다."

"어떻게 하면 자식을 볼 수 있겠습니까?"

"우리 법당은 영급도 좋고 수덕도 좋다 합니다. 모든 제물을 차리고 오셔서 석 달 열흘 백일 불공을 드려보십시오. 그러면 자식이 있을 듯합니다."

주지스님은 이렇게 말하고 황금산 금법당으로 올라가버렸다.

그날부터 임정국 대감과 김진국 부인은 법당에 가져갈 제물을 준비하기 시작했다. 집안에서 부리는 아랫사람들에게 제물 마련을 일일이 지시하였다.

"수장남아, 수별감아, 들에 가서 밭벼를 베어 오너라. 찰벼도 베어 오너라."

대감의 호령이 떨어지자 수장남, 수별감은 밭에 가서 밭벼랑 찰벼랑 모두 거두었다. 벼를 말리고 훑어서 느티나무 방아에 벗나무 절구로 찧고, 또 흘린 쌀 한 방울도 없이 일었다. 부부는 볕에 말리고 밤엔 찬 이슬에 바랜 강명주 물명주 묶음을 준비하여 황금산 주지스님이 있는 동개남 금법당으로 수륙재를 드리러 올라갔다.

부부가 법당에 당도하자, 법당에서 기르는 청삽사리, 흑삽사리, 늬눈이 반둥갱이가 쿵쿵 요란하게 짖어댔다. 황금산 주지스님은 개 짖는 소리를 듣고 동자승을 불러 올레 밖에 나가보라 일렀다. 동자승이 나가보니 웬 부부가 한 짐 가득 짊어지고 서 있었다.

"주년국 땅에 사는 임정국과 김진국 부부이온데 법당에 수륙불공을 드리러 왔습니다."

"어서 올라오십시오."

동자승의 안내를 받은 부부는 법당으로 올라갔다. 맑은 윗물은 젯밥을 짓고, 가운데 물로는 죽을 쑤고, 아래 물로는 술을 빚어 제주로 석 잔을 올렸다. 그리고 생년월일과 이름을 써서 법당에 신주를 올렸다. 그날부터 주지스님은 임정국과 김진국을 위해 불공을 드리기 시작했다. 아침부터 저녁까지 부처님 제단, 산신단, 칠성단, 용왕단, 모든 제단에 불공을 드렸다. 석 달 열흘 백일이 지났다. 석 달 열흘 백일이 되는 날에 주지스님이 바라점을 치고 나서 말했다.

"임정국 대감님, 김진국 부인님. 점괘로는 백 근이 못 차, 여자아이가 회임된 듯합니다."

"대사님 우리 팔자에 여자아이면 어떻습니까? 여자아이도 좋습니다."

대감부부는 기뻐서 좋아하며 어쩔 줄 몰랐다. 수륙재를 마친 임정국 대감과 김진국 부인은 부처님께 하직 인사 후 그길로 집으로 돌아왔다.

애타게 자식을 갈구하던 임정국과 김진국 부부. 절에서 불공을 드려 여자 아기를 점지받게 되었어. 불교를 통해 아기를 점지받았다는 거야.

집에 돌아와서 지내던 어느 날 하루는 임정국 대감이 꿈을 꾸었다. 꿈에 달 궁전의 선녀 같은 아기가 팔팔 기어서 문지방을 넘어와서 임정국 무릎에 앉아 수염도 슬슬 내리쓰는 듯하고 담뱃대를 잡고 장난하는 듯도 했다. 김진국 부인도 아기가 팔팔 기어와 김진국의 무릎에 앉아 젖가슴에 손도 찔러보고 젖도 만져보고 먹어보고 하는 꿈을 꾸었다. 부부가 한시에 확 일어났다. 부부는 합궁일이 되었는가 하여 날을 보고 날을 정하여 천정배필을 맺었다. 아버지 몸에서 흰 피 석 달 열흘 뼈를 빌고, 어머니 몸에선 붉은 피 일곱 달 살을 빌어서 열 달 만삭이 되었다.

만삭이 될 때 남자 자식을 낳으려면 여자의 궁문에서 사흘 앞서 붉은 이슬이 내리고, 여자를 낳으려면 흰 이슬이 내리는 법인데 어머니 앞문에서 흰 이슬이 내렸다. 이거 분명 여궁녀 아기가 날 듯한 조짐이었다. 열 달 만삭이 되니 솟아난 건 딸아이었다. 월궁에 선녀 같은 아기, 물아래 옥돌 같은 아기, 까마귀 젖날개 같은 아기, 동산 샛별 새긴 듯한 고운 딸아기가 솟아났다.

"늦인덕정하님아, 저 마당에 나가보아라. 지금은 어느 때냐?"

"아! 이거 가을철이 되니 숲속에 단풍이 졌습니다. 이 아기씨 이름을 저 산줄기가 벋고 이 산줄기가 벋어 녹하단풍 자주멩왕아기씨엔 이름 짓는 것이 어떻습니까?"

"어서 그걸랑 그렇게 해라."

녹하단풍 자주멩왕아기씨의 의미

● 이름이 참 길다. 이 이름 속에는 언제 어떻게 태어나게 되었는지의 의미를 가지고 있다. 녹하단풍(綠下丹楓)은 푸르름이 끝나 단풍이 졌다는 뜻으로 가을이라는 시기를 가리키고, 자주멩왕은 합궁의 의미로 녹하단풍 자주멩왕은 합궁을 통해 가을에 태어났다는 뜻으로 보인다. 멩왕은 불교에서 여래의 명을 받아 일체의 악마를 교화하는 존재라는 의미로 해석하기도 한다.

정반왕과 마야부인은 마흔이 넘어 아들 부처를 낳았지. 그런데 절에 가서 기원한 임정국과 김진국 부인은 딸을 낳았어. 왜 딸일까?

부처의 탄생 배경 설화와 불교의 점지로 낳은 것만으로는 불교의 체계를 제대로 빌려올 수 없지. 불교의 체계를 빌려오려면 불교와 결합을 해야 하는데, 아들보다는 불교의 씨를 잉태할 수 있는 딸이 더 적합하다고 생각한 거지.

아기가 자라가니 아버지는 여름에 시원하게 놀 수 있도록 상다락방을 만들어주고, 봄과 가을에 놀 수 있도록 중다락방을 만들어주고, 겨울에는 따뜻한 장판방에서 놀 수 있도록 하다락방을 만들어주었다. 녹하단풍 자주멩왕아기씨는 한두 살엔 어머님 무릎에서 놀고, 두세 살엔 아버님 무릎에서 놀고, 대여섯 살 지나 열다섯 십오 세 되었다.

자주멩왕아기씨를 키우는 과정은 정반왕이 부처를 키우는 과정을 빌려온 거야. 정반왕과 마야부인이 부처를 위하여 세 개의 궁궐을 지었듯이. 임정국 부부도 아기씨를 위해 세 개의 다락을 만들었어. 부처가 왕가의 보살핌 속에서 자라나듯 아기씨도 부모의 극진한 보살핌을 받으며 자랐어. 아기씨가 자란 다음 해야 할 일은 무엇일까?

　　그해에 옥황의 분부가 내려졌다.
　　"임정국 대감님은 천하공사 살러 오라. 김진국 부인님은 지하공사 살러 내려오라."
　　부부가 걱정했다.
　　"이 아기씨를 어찌하면 좋으리오. 아들이면 책실로 데려가면 되겠지만, 딸이어서 데리고 갈 수도 없으니."
　　대감은 여종인 늦인덕정하님을 불러 연 삼 년 벼슬을 살고 돌아올 때까지 자주멩왕아기를 궁 안에 가둘 테니 잘 키워달라고 신신당부하였다.
　　"구멍으로 밥을 주고, 구멍으로 옷을 주면서 아기씨를 키우고 있으면 돌아와서 종문서를 돌려주마."
　　"알겠습니다. 그렇게 하지요."
　　임정국 대감과 김진국 부인은 천하공사 지하공사를 살러 가게 되자 모람장, 고무살장, 지게살장 문을 만들어 녹하단풍 자주멩왕아기씨를 궁 안에 들여놓고 여러 개의 열쇠로 잠갔다. 아버지가 잠근 열쇠는 어머니가 간직하고, 어머니가 잠근 열쇠는 아버지가 간수하여 천하공사 지하공사 벼슬을 살러 떠났다.

　　아기씨가 자라서 처음 해야 할 일은 수행이야. 부처는 수행을 거치고, 고행을 거친 다음 명상을 통해 깨달음을 얻게 되지. 자주멩왕아기씨도 수행을 거치고, 고행을 거친 다음 깨달음의 과정으로 나갈 거야. 부처는 수행을 위해 집을 떠났지. 자주맹왕아기씨의 수행은 집 안에서 참고 기다리는 거야. 여자 나이 십오 세, 잉태할 나이가 되면 짝을 찾아 집을 떠나던 시대였지. 짝을 찾기 위해서는 부모 곁을 떠나야 해. 녹하단풍 자주맹왕아기씨가 집을 떠나 스스로 남자를 만나게 되면 아기씨의 고귀성과 순결성을 지키기 어렵게 되지.

부모와 헤어지고 순결성도 지키는 방법. 부모가 떠나는 거지. 부모가 떠나도 아기씨가 떠난 것 같은 짝짓기 조건이 만들어진 거야. 부모는 떠나면서 아기씨를 궁 안에 가두어 사람들을 만나지 못하도록 했어. 고귀한 혈통의 소유자를 만날 때까지 참고 기다리게 하는 수행의 과정인 거야.

사월 초파일날이 다가오자 삼천 선비들도 스님들의 행렬에 따라 동개남 상좌절로 올라갔다. 거리에는 등불을 달았고, 초승달 반달이 떠올랐다.

달구경을 하던 황금산 주지스님이 달을 보고 외쳤다.

"달아 달아 밝은 달아 이태백이 공든 달아.

저 달이 곱기는 고와서 계수나무 박혔건만

우리 법당에 와 수륙재 올리고 난 아기

녹하단풍 자주맹왕아기씨만큼 곱지는 못할 거야."

주지스님은 옛날 임정국 대감과 김진국 부인이 절에 와서 불공을 드려 태어난 아기씨를 생각했다. 달구경하러 법당에 모인 삼천 선비와 대사들은 주지스님의 찬사를 듣고 나자 모두 녹하단풍 자주맹왕아기씨를 만나보고 싶어 했다.

이때 삼천 선비들 중 한 선비가 일어서서 누구든지 녹하단풍 자주맹왕아기씨에게 시주를 받아오는 자가 있으면 삼천 냥을 모아주고, 만일 만나지 못하고 그대로 돌아오면 삼천 선비가 모두 주석 지팡이로 세 번 때리기를 하면 어떠냐고 내기를 걸었다.

하지만 녹하단풍 자주멩왕아기씨가 지금 단단히 궁 안에 갇혀 있는 것을 알고 있기에 누구 하나 선뜻 나서는 이가 없었다. 그때 주자선생이 말했다.

"제가 갔다 오겠습니다."

주자선생은 대사 차림을 하고 주년국 땅 임정국 대감님 집으로 녹하단풍 자주멩왕아기씨를 만나기 위해 길을 떠났다. 대사는 아기씨 집 정낭 밖 먼 올레에 도착하자 주인을 불렀다. 늦인덕정하님이 나와서 말했다.

"대사님, 어찌하여 오셨습니까?"

"다름 아니오라 우리 법당에 와서 수륙 드려 탄생한 아기씨의 명이 부족한 듯하여, 시주를 받아다 명을 잇고자 합니다."

늦인덕정하님은 곧 시주 쌀을 금바라에 떠가지고 나와서 내밀었다.

"원래 시주 쌀이란 것은 말로 주고 되로 주어도, 주인이 직접 홉으로 떠 주는 쌀에 맞서지 않습니다."

주자선생은 거듭 녹하단풍 자주멩왕아기씨가 열다섯 십오 세가 넘었으니 직접 시주를 떠오지 않으면 명과 복이 떨어진다 하였다. 늦인덕정하님은 아기씨가 직접 시주하지 못하는 사정을 주자선생께 말했다.

"우리 아기씨 아버지는 천하공사, 어머니는 지하공사를 살러 가며 아버지가 잠근 문 열쇠는 어머니가 보관하고, 어머니가 잠근 문 열쇠는 아버지가 보관하였습니다."

늦인덕정하님은 녹하단풍 자주멩왕아기씨께 가서 여쭈었다.

"상전님아, 동개남 상좌절 대사님이 시주를 받으러 와서 제가 시주를 가져가도 아니 받습니다. 내가 말로, 섬으로 주는 쌀보다 아기씨가 홉으로 주는 것만 못하다 합니다."

"그러면 어찌하면 좋으냐? 아버지 어머니가 따로 열쇠를 보관해두었으니 시주를 직접 주려 해도 궁 바깥으로 문을 잠갔으니 나갈 수 없다 전하거라."

늦인덕정하님이 그 말을 그대로 주자선생에게 전했다. 그러자 주자선생이 말했다.

"만일 내가 살창문을 열어드리면 손수 시주를 줄 수 있는지 물어봐주시오."

늦인덕정하님이 그대로 가서 일렀다.

"어서 그걸랑 그리하자."

아기씨는 닫힌 궁의 살창문을 열어주면 손수 시주를 내겠다고 흔쾌히 대답했다.

주자선생이 요령을 한 번, 두 번, 세 번을 왕글왕글 들어 치니, 살창문이 저절로 덜커덩 열렸다.

삼천 명 중에서 선발된 고귀한 혈통의 소유자가 나타났어. 황금산 주자선생이야. 아기씨의 짝이 되려면. 선택받아야 하고 궁문을 열 수 있어야 해. 불교에서 온 황금산 주자선생이 궁문을 열고 선택받은 자가 된 거야.

궁 안의 녹하단풍 자주멩왕아기씨는 하늘이 볼까 하여 청너울을 둘러 쓰고 얼굴을 가린 채 바라에 시주를 떠가지고 나오자 주자선생이 아기씨에게 말했다.

"시주 쌀은 높이 들어 스르르 낮게 비우십시오. 한 방울이 떨어지면 명과 복이 떨어집니다. 높이 들고 낮게 스르르 비우시오."

아기씨가 시주 쌀을 비울 때, 주자선생의 한쪽 손은 간데 온데 없고, 입으로 전대 한쪽을 물고 있었다.

"전대를 잡았던 한쪽 손은 어딜 갔느냐?"

"하늘 옥황 단수육갑 짚으러 갔습니다."

아기씨가 쌀을 전대에 스르르 부을 때 주자선생은 소맷자락 속의 손을 꺼내어 아기씨 머리를 세 번 쓸었다.

녹하단풍 자주맹왕아기씨가 놀라 욕을 퍼부었다.

"이 중, 괘씸한 중이로구나."

"오늘 내게 온갖 욕을 쏟아붓고 있지만, 석 달 열흘 백일 지나면 알 수가 있을 것이오."

이렇게 말하고 주자선생이 나가버리는 것이었다.

늦인덕정하님은 녹하단풍 자주맹왕아기씨에게 떠나기 전에 스님의 증거물이나 얻어두고 보내자 하였다. 아기씨가 송낙 한쪽, 장삼 한쪽, 은주랑 철죽대 한 마디를 꺾어 가져다 놔두라 하여 늦인덕정하님이 꺾어 가졌다. 그리고 떠나려는 주자선생을 세워놓고 살창의 열린 문은 모두 닫아두고 가라 하였다. 주자선생이 요령을 한 번, 두 번, 세 번을 연달아 흔드니 모람장, 고무살장, 지게살장 문이 저절로 덜컹 닫혔다.

궁의 살창문을 연, 선발된 고귀한 혈통의 소유자 주자선생, 자주맹왕아기씨와 합궁 시간이 되었어. 하지만 그전에 확인해야 할 것이 있지. 순결성이야. 자주맹왕아기씨의 순결성을 확인하는 방법이 쌀 시주야. 쌀은 불교에서 깨끗함의 상징으로, 부처의 아버지 숫도다나(정반왕)도 '깨끗한 쌀'이란 뜻을 가지고 있어. 쌀을 높이 들어 낮게 스르르 비우는 행위, 깨끗함을 보는 행위지. 아기씨의 순결성을 확인한 후 그 다음 할 일은……

머리를 오른쪽으로 세 번, 왼쪽으로 세 번 쓰다듬어. 짝짓기의 상징이야. 그 결과는 어떻게 되었을까?

주자 선생이 황금산으로 올라가고 석 달 열흘, 백일이 지나가자 아기씨의 몸이 이상해졌다. 물에선 펄 냄새가 나고, 밥에선 밥 냄새가 나고, 옷에선 풀 냄새가 났다. 먹던 밥, 자던 잠도 잘 수가 없었다. 새콤달콤 오미자, 정금 열매도 먹고 싶었다. 들다래도 먹고 싶었다.

늦인덕정하님은 아기씨에게 줄 열매를 따러 굴미굴산 아야산 신산곶으로 올라갔다. 신산곶에 올라가보니 높은 나무에 오미자 정금열매 들다래가 주렁주렁 열렸지만 나무가 높아 딸 수가 없었다. 늦인덕정하님은 명천 같은 하늘님께 모진 광풍이나 불어 열매가 떨어지게 해달라고 간절하게 빌었다.

이때 앉아 천 리를 보고, 서서 만 리를 보는 천리안으로 이 광경을 보고 있던 황금산 주자선생은 축지법을 써 모진 광풍이 불게 하였다. 광풍이 불자 나무에서 들다래, 정금열매 오미자가 와르르 떨어졌다.

늦인덕정하님은 이걸 주어 약도리 작은 망태기에 담고 내려와 아기씨께 드리니, 아기씨는 나무 열매 한두 방울을 먹어보다가 나무 냄새가 나 못 먹겠다고 하였다. 이번에는 전복도 먹고 싶다, 소라도 먹고 싶다 하였다. 늦인덕정하님은 호미, 망사리, 테왁, 비창, 물안경, 작살을 갖추고 바다에 가 물질하여 전복을 따 은장도로 비식비식 베어 구워드렸다. 하지만 이번에도 아기씨는 한두 개 먹어보다가 '정나미 난다, 이것도 못 먹겠다.' 하였다.

날이 가면 날이 갈수록 아기씨 얼굴에는 기미가 끼고, 젖줄이 서고, 젖꼭지가 거뭇거뭇하여갔다. 눈은 퉁퉁 붓고 충혈되었으며, 목은 홍두깨처럼 붉고, 코는 황소 코가 되고, 입은 주걱턱이 되었다. 손과 발은 퉁퉁 부어 아기씨는 정말 죽을 사경에 이른 듯하였다.

늦인덕정하님은 이거 큰일 났구나 하여 하늘 공사를 살고 있는 임정국 대감과 지하공사를 살고 있는 김진국 부인에게 급히 편지를 보냈다.

"큰 상전님, 벼슬을 하면 뭣합니까. 공사를 살면 뭣합니까? 아기씨는 다 죽게 되었습니다. 그러니 삼 년 살 공사는 석 달에 마치고, 석 달 살 공사는 삼 주나 단 삼 일에 마치고 어서 빨리 돌아오십시오."

편지를 받은 임정국 대감과 김진국 부인은 천하공사 지하공사를 급히 마치고 돌아왔다. 녹하단풍 자주맹왕아기씨가 우선 아버지께 문안인사를 드리려 하자 늦인덕정하님이 아기씨에게 단단히 주의를 시켰다.

"풀 죽은 옷을 입고, 칠보단장하고, 청너울을 둘러쓰고, 병풍 뒤로 가 인사를 하십시오."

자주맹왕아기씨는 늦인덕정하님이 시키는 대로 병풍 뒤로 가서 아버지께 문안인사를 하였다.

"내 딸아기 기특하다. 어떤 이유로 병풍 뒤로 나타났느냐?"

"아무리 부모 자식 사이라도 열다섯 십오 세가 넘으면, 남녀 구별법이 있사오니 병풍 뒤로 현신했습니다."

"기특하다. 어서 나가라."

어머니께 문안인사를 갈 때에는 칠보단장하고 풀을 빳빳하게 먹인 열두 폭 대홍대단베치마를 차려입고 나섰다.

"설운 아기야, 너는 어째서 전의 얼굴은 없고, 눈은 곰방눈이 되었느냐?"

"아이고, 궁 안에 앉아 어머님과 아버님이 언제면 돌아올까 하며 창구멍으로 바깥만 바라보니 그만 곰방눈이 되었습니다."

"무슨 일로 코는 말똥코가 되었느냐?"

"하도 울어서 콧물을 쓸다 보니 말똥코가 됐습니다."

"입은 어째서 주걱턱이 됐느냐?"

"어머님 아버님 생각하며 울다 보니 그렇게 됐습니다."

"모가지는 어떤 일로 홍두깨가 됐느냐?"

"언제면 우리 어머니, 우리 아버지 올 건가 하여 발꿈치 들며 창문 바깥을 바라보다, 홍두깨 목이 됐습니다."

"어째서 배는 두룽배가 됐느냐?"

"홉으로 먹던 음식을 되로, 말로 먹으니 식탈이 나서 둥그렇게 부어올랐습니다."

"어째서 손과 발은 덩드렁막개가 됐느냐?"

"앉아서 걱정만 하다 보니 손과 발도 부어올라 덩드렁막개가 됐습니다."

"엉덩이는 어째서 뽀라졌느냐?"

"편안하게 앉지 않고 발을 들어 바깥쪽만 바라보았더니 끝이 차차 뾰족하니 가늘어지면서 엉덩이는 오름새가 됐습니다."

"설운 아기야, 이리 오너라."

김진국 부인은 얼른 딸아기가 입은 적삼 저고리를 풀어보았다. 젖줄은 파릿파릿, 젖꼭지는 새까맣게 변해있었다.

"아이고, 이거 양반집에 큰일 났구나. 어찌하면 좋을꼬?"

김진국 부인은 대야에 물 떠놓아 은젓가락을 걸쳐 밑으로 그림자를 살펴보았다. 아기씨 뱃속에는 소랑소랑 아들 삼형제가 앉아 있었다.

자주맹왕아기씨가 임신을 했어. 참고 기다린 수행의 목적이 바로 임신이었던 거지. 부모가 돌아와 확인해보니 아들 삼형제를 임신한 거야.

김진국 부인이 모든 사실을 임진국 대감에게 알렸다. 부부는 걱정으로 병이 들 것만 같았다.

"향도 집에 갔다 온 비바리 무엇에 쓸꼬?"

임정국 대감과 김진국 부인은 아기씨를 죽이기로 했다.

왜 삼형제를 잉태할까?

● 불교의 3신 체계를 빌려오기 위함이다. 불교는 대부분 사찰에 삼존불을 봉안한다. 대웅전에는 석가모니불을 중심으로 미륵보살과 갈라보살을, 극락전에는 아미타불을 중심으로 관세음보살과 대세지보살을, 약사전에는 약사여래를 중심으로 일광보살과 월광보살을 봉안하는 것처럼 무속도 이러한 3신 체계를 빌려오고자 했던 것으로 여겨진다.

삼존불을 봉안하고 있는 관음사

"앞밭에 벌 틀을 걸어라. 뒷밭에 작두를 걸어라. 자객을 대령하라."

녹하단풍 자주맹왕아기씨를 작두칼에 올려 앉히니 늦인덕정하님이 달려들었다.

"아이고, 상전님아, 상전님아. 저를 죽이십시오. 제가 잘못한 죄입니다. 하나 죽을 목숨, 넷이 죽게 됐으니 제발 저를 죽이십시오."

늦인덕정하님은 대신 죽겠다고 몸부림을 쳤다. 늦인덕정하님을 죽이려 하면, 녹하단풍 자주맹왕아기씨가 달려들었다.

"아버님아, 어머님아 나를 죽여주십시오. 늦인덕정하님이야 무슨 죄가 있습니까?"

딱한 노릇이었다. 딸도 못 죽이고 늦인덕정하님도 죽일 수가 없어 진퇴양난이었다.

그렇게 되자 김진국 부인이 임정국 대감에게 말했다.

"대감님아, 죽음과 삶이 맞섭니까? 애들 입던 옷가지 모두 거두어 싣고 제 갈 데로 가, 부모를 떠나 살도록 집에서 내보내는 게 어떻겠습니까?"

"그렇게 합시다."

깊은 시름에 잠겨 있던 임정국 대감이 대답했다.

아버지 눈에 나고, 어머니 눈에 난 녹하단풍 자주멩왕아기씨는 한 살 때부터 열다섯 십오 세까지 입던 옷을 검은 암소에 싣고 떠날 채비를 마쳤다. 아버지 어머니와 하직하고 길을 떠날 때, 아무리 미워도 자식은 자식인지라 아버지는 금부채를 내어주고, 어머니는 은부채를 내어주었다.

"설운 아가, 가다가 길이 막히거나 산이 막히면, 부채를 때려보면 알 도리가 있을 것이다."

잉태했다고 아이가 태어나는 것이 아니듯, 수행이 끝났다고 바로 깨달음을 얻은 것이 아니야. 부처도 수행과 고행을 거쳤듯이, 자주멩왕아기씨도 수행을 통해 임신을 했으니, 다음은 고행 길로 가야 해. 임신한 자주멩왕아기씨가 주자선생을 찾아 집을 떠나는 일, 고행의 과정이야. 쉽게 말해 자주멩왕아기씨의 고행은 뱃속 아이의 아버지를 찾아가는 길인 거지.

검은 암소도 암컷이고 늦인덕정하님도 암컷이고 아기씨도 암컷이다.

임신한 딸을 죽이려 형틀을 준비하고 작두칼을 거는 이유?

● 딸이 임신을 하면 부모는 동네가 다 알도록 딸을 죽일 듯이 행동을 한다. 이렇게 행동하는 이유는 딸을 임신시킨 남자가 나타나 딸을 데려가도록 하기 위함이다. 결혼식 문화가 없던 시대, 일종의 결혼식이라 보인다. 그런데도 나타나지 않으면……? 여자가 알아서 해야지 뭐. 찾아가든가, 혼자 낳아서 키우든가.

세 암컷이 집을 나서, 늦인덕정하님은 앞에 서고 아기씨는 뒤에 서서, 남해산도 넘고 북해산도 넘었다. 가다 보니 칼선다리가 서 있다.

"늦인덕정하님아 어떤 일로 칼선다리가 있느냐?"

"상전님아, 부모님이 우릴 칼 세워서 죽이려고 해서 칼선다리입니다."

칼선다리 넘어가니 애선다리 서 있다.

늦인덕정하님아 어떤 일로 애선다리 있느냐?

"부모가 자식을 낳을 때 애달픈 마음 갖는다고 해서 애선다리입니다."

애선다리 넘어가니 등진다리 서 있다.

"이건 어떤 다리더냐?"

"부모 자식 이별하여 등지고 나온다고 등진다리입니다."

등진다리 넘어가니 오른다리 서 있다.

"이건 어떤 다리더냐?"

"부모 자식 이별할 때 자식에게 옳은 마음 갖는다고 오른다리입니다."

오른다리 넘어가니 밑에서 위로 흐르는 물이 있다.

"이건 어떤 일로 물이 밑에서 위로 흐르느냐?"

"부모 자식 간에 자식이 부모가 되어 거슬러 올라가는 거슨물입니다."

"상전님아 상전님아, 건지산에 올라가서 시원한 바람 맞고 상전님 머리를 올리고 갑시다."

"그렇게 하자."

자주맹왕아기씨는 세 가닥 머리를 여섯 가닥으로 갈라 땋아 머구리 댕기를 하고 방패건지를 하고 머리를 틀어 올렸다.

부처가 고행의 과정을 통해 속세와의 연을 끊었듯이 자주맹왕아기씨도 고행을 통해 부모와의 인연을 끊어야 해. 다리를 건너는 일, 속세와의 인연을 끊는 상징이지.

다리는 이쪽 세계에서 저쪽 세계로 건너가는 길이야. 다리를 건너면 다른 세계가 기다리고 있다는 거야. 칼선다리는 남성의 상징으로 처녀의 몸에 남자가 들었음을 뜻해. 칼선다리를 지나면 여자의 뱃속에 애가 들어서 애선다리를 건너야 하고, 여자의 뱃속에 애가 들어서면 여자는 부모를 등지고 떠나는 등진다리를 건너야 하고, 뱃속의 아이를 낳으면 자식이던 사람이 부모가 되는 오른다리를 건너야 하지.

이 모든 과정이 건지의 과정, 요즘말로 시집가는 과정이야.

건지산을 내려오니 낙수바다 수삼천리가 나타났다. 낙수바다 수삼천리 어찌하면 넘어갈까 늦인덕정하님과 비새같이 울고 있다가 몽롱한 가운데 피곤하여 잠이 들었다. 꿈에 거북사자가 와서 말했다.

"상전님아, 상전님아, 내 등에 매달리십시오. 수삼천리 낙수바다를 넘겨 드리겠습니다."

퍼뜩 깨어보니 거북이가 옆에 있었다. 수삼천리 낙수바다를 넘어가려니 검은 암소는 기장밭에 들어 있었다. 먹을 양식 싣고 가던 말 모른 검은 암소도 이별이 서글퍼 진주 구슬 같은 눈물을 비 내리듯 흘렸다. 거북이 등 위에 올라타니 수삼천리 낙수바다를 훌쩍 넘겨주었다. 낙수바다 수삼 천리 넘어서니 강변 백모래밭이 나타났다. 백모래밭을 지나가니 험한 칭 칭다리, 험한 열두 군문 길이 나타났다. 이런 험한 길을 어떻게 올라갈까 생각하니 근심겨웠다. 이때 앉아 천 리, 서서 만 리를 보는 황금산 주자선 생이

"자주맹왕아기씨와 늦인덕정하님이 나를 찾아오는구나. 설운 정녀들 아, 불쌍하다."

황금산 주자선생은 질토래비를 시켜 길을 닦아주라 하였다.

녹하단풍 자주맹왕아기씨는 조심조심 황금산을 올라가는데 사방에서

인정 줍서, 인정 줍서 하니 그대로 넘어갈 수가 없었다. 그때마다 열두 대 홍대단 홑치마를 찢어서 땀수건 눈물수건 만들어 문지기 대장 감옥형방에게 내어주며 험한 길을 넘어갔다. 치마는 다 찢어 줘버려서 허리밖에 남은 것이 없었다.

'이거 안 되겠다.'

늦인덕정하님의 치마로 여섯 폭 씩 갈라 다시 치마를 지어 입고 황금산 도단 땅 법당을 찾아갔다. 법당의 주자선생은 천기를 짚어 이를 모두 알고 있었다. 법당에서 기르는 사냥 잘하는 늬눈이반둥개가 다리 쿵쿵 내쿵쿵 짖었다. 황금산 주자선생이 동자승을 불렀다.

"저 멀리 정낭 밖 올레에 나가보아라."

동자승이 올레에 나가보니 자주맹왕아기씨와 늦인덕정하님이 서 있었다.

"어디 사는 누구신데, 누굴 찾아오셨습니까?"

"주년국 땅에 사는 임정국의 딸 자주맹왕아기이옵니다. 황금산 주자선생을 찾아왔습니다."

건지산에서 머리를 틀어 올린 것은 한 남자의 여자가 되었다는 선언이야. 자주맹왕아기씨는 자신의 몸에 잉태를 준 황금산 주자선생을 찾아가야 해. 황금산 주자선생을 찾아가는 길은 어렵고 힘든 고행길이었어. 겨우겨우 황금산 주자선생을 찾아갔지.

주자선생이 자주맹왕아기씨에게 말했다.

"중은 법당에서 부부 살림을 차릴 수가 없는 법이니 여기서 살 수가 없습니다. 그렇지만 날 찾아왔으니 강나락(밭벼), 참나락(찰벼) 세 동이를 까 올리십시오."

자주맹왕아기씨와 늦인덕정하님이 벼를 까기 시작했다. 하지만 손으로 까려면 손톱이 아파 못 까고, 이빨로 깨물어 까려니 이가 아파서 못 깠다. 강나락, 참나락 받아 앉아 낙심하다가 그만 무정 눈에 잠이 들었다. 잠시 있으니 온갖 새들이 오오조조조 하늘에서 내려와 울었다. 황금산 주자선생이 조화를 부려 온갖 새들이 내려와 오조조조 나락을 깠다. 늦인덕정하님과 자주맹왕아기씨가 잠에서 깨어 눈을 떠보니 새들이 나락을 까고 있었다. "훠이!" 하고 새들을 쫓으니 새는 날아가고 체는 체대로 쌀겨는 쌀겨대로 빠뜨린 쌀 한 톨 없이 참나락 세 묶음, 강나락 세 묶음을 다 불렸다.

　주자선생은 그제야 인정해주었다.

▶ **강나락 참나락 불림** 강나락 참나락은 벼를 가리키는 말이다. 앉아서 벼를 까고 불리는 것은 쌀을 어깨 높이 정도에서 밑으로 떨어뜨리면서 좋은 점괘가 나온 것은 쌀로, 나쁜 점괘가 나온 것은 껍질(체)로 분리하는 일이다. 강나락 참나락 불림은 무당이 쌀 점을 치는 광경의 상징이다.

황금산 주자선생을 만나는 것으로 고행의 과정은 끝났어. 하지만 명상의 과정이 남아 있지. 벼를 까는 것은 가만히 앉아서 쌀을 불려 깨끗하게 하는 것이지. 쉽게 말하면 쌀 점을 치는 과정, 명상의 과정이었어. 명상이 끝났으니 이제 깨달음의 길로 가야 해. 자주맹왕아기씨에게 깨달음은 무엇일까.

"그러나 중은 부부 살림은 할 수 없으니 시왕 곱은 연질 내어주면 어머니의 땅 불도땅으로 찾아가시오."

자주맹왕아기씨는 불도땅으로 내려갔다.

불도땅 작은 오막살이에서 신구월 초여드렛날 오른쪽 겨드랑이를 찢고 본명두가 태어났다. 열여드레에 신명두, 스무여드레에 살아살축 삼명두가 태어났다.

"신구월 초여드레 본명두 윙이자랑."

"열여드레 신명두 윙이자랑."

"스무여드레 살아살축 삼명두 윙이자랑."

자주맹왕아기씨는 애기구덕을 흔들어 재우며 아이들을 키웠다. 삼형제는 커갈수록 얼굴은 관옥이요, 풍채는 당당하였다. 동산에 샛별을 새긴 듯 삼형제는 무럭무럭 자랐다. 다섯, 여섯 살이 되어 동네 아이들이 애비 없는 호로자식이라 놀리자 삼형제는 어머니에게 따져 물었다.

"어머니, 우리 아버지는 어딜 갔습니까? 아버지 있는 곳을 가르쳐주십시오."

"아버지는 너희가 크면 찾을 수 있을 것이다."

부처가 수행과 고행의 과정을 거쳐 명상을 통해 깨

삼명두가 겨드랑이를 찢고 태어나는 이유?

● 출산과 관련된 권능은 삼승할망의 권능이다. 불도 땅에서 불도의 자식을 낳는 출산의 과정이 정상적으로 이루어지면 출산의 권능을 불교에도 인정해야 한다. 이 출산의 권능을 계속 무속신이 지킬 수 있도록 하기 위해 삼명두를 겨드랑이를 찢고 태어나게 한 것으로 보인다.

달음을 얻었듯이 자주맹왕아기씨도 수행과 고행, 명상의 과정을 거쳐 삼명두를 낳았어.

아기들이 소곡소곡 커 여덟 살이 되어가자 아이들 글공부를 시키지 않으면 큰일이 나겠다 싶었다. 자주맹왕아기씨는 서당에 거무선생을 찾아갔다.

"거무선생님, 우리 아이들 글 좀 가르쳐주십시오. 그러면 저는 선생님 물 심부름을 하겠습니다. 우리 큰아들은 아궁이를 때드리고, 샛(둘째)아들은 벼루를 갈고, 작은아들은 담뱃불 심부름을 하겠습니다. 돈 없고 갈 데 없으니 글공부 시켜주십시오."

거무선생이 허락하자, 그때부터 자주맹왕아기씨와 늦인덕정하님은 거무선생 종 노릇을 시작하였다. 삼형제 글공부를 시키려니 돈도 없고, 붓도 없고, 종이도 없고, 벼루도 없었다. 삼형제는 맡은 일이 다 끝나면 굴묵 어귀에 모여앉아 손바닥으로 재를 평평하게 하여 재 위에 글을 쓰며 공부했다. 그래서 삼형제를 잿부기 삼형제라 불렀다. 잿부기 삼형제의 글공부, 활공부는 명필, 명사수가 되어갔다.

삼명두는 무속의 체계를 관장할 신이 될 인물이야. 신이 되기 위해서는 일정한 절차를 거쳐야 해. 신이 되는 절차는 불교의 입문 과정을 빌려왔어. 불교에 입문하려면 첫째 스승을 정해. 그리고 밥 짓는 일과 나무하는 일, 물 긷는 일 등 온갖 허드렛일을 하면서, 필요한 기본 의식을 배우고 가르침을 받아야 돼. 신이 되기 위한 첫 번째 절차, 스승을 정해 배우면서 허드렛일을 했어.

삼형제가 열다섯 나는 해 시월에 과거가 있다는 방이 붙었다. 삼천 선비들은 과거 보러 갈 준비를 하고 있었다. 잿부기 삼형제도 어머니에게 자신들도 과거 보러 가겠다고 졸랐다.

"설운 아기들아, 돈은 어디 있고, 입을 옷은 어디 있어 과거를 보러 가려느냐?"

아무리 말려도 기어코 가겠다고 하자 어머니는 모아둔 돈으로 노자를 차리고 굴중이 잠방이 옷들을 차려입힌 후 삼형제를 과거 보러 올려 보냈다. 삼천 선비들은 삼형제를 데려가지 않으려고 뒤쫓아가면 쫓아버리고 돌로 쏘아버리고 때리고 하였다. 할 수 없이 삼형제는 먼 데로 피하면서 가까스로 따라갔다. 삼형제는 배나무 배고을에 도착했다. 배고을에 이르니 배좌수 집 배나무에는 배가 주렁주렁 열려 있었다. 삼천 선비들은 잿부기 삼형제에게 내기를 걸었다.

"너희들 저 배나무 위에 올라가 배 삼천 방울을 따오면 과거에 데리고 가마. 그리 할 수 있겠느냐?"

"높은 나무라 배를 딸 수 없습니다."

삼천 선비들은 굽은 데 굽고 굽은 데 굽고 하여 삼형제를 배나무 위에 올려주었다. 잿부기 삼형제는 대님 아래쪽을 묶어 배를 딸 때마다 바짓가랑이로 집어넣다보니 너무 가득 따놓아서 올라가지도 내려가지도 못하게 되었다. 삼천 선비들은 천 리 만 리로 모두 달아나 서울 상시관으로 과거 보러 올라가 버렸다.

그날 밤 배좌수는 꿈을 꾸었다. 꿈에 배나무에 청룡 황룡이 막 얽어지고 틀어져 보였다.

"거, 참. 묘한 꿈이로구나."

뒷날 아침 배좌수는 수장남에게 일렀다.

"저 배나무에 가서 한 번 살펴보아라. 뭣이 있느냐? 만일 개미 새끼 한 마리라도 있으면 건드리지 말고 나에게 와서 이르라."

수장남이 가서 살펴보니 도령 셋이 나무에 매달려 있어 그대로 일렀다.

"어서 그 아이들을 데리고 오라."

배좌수집 수장남이 삼형제의 대님을 풀어주었다. 대님을 푸니 배가 다르르 하고 떨어졌고, 삼형제는 배나무에서 내려올 수 있었다. 삼형제는 배고을 배좌수에게 갔다.

"너희들은 누구냐?"

"우리 증조할아버지는 정반왕이고, 증조할머니는 마야부인입니다. 할아버지는 석가여래, 할머니는 서준불도입니다. 그리고 우리 어머니는 녹하단풍 자주멩왕아기씨입니다. 서울 상시관에 과거를 보러 가려고 길을 나섰는데 삼천 선비들이 우리를 이렇게 떨쳐두고 갔습니다."

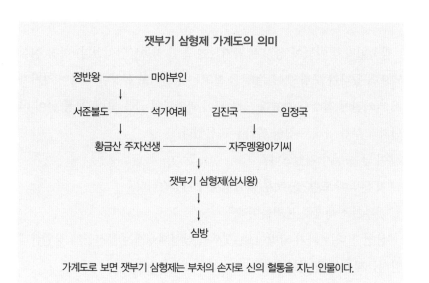

잿부기 삼형제 가계도의 의미

```
정반왕 ──────── 마야부인
          ↓
서준불도 ──────── 석가여래      김진국 ──────── 임정국
          ↓                            ↓
황금산 주자선생 ──────────── 자주멩왕아기씨
                    ↓
          잿부기 삼형제(삼시왕)
                    ↓
                    ↓
                   심방
```

가계도로 보면 잿부기 삼형제는 부처의 손자로 신의 혈통을 지닌 인물이다.

사정을 들은 배좌수는 밥을 차려주고 조금의 노잣돈을 마련해주었다. 삼형제가 서울 상시관을 찾아가니 벌써 동문도 잠겨 있고, 서문도 잠겨 있고, 남문도 잠겨 있어 어디로도 들어갈 데가 없었다. 주막집에 가서 팥

죽이나 한 그릇 사 먹으며 어딜 갈까 생각하니 갈 길이 막막하였다.

그때 황금산 주자선생이 천기를 짚어보고 팥죽할망 꿈에 나타나 말했다.

"할망, 세거리에 가보면 방금 와서 요기를 하고 간 도령들이 있을 테니, 이 아이들에게 종이도 사주고 붓도 사주고 해서 과거를 보러 보내주시오. 그렇지 않으면 흉험을 내리겠소."

팥죽할망이 가서 보니, 도령 셋이 잠을 자고 있었다. 삼형제를 데려다 붓전에서 붓을 사고, 종이전에 가서 종이를 사주어 먹을 갈아 글을 쓰게 했다. 삼형제는 명필로 글을 써내렸다.

천지혼합(天地混合) 천지개벽(天地開闢) 천황배포(天皇配布)

팥죽할망의 아들이 상시관 과거관에 뽑힌 지동토인이었다. 마침 점심 먹으러 왔다가 도령 셋이 쓴 글을 보고는 명필이고 문장이 좋다며 가져가서 과거관에 접수를 시켰다. 상시관에 과거관이 글을 보니, 보통 글이 아닌지라 무릎 아래로 접어 뽑아두고 물었다.

"이 글을 누가 지었느냐?"

"저 문밖에 도령 셋, 잿부기 삼형제가 지었습니다."

"잿부기 삼형제를 불러들이라."

"삼천 선비는 과거 낙방이요. 잿부기 삼형제에게는 문선급제 장원급제 알성급제 벼슬을 내어주라."

삼형제가 장원급제 문선급제 동방급제 과거에 급제하니, 삼천 선비 중에 유정승의 아들이 과거관에게 가서 따져 물었다.

"어째서 양반의 아이들은 과거를 주지 않고 중의 아들 삼형제를 과거 급제 시켰습니까?"

"어찌하여 잿부기 삼형제를 중의 아들이라 하는가?"

"중의 아들이 분명합니다. 주안상을 한상 차려놓고 보면 알 도리가 있습니다."

주안상을 차려놓으니 삼형제는 술도 아니 먹고 고기도 아니 먹었다. 작은아들은 술과 고기를 먹어서라도 급제하겠다고 술과 고기를 먹으니 구역질이 탕천하였다.

과거관은 중의 아들임이 탄로난 삼형제의 과거 급제를 거두고 낙방시켜버렸다. 삼형제는 다시 과거 시험을 치렀다. 이번에는 연추문을 맞추는 자에게 과거를 준다 하였다. 연추문을 세우자 삼천 선비들은 활을 쏘았으나 연추문을 맞추는 자 없었다. 잿부기 삼형제는 활도 없고 살도 없으니 다른 선비들 쏘던 구부러진 살을 주워 펴서 연추문을 맞추었다. 그런데 모두 명중이 되어 다시 과거를 하게 되었다. 이젠 더 이상 낙방시킬 수도 없게 되었다.

"하늘이 내린 과거로다. 청일산도 내어주라. 흑일산도 내어주라. 백일산도 내어주라. 쌍가마에 어사화 꽂고, 삼만관속, 육방하인, 사령 내어주라."

신이 되기 위한 두 번째 절차도 불교의 입문 과정을 빌려왔어. 두 번째는 계를 받는 거야. 계를 받기 위해서는 실력을 입증해야 해. 무속의 체계를 관장할 신이 될 삼명두가 실력을 입증하기 위한 절차, 과거시험이야.

삼명두 모두 과거에 급제했어. 실력을 입증한 거지.

잿부기 삼형제 때문에 과거에 낙방한 삼천 선비들은 녹하단풍 자주맹왕아기씨를 물명주 전대로 목을 걸어 삼천전 제석궁에 가두어놓고 늦인덕정하님을 불렀다.

"너희 상전 잿부기 삼형제가 과거를 하여 돌아오고 있으니 과거를 포기하게 하면, 우리가 종 문서를 돌려주고 돈 삼천 냥을 마련해주어 잘살 수 있게 해주마."

늦인덕정하님은 아이고 통곡하며 삼형제 앞으로 가 고했다.

"아이고, 어머님이 돌아가셔서 앞밭에 출병막 하였는데 과거를 하면 뭣합니까?"

이 말을 듣자 잿부기 삼형제는 울며

"관노들 돌아가라. 삼만관속 육방하인들도 모두 돌아가라. 청일산도 돌아가라. 흑일산도 돌아가라."

모두 돌려 세워두고 행전은 벗어 통두건을 하고 두루마기를 벗어서 왼팔을 내어놓고 어머니 출병막 해놓은 곳을 찾아가보니 아무것도 없는 헛봉분이었다. 헛봉분을 살펴보니 외할아버지를 찾아가라는 것 같았다.

삼형제는 외할아버지 임정국 땅을 찾아가니 외할아버지는 배석 자리를 내어주었다.

"어머니를 찾아주세요."

"어머니를 찾으려면 아버지를 찾아가라."

"아버지가 어디 있습니까?"

"황금산 주자선생이 너희 아버지이다."

황금산 주자선생을 찾아가니 아버님이 말하기를

"어머니를 찾으려면 전생 팔자 그르쳐 심방이 되어야 한다."

"심방이 되겠습니다."

"설운 아기들아, 처음 나를 찾아올 때 제일 먼저 무엇을 보았느냐?"

"하늘을 보고 왔습니다."

이 말 듣고 아버님이 하늘 '천(川)' 자 내어주고

"두 번째로 무엇을 보았느냐?"

"땅을 보고 왔습니다."

이 말 듣고 땅 '지(地)' 자 내어주고

"세 번째로 무엇을 보았느냐?"

"올레 문을 보았습니다."

이 말 듣고 올레 '문(門)' 자 내어주니 삼형제가 삼명두 개천문을 받았다.

"큰아들아, 과거 합격하니 무엇이 좋더냐?"

"도임상이 좋았습니다."

아버지는 이 말을 듣고 큰아들에게 초감제를 맡도록 하였다.

"샛아들은 무엇이 좋더냐?"

"쌍가마, 육방하인 좋았습니다."

아버지는 이 말을 듣고 샛아들은 초신맞이를 맡도록 하였다.

"작은아들, 무엇이 좋더냐?"

"남수화주, 적쾌자 관복이 좋았습니다."

아버지는 이 말을 듣고 셋째 아들에게 시왕맞이를 맡도록 하였다.

"아들들아, 삼천전 제석궁에 갇힌 너희 어머니를 찾으려거든 쇠가죽을 벗겨 악기를 만들어 계속 쿵쿵 울려야 한다."

"알겠습니다."

잿부기 삼형제는 서강베포땅에서 악기를 다루는 너사무너도령 삼형제를 만났다.

잿부기 삼형제는 어머니가 남기고 간 증거물인 물명주 단속곳의 왼쪽 가랑이로 들어가 오른쪽 가랑이로 나와 육형제를 맺었다.

나무를 베어 첫째 동을 골라다 북통을 만들고, 둘째 동을 골라다 소리 좋은 삼동맥이 설장고통을 만들고, 말가죽 쇠가죽을 벗겨다 북과 설장고를 만들고, 왕대, 죽대, 자죽대로 장구채를 만들었다. 그리고 나서 어주애

▶ **심방(巫)의 무구** 제주에서는 무당을 심방이라 한다. 심방의 무구로 대표적인 것은 멩두, 연물, 무복이 있다. 멩두는 신칼, 산판, 요령을 말한다. 세 가지 종류이니 '삼멩두' 또는 '일월삼멩두'라 한다. 연물은 북, 설쒜, 대양, 장구 등의 무악기를 말한다. 신화에서는 잿부기 삼형제가 너사무너도령 삼형제와 의형제를 맺었다고 표현하고 있다. 무복으로는 관디와 쾌지가 있다. 삼시왕이 유정승 따님아기에게 내어준 물건 목록에 들어 있던 홍포관대, 적쾌자를 말한다.

삼녹거리 서강베포 화숫물가에서 설운 어머님을 살리기 위한 굿을 하게 되었다.

아버지 황금산 주자선생이 시키는 대로 큰아들은 초감제를 맡고, 샛아들은 초신맞이를 맡고, 작은아들은 시왕맞이를 맡아, 초채 울려 초궁 하늘, 이채 울려 이궁 하늘, 삼채 울려 삼궁 하늘, 하늘 옥황에 쇠북 소리를 울렸다.

쇠북 소릴 울리며 깊은 궁에 갇힌 어머니를 살려내라고 북, 장고를 두드리며 굿을 하였더니, 녹하단풍 자주멩왕아기씨를 궁 밖으로 내놓았다.

어머니를 살려낸 잿부기 삼형제는 너사무너도령 삼형제와 함께 굴미굴산 아야산 신산곳으로 올라 비자나무, 유자나무, 탱자나무를 베어다 대궐 같은 연향 당주집을 지었다. 마흔여덟 초간주 서른여덟 이간주 스물여덟 하간주를 세웠다.

삼형제는 삼천기덕 일만 제기, 개상잔 개천문을 당주 안에 올려놓고 너사무녀도령에게 지키게 하고, 대궐 같은 당주는 어머니가 지키게 한 후, 큰 칼 들고 삼시왕으로 올라가 삼천 선비에게 원수를 갚았다.

무속의 체계를 관장할 신이 되기 위한 세 번째 절차도 불교의 연비 의식에서 빌려왔어. 불교의 연비 과정은 머리를 삭발하고, 초를 칠한 삼베실에 불을 붙여 팔목에 올려놓고 진언을 외우면서 불교의 계행을 지킬 것을 서원해. 그래야 온전히 불교에 입문할 수 있어.

잿부기 삼형제도 심방이 될 것을 선언하고, 배석 자리 만들고, 무구 개천문을 받고, 초감제, 초신맞이, 시왕맞이의 굿 절차를 마련하고, 무악기를 준비했어. 그리고 굿을 해서 어머니를 살려내고 권능을 입증함으로써 무속의 체계를 관장하는 신, 삼시왕이 된 거야.

그때, 아랫마을 여섯 살 난 유정승 따님아기가 친구 벗들과 놀고 있었다. 육관대사로부터 엽전 여섯 푼을 받아 장난감으로 가지고 놀다, 말 팡돌 밑에 두었다. 그러자 유정승 따님아기는 일곱 살에 눈이 멀고, 열일곱, 스물일곱, 서른일곱, 마흔일곱, 쉰일곱, 예순일곱 나는 해는 죽을 듯 살 듯하여 전생 팔자 그르쳤다.

지금까지는 신병을 앓거나 굿을 배우면 바로 심방이 될 수 있었어. 하지만 앞으로 심방이 되려면 모두 삼시왕 잿부기 삼형제의 허가를 받아야 해. 이때 유정승 따님아기가 신병이 들어 전생 팔자 그르쳤어.

유정승 따님아기가 갑갑하여 집에서 나와 다니다 울음소리를 듣고 자복장자네 집 안으로 들어갔다.

"무슨 일로 통곡하십니까? 원천강 사주팔자 궂은 이가 지나던 길에 들렀습니다."

"팔자고 사주고 우리 집 외딸아기가 죽어 초시름 해놓았습니다."

"내가 한번 진맥이나 해보지요."

유정승 따님아기가 안으로 들어가서 진맥을 하였다.

"이 아기는 아직 죽지 않았습니다. 시왕수레법망에 걸렸습니다."

우선 깨어나게 하려면 소지를 접어 신주를 써 올리고, 삼선향, 삼주잔을 차리고, 무명 한 필 내어 소지 덮어 위에 올리게 하고 자복장자집을 나오면서

"딸을 살리려면 두이레 열나흘 전새남굿을 하십시오."

이렇게 말하고 유정승 따님아기는 가버렸다 유정승 따님이 가버린 뒤 얼마 없어서 자복장자 작은딸아기가 깨어났다. 자복장자네 집에서 유정승 따님아기를 찾아갔다.

"우리 아기가 살아났으니 굿을 해주십시오."

하지만 유정승 따님아기는 굿을 할 준비가 되어 있지 않았다. 명두도 없고, 북 장고도 없고 소무도 없었다.

무병에 걸린 유정승 따님아기도 마찬가지야. 무병에 걸렸다고 바로 심방이 될 수는 없어. 명두도 없고 북장고도 없고 소무도 없어. 준비가 덜 된 거지. 더욱이 아직 인증을 받지 못했어.

밤이 되었다. 유정승 따님아기는 어주애삼녹거리 서강베포 화숫물 신전 앞에서 마음을 닦는 절을 천 배 하다가 지쳐 쓰러져 있었다.

▶ **신천리 현씨일월당** 신천리의 현씨 처녀는 무병에 걸려 죽었다 살았다를 반복하였다. 심방보다 더 심방답게 굿을 잘한다는 소문이 났지만, 심방 옷과 연물을 마련하지 못하여 바다에 빠져 죽고 말았다. 심방의 자격 심사를 받지 못한 무자격 심방의 한이 깃들어 있는 신화이다. 이에 한이 맺힌 현씨 처녀를 모시는 당에는 새해가 되면 신목에 새 옷이 입혀진다. 더불어 신앙민들은 원진 마음을 풀고, 부디 합격 성취를 주십사고 빌었을 것이다.

그때 마침 하늘 옥황 삼시왕이 된 잿부기 삼형제가 인간세상에 내려오고 있었다. 잿부기 삼형제가 내려오다 보니 웬 여자가 어주애삼녹거리 서강베포땅 화숫물가 신전집 올레에 정신없이 엎드려 있었다.

"너사무너도령아, 저 올레에 웬 신녀가 엎드려 있느냐?"

"유정승 따님아기인 줄 압니다."

"저 신녀를 이리 데려오너라."

너사무너도령이 유정승 따님을 강명주 전대로 걸고 들어왔다. 유정승 따님은 그간의 사실을 삼시왕에게 모두 고했다. 엽전을 주워서 이제까지 이렇게 살았는데, 자복장자네 집에서 굿을 해 달라고 했지만 무구와 연물이 없어 이리 헤매어 다녔다고 말했다.

"얼굴을 들어라. 얼굴을 보자. 얼굴도 좋다. 너는 인간에 다니며 부정이 많았으니 부정을 없애야겠다."

삼시왕은 향불을 피워 두르고 대추나무 은저울로 유정승 따님의 정성을 달아보았다. 백 근이 채 차지 않았다.

"넌 아직 멀었다. 그러니 하늘 삼시왕의 굿법을 적은 무당서 삼천 권을 내어줄 테니, 가서 공부를 더하고 오너라."

유정승 따님은 무당서를 가져와서 공부를 하였다. 삼시왕은 유정승 따님이 신전에서 살며 굿을 할 수 있는지를 가늠해보았다.

"장대를 내어라. 길대를 내어라."

삼시왕이 무명을 어깨에 대어, 키를 재고, 장대 길대로 재어보니 이만하면 굿을 할 만한 체격을 갖추었으니 신전을 지킬 만하다고 생각하였다. 그리고 굿에 필요한 무구, 깃발 제기 악기를 타 가려면 심방을 하여 빌어먹은 역가를 바치도록 하였다. 이 역가를 바쳐야 신의 제자로서 심방이 될 수 있는 것이다. 유정승 따님아기가 역가를 바치겠다는 약속을 하였다. 삼시왕이 모든 무구를 내어주자* 유정승 따님아기는 새 무복으로 갈아입고 예개마을 굿춤을 추어 심방이 되었다.

새 심방이 된 유정승 따님아기는 자복장자 집에서 최초로 굿을 하였다.

인증 받은 심방이 되려면 삼시왕의 심사를 통과해야 해. 유정승 따님

---

* 삼시왕은 안채포, 북, 큰북, 설쇠, 살장고, 개천문, 개상잔, 호롬줌치, 극복잘리, 전대, 홍포관대, 남수화주와 적쾌자, 녹의홍상의 치마와 저고리, 백능 보선, 섭송메, 미투리, 홍걸랫베, 흑비게, 팔만금사진 베, 이마 묶는 이멍거리, 송낙, 길갓, 양기명기, 신령한기도 내어주었다.

아기는 무당서를 공부한 후, 무구를 빌리고, 역가를 바친다는 약속을 하고 예개마을 굿춤을 춰서 심사를 통과했어. 삼시왕으로부터 최초로 인증을 받은 심방이 된 거지. 그래서 자복장자네 집에서 굿을 할 수 있게 된 거야.

하늘과 땅이 갈라져 개벽되었다고 해서 세상이 돌아가는 것은 아니다. 세상이 돌아가려면 질서와 체계를 만들어야 한다.

심방이 많아지면서 그에 따른 심방의 질서와 체계를 만들어야 했나 보다. 체계와 질서를 만든다는 것, 누군가의 이익을 배제하고 누군가의 이익을 지키는 일인지도 모른다. 특히 신화 시대 제주 사회의 핵심 권력의 하나인 신권. 신권을 보유하고 계승하기 위한 질서와 체계를 만드는 일은 심방들에게 매우 예민한 문제였을 것이다. 긍정적으로 보면 무속이 체계를 갖춘 종교로 발전하기 위한 기반이 될 수도 있지만, 부정적으로 보면 신내림을 받은 사람들이 심방으로 나아가는 길을 봉쇄하는 일이 될 수도 있다.

이 신화는 불교를 빌려 심방의 질서와 체계를 세우려 했던 무속의 노력을 보여주는 이야기이다. 무속의 질서와 체계를 관장하는 신, 잿부기 삼형제. 지금까지 불리어졌던 무조신이라는 명칭보다는 인증의 신이라는 명칭이 더 적합할 듯하다.

오늘날, 자격증 소지자의 행위는 합법이 되고, 자격증 없는 자의 행위는 불법이 되는데, 옛날 삼시왕으로부터 허가증을 받은 심방과 허가증을 받지 못한 심방의 차이는 무엇이었을까?

신을 모시는 최고의 권위를 가진

아들에게 상속할지니

이공 신화

수심방.

수심방의 권능을

누구에게 물려줄 것인가.

신녀나 딸이 아니라 아들에게만,

그 자리에 상속의 신,

할락궁이가 있다.

상속의 신

여기저기서 심방들이 자리 잡았지. 신에 대한 제의를 주관하면서 심방의 말은 제주 사람들의 행동과 생각을 규정하는 삶의 질서가 되었어. 삶의 질서를 규정할 수 있는 말, 그것은 권력이며 동시에 문화야. 특히 인증의 신 잿부기 삼형제가 만들어놓은, 심방을 인증하는 권능은 막강한 권력이었어. 이 권능의 안정적 유지를 위해선 질서가 필요해. 누가 누구에게 물려준다는 상속의 질서지. 물려줄 신과 물려받을 신 사이의 질서를 규정해야 한다는 거야.

질서를 규정하기 위해 필요한 것이 신의 내력담이지. 그렇다면 물려줄 신은 어떻게 태어날까?

옛날 주장산 밑에 원진국과 김진국 대감이 살았다. 돈 많은 천하거부 원진국 대감도 자식이 없었고, 가난하게 사는 김진국 대감도 자식이 없었다. 자식이 없어 한탄하던 두 대감 집에 동개남 은중절에서 부처님을 모시는 스님이 찾아왔다.

"소승이 주인 뵙기를 청합니다."

원진국 대감이 물었다.

"어느 절 스님입니까?"

"동개남 은중절에서 부처님을 모시는 중이옵니다. 우리 절이 퇴락하여 시주를 받아다 헌 당도 수리하고, 헌 절도 수리하고, 명이 없는 자에겐 명을 주고, 아기 없는 자에게는 아기를 주고 그렇게 하려고 내려왔습니다."

시주를 하면서 원진국 부부가 스님에게 청하였다.

"대사님, 우리 부부에게 아이나 있을지 사주팔자나 봐주십시오."

스님은 단수 육갑 오행팔괘를 짚어보더니

"우리 절간 법당에 와서 부처님께 불공을 드리면 아기를 얻을 수 있을 듯합니다."

스님은 김진국 대감집에 가서도 시주를 받았다. 돌아서 가는 스님을 보며 김진국 부인이 남편에게 간청했다.

"여보, 우리도 절간 법당에 가서 부처님께 불공이나 한번 드려봅시다."

"나도 그러고 싶소만 불공을 드릴 제비와 제물을 마련할 수 없으니 어찌 가겠소."

이때 원진국 대감이 말했다.

"내가 수륙재 비용을 드릴 테니 같이 갑시다."

그리하여 원진국과 김진국 부부는 불공을 드리러 절로 향하였다. 절간 법당에 이르자 원진국이 김진국에게 말했다.

"김진국 대감! 우리가 아들과 딸을 낳게 되면 구덕혼사를 하면 어떻겠소. 하늘이 맺어준 연분으로 알고 서로 사돈이 됩시다."

"어서 그건 그리 합시다."

그리하여 두 친구는 절간 법당으로 들어가 석 달 열흘, 백 일 동안 부처님 전에 수륙재를 드렸다. 불공이 끝나는 날 스님이 두 대감에게 말했다.

"원진국 대감님의 정성은 백 근이 되지 않아 딸을 낳겠습니다. 김진국 대감님은 백 근이 되어 아들을 낳겠습니다."

두 대감 부부는 불공을 마치고 집으로 돌아와 날을 정하여 합궁하였다. 합궁 후 부인들은 모두 잉태하였다. 원진국 대감은 여자 아기를 낳아 원강아미라 이름 지었고, 김진국 대감은 남자 아기를 낳아 사라도령이라 이름 지었다.

사라도령과 원강아미가 태어났어.

신화의 시대, 아기를 점지하는 것은 원래 무속신인 삼승할망의 권능이었어. 하지만 불교가 들어와 자리를 잡으면서 무속신이 갖고 있던 이 권능은 불교로 넘어갔지. 아기를 낳는 것은 여자지만 임신하게 만드는 것은 남자라는 사실을 안 거지. 무속신인 삼승할망은 여자였고, 이 삼승할망을 모시는 심방도 여자였어. 반면에 불교의 신인 부처는 남자였고 이 부처를 모시는 스님들도 대부분 남자였지.

심방과 함께 삼승할망에게 아기를 점지해달라는 기도보다 절에서 백일기도 하는 것이 여자들에게 더 효험이 있었다고 알려졌어. 이 사실이 신앙민들에게 알려지면서 아기를 점지하는 권능은 불교로 넘어간 거지.

그렇게 불교의 점지로 사라도령과 원강아미가 태어난 거야. 물려줄 신의 자격을 가지고 태어난 거지.

어느 날, 김진국과 원진국은 아이들에게 구덕혼사를 하였다고 일러주었다. 사라도령은 부모님이 정해준 혼사를 운명으로 받아들였다. 원강아미도 잘 살아도 내 팔자, 못 살아도 내 사주라며 부모가 정해준 혼사를 받아들였다. 사라도령과 원강아미는 혼인을 했다.

사라도령과 원강아미가 성장해 결혼할 나이가 되었어. 부모들은 구덕혼사로 크면 서로 맺어주자고 약속했었지. 부모가 정해준 대로 혼인을 했지만 가진 것 없는 가난한 부부였어. 물려받으려 해도 사라도령의 부모는 가난해서 물려줄 것이 없었지. 스스로의 힘으로 살아가야 하는 시대의 부부가 된 거지.

하루는 원강아미가 물 길러 가고 있는데, 하늘 옥황의 황세곤간이 내려와 원강아미 앞을 막아섰다.

"이 마을에 사라도령이 어디 사는지 아시오?"

"무슨 일로 찾습니까?"

"나는 옥황상제의 명을 받은 황세곤간이라 하오. 사라도령에게 서천꽃밭 꽃감관 일을 맡기려고 내려왔소."

원강아미는 황세곤간에게 이 언덕을 넘고 저 언덕을 넘어 가시라 일러주고 지름길로 부리나케 집으로 돌아와 남편을 찾았다.

"낭군님아, 서천꽃밭 꽃감관 일을 맡기러 하늘 옥황에서 황세곤간을 보냈습니다."

원강아미가 말을 마치기도 전에 어느새 대문 안으로 황세곤간이 들어섰다. 지엄한 하늘의 명령이라 사라도령은 서천꽃밭 꽃감관으로 떠날 채비를 하였다. 사라도령이 떠나려 하니 원강아미가 비새같이 울며 매달렸다.

"설운 낭군님아, 나도 데려가주세요."

울며 매달리는 임신한 아내를 혼자 두고 떠나기가 너무 마음 아파 사라도령은 원강아미를 데리고 서천꽃밭으로 길을 떠났다.

부부가 된 사라도령에게 서천꽃밭 꽃감관의 일을 맡으라는 옥황상제의 명이 내려왔어. 서천꽃밭은 어디이고 꽃감관은 어떤 사람일까?

꽃들이 피어 있는 서천꽃밭, 그리고 꽃감관. 제주 사람들에게 삶과 죽음은 저승에서 길을 찾아 이승으로 오면서 살과 피를 받아 여자의 몸에서 태어났다가 다시 길을 찾아 저승으로 가는 과정이야. 꽃은 이 과정이 잘 이루어지도록 도와주고 문제를 해결하는 무속권능의 상징이지. 그리고 이 꽃들이 모여 있는 공간이 서천꽃밭이야. 서천꽃밭은 신력이 모여 있는 공간으로 상상의 공간이며 동시에 신들이 좌정한 현실 공간인 당이라고 할 수 있어. 그리고 이 서천꽃밭을 관리하는 꽃감관은 신의 권능을 모시면서 당을 관리하는 심방의 다른 이름이지.

꽃감관이 되라는 옥황상제의 명, 신내림을 말하는 거야. 신내림을 받은 사라도령, 심방이 되기 위해 당으로 가야 한다는 거지. 임신한 원강아미를 데리고 사라도령은 심방이 되기 위해 길을 떠났어.

서천꽃밭으로 가는 길은 멀었다. 며칠 지나자 원강아미의 발에는 콩알 같은 물집이 생기더니 발바닥이 터지고 피가 흘러 신발을 적셨다. 부푼 배를 안고 한 걸음 한 걸음 떼어놓기가 점점 힘들었다. 해는 져서 날이 어두워지자 인적 없는 들녘에서 부부는 억새 포기에 의지하여 잠을 청하였다.

어느덧 무정한 눈에 잠이 들었다. 초경 닭도 울고, 이경 닭도 울고, 삼경 닭도 울어 먼동이 트기 시작했다.

"설운 낭군님아, 이 닭 우는 소리는 어디서 들려오는 소립니까?"

"이 마을 소문난 부잣집 만년장자네 집에서 우는 닭 울음소리 같소."

"설운 낭군님, 서천꽃밭으로 가려면 얼마나 더 가야 하나요?"

"멀고도 먼 길이오. 이제 시작이나 마찬가지요."

"그렇게 먼 곳인가요? 낭군님아, 이 발 좀 보세요. 피가 멈추지 않습니다. 난 더 이상 한 발자국도 못 걷겠습니다. 아무래도 함께 가지 못할 것 같으니 저 집에 가서 나를 종으로 팔아두고 가십시오."

원강아미는 남편에게 간절히 부탁했다.

신내림을 받았지만 아직 심방이 되지 못한 사라도령, 무병에 걸렸으니 제대로 일을 할 수가 없을 수밖에. 여자를 데리고 살아갈 능력을 상실한 무능한 남자가 돼버린 거지.

생활 능력을 상실한 남자와 임신한 여자, 여자의 생존이 위태롭게 되었어. 생존이 위태로운 여자는 자신의 생존을 지켜줄 새로운 짝을 찾아야 해. 종으로 자신을 팔고 가라는 원강아미의 요구, 그것은 자신의 생존을 지켜줄 새로운 남자를 찾겠다는 뜻이야. 새로운 남자, 당연히 부유한 남자가 좋겠지. 그래서 부잣집 만년장자에게 팔아달라고 한 거야.

부부는 만년장자네 집으로 들어갔다. 사라도령은 원강아미를 가리키며 말했다.

"이 여자를 종으로 팔려고 합니다."

그러자 만년장자 큰딸이 나와 두 사람의 행색을 둘러보고 말했다.

"아버지, 저 종을 사게 되면 우리 집안 망합니다. 사지 마세요."

둘째 딸이 나왔다.

"아버지, 저 여자는 우리 집안을 수레멸망악심꽃으로 멸망시킬 종입니다. 사지 마세요."

마지막으로 작은딸이 나왔다. 부르터서 피가 밴 원강아미의 발과 항아리 같은 배를 보고 사정을 짐작한 듯하였다.

"이 여자를 얼마에 팔겠습니까?"

"보시다시피 이 여자는 임신을 하고 있소. 어미는 삼백 냥을 주고 뱃속에 아기는 백 냥을 주시오."

막내딸이 만년장자에게 말했다.

"아버지, 저 종을 사두었다가 아기가 태어나거든 심심 소일거리나 하면 어떻습니까?"

"어서 그건 그리하자."

만년장자는 막내딸이 흥정한 돈을 내주고 원강아미를 종으로 사들였다. 사라도령이 청을 넣었다.

"우리 부부 이제 헤어지면 언제 만날지 모릅니다. 마지막으로 밥이나 함께 나누고 헤어지려고 하니 밥 한 상 차려주시오."

"그럽시다."

만년장자 집에서는 이별하는 부부에게 상을 차려주었다. 종으로 팔린 신세가 된 원강아미는 사라도령을 떠나보내며 비새같이 울었다. 멀리 올레 끝까지 전송하러 나와서 소매를 붙잡고 물었다.

"설운 낭군님아, 아기가 태어나면 이름은 무어라 짓습니까?"

"아들을 낳으면 신산만산 할락궁이라 짓고, 딸을 낳으면 할락댁이라 이름 짓도록 하오."

그리고 얼레빗을 꺼내어 반으로 쪼개어 원강아미의 손에 쥐어주었다. 서천꽃밭으로 떠나는 길이 많이 지체된 사라도령은 서둘러 길을 떠났다.

그로부터 얼마 없어 원강아미는 잘생긴 아들을 낳았고 이름을 신산만산 할락궁이라 지었다.

신화의 시대, 부부는 법적인 구속력이나 도덕에 의해 맺어진 것이 아니고, 생존의 필요에 의한 결합이야. 이 생존의 필요 때문에 원강아미는 만년장자의 종이 됐어. 신분제로서 종이 아니라 만년장자를 새 남편으로 받아들였다는 뜻이야. 종이라 표현한 것은 남편과 자식을 위해 종처럼 온갖 일을 하기 때문이지.

원강아미가 만년장자의 아내가 되면서 문제가 하나 생겼어. 뱃속에 있는 아기는 누구의 자식이냐는 거지. 돈을 주고 산 만년장자의 자식일까? 아니면 생물학적인 씨와 아이의 이름을 지어주고 떠난 사라도령의 자식일까? 자식이라고 인정해서 재산을 물려줄 것인지 아니면 물려주지 않을 것인지. 여기에 세습 또는 상속의 딜레마가 있어.

갈등의 씨앗, 할락궁이가 태어났어.

하루는 만년장자가 원강아미를 탐하여 방으로 들어오려 하였다. 원강아미는 방문을 막아서며 완강하게 말했다.

"우리 법은 아기를 낳은 지 석 달 백일 지나고 여자의 몸이 원래대로 돌아와야 잠자리를 같이하는 법입니다. 석 달 백일 후에 들어오시지요."

그렇게 이 핑계 저 핑계를 대며 원강아미가 만년장자의 잠자리 요구를 거절해온 지도 세월이 꽤 흘렀다. 그러는 동안 할락궁이는 무럭무럭 자라서 열다섯 살이 되었다. 만년장자의 잠자리 요구는 더 심해졌다.

"이 아이가 쟁기를 지고 밭 갈러 다니게 되어야 부부 잠자리를 같이하는 법입니다."

드디어 할락궁이가 쟁기를 지고 밭 갈러 다닐 만큼 장성하자 만년장자는 원강아미의 방에 들어가려 하였다. 원강아미는 방에 들어오려는 만년장자를 개로 착각한 척하며 몽둥이로 후려갈기며 소리를 질렀다.

"요 개 저 개 못된 개로구나. 지난밤도 조반 지을 쌀을 다 먹더니, 오늘 밤에도 또 왔구나."

"아이쿠, 난 개가 아니고 만년장자일세."

뜻밖의 몽둥이질을 당한 만년장자는 어깨를 감싸 쥐며 난간 아래로 굴렀다.

"어머나, 상전님. 이 밤중에 어쩐 일입니까?"

"네 이년, 이 핑계 저 핑계 지금까지 날 속인 게 그 세월이 얼마냐? 내 이년을 차라리 죽여버리고 말리라."

만년장자는 머슴들을 불러 형틀을 마련하라며 원강아미를 죽이려 들었다. 이 소란을 듣고 막내딸이 달려왔다.

"아버지 무슨 일로 화가 나셨습니까?"

"아, 저 종년이 이번 저번 나를 속여 넘기니 괘씸해서 그런다."

"아이고, 아버지 자기집 종이라도 죽이면 죄인 됩니다."

만년장자의 여자가 된 원강아미. 만년장자는 마음껏 자신의 성적 욕망을 채웠어. 그런데 만년장자를 철저히 거부했다고 하고 있는 것은, 승리자의 의도가 반영된 표현일 뿐이야. 원강아미를 이렇게 대했다면 할락궁이는 어떻게 대할까?

만년장자를 거부한 원강아미, 과연 진실일까?
● 승리한 세력은 역사나 이야기를 자기편 중심으로 기술하나 보다. 이 신화는 딸에게도 세습하려는 세력과 아들에게만 세습하려는 세력의 갈등이다. 이 갈등의 승리자는 할락궁이로 대변되는 남성 세습무들이다. 부모로부터 육체와 권능을 물려받은 승리자가 자신의 어머니를 부정적으로 기록할 수는 없다. 무속의 입장에서도 심방이 모시는 신의 어머니가 생존을 위해 낭군을 버리고, 늙고 부유한 남자와 살았다고 기술할 수는 없다. 그래서 원강아미는 남편을 위해 부잣집 종으로 팔리게 된 희생적인 여자이면서, 부잣집 남자의 성적 요구를 완강히 거부하여 정절을 지킨 긍정적인 여자로 기술한 것으로 보인다.

"그러지 말고 아버지를 욕보였다니 저것들에게 벌로 노역을 시켜 분을 푸시지요."

"무슨 벌역을 시키면 이 분이 풀리겠느냐?"

"할락궁이에게는 낮에 나무를 오십 바리 해 오라고 하고 밤에 새끼줄 오십 동을 꼬아내라고 하세요. 할락궁이 어미에게는 낮에 물명주 다섯 동, 밤에 물명주 두 동을 짜내라고 하세요. 보통 사람이면 도저히 할 수 없는 벅찬 일이니 아마 둘 다 잠 한 숨 못 자고 지쳐서 아버지께 매달리며 살려달라고 빌게 될 겁니다."

"그래, 당장 그렇게 하도록 하라."

그날부터 원강아미는 명주 베틀에 앉아 밤낮으로 달칵대었다. 낮에는 물명주 다섯 동, 밤에는 어두운 등불 아래서 물명주 두 동, 하루에 일곱 동의 명주를 짜내야 한다는 건 도저히 사람의 능력으로 할 수 있는 일이 아니었다. 그런데 이상하게도 원강아미가 부지런히 짜다 보면 물명주가 저절로 짜여져 쌓여 있었다. 할락궁이도 산으로 올라가 나무를 한 바리 정도 하다 보면 나머지 마흔아홉 바리 나뭇짐은 저절로 만들어져 쌓여 있었다. 밤에는 새끼줄을 한 동 꼬노라면 마흔아홉 동의 새끼줄이 저절로 꼬아져 있었다.

만년장자는 할락궁이에게 진짜 종처럼 엄청 일을 시켰지. 남자는 본능적으로 자신의 친자식이 아닌 아이에게 우호적이지 않아. 그리고 재산도 물려주지 않으려 해. 이런 남자의 본능이 강해질수록 친자식이 아닌 아이는 위험해질 수 있어. 만년장자도 할락궁이를 친자식처럼 취급하지 않았어. 할락궁이에게 엄청난 노역을 시킨 것은, 자식이 아닌, 아무것도 물려줄 필요가 없는 종으로 취급하고 있다는 거야.

그러던 어느 날. 비가 촉촉이 내리는 날이었다. 막내딸이 만년장자에게 말했다.

"아버지, 저것들 불쌍하지 않습니까? 오늘은 좀 쉬라고 하시지요."

"그래, 오늘은 쉬라고 해라."

오랜만에 쉬는 날이라 원강아미는 부엌으로 들어가 아들이 좋아하는 콩을 와다닥닥 볶고 있는데 할락궁이가 부엌으로 들어왔다.

"설운 어머님아, 멀리 정낭 밖 올레에서 누가 어머니를 찾습니다."

어머니를 올레로 내보내고 할락궁이는 콩 젓던 막대를 살짝 숨긴 후 숨 넘어가는 소리로 어머니를 불러댔다.

"어머니, 어머니! 빨리 오세요. 콩이 다 타네요!"

원강아미가 부엌으로 뛰어 들어와 콩 볶는 솥으로 다가서자, 할락궁이가 어머니 손을 잡아 뜨거운 솥바닥에 닿을 듯이 꾹 누르며 물었다.

"어머니! 우리 아버지는 어떻게 하고, 어머니와 나는 이렇게 종살이 신세입니까?"

"엇, 뜨거워라. 이러다 내 손이 불이 되겠구나. 너희 아버지는 만년장자다."

원강아미의 말에 할락궁이는 어머니 손을 뜨거운 솥바닥으로 더 바싹 들이대면서 대들었다.

"우리 아버지가 만년장자라면 어머니와 나는 어째서 종 노릇을 하고 있는 것입니까? 이런 무지막지한 벌역은 또 무엇입니까? 어머니, 저도 이제 어른이 다 됐습니다. 사실대로 말해주십시오."

원강아미의 눈에 이슬이 어리더니 하염없이 눈물이 떨어졌다.

"그래, 네가 이제 어른이 되었단 말이지. 이 에미는 이 날이 오기를 기다렸단다."

원강아미는 아들에게 가슴속에 담아둔 이야기를 풀어놓았다.

"너희 성할아버지는 김진국 대감이고 외할아버지는 원진국 대감이다. 너희 아버지는 네가 뱃속에 있을 때 만년장자 집에 종살이로 나를 팔고 서천꽃밭에 꽃감관 벼슬을 살러 가셨다."

"아버지가 서천꽃밭 꽃감관으로 가셨다고요? 저는 오늘 당장 아버지를 찾아가겠습니다. 메밀범벅 두 덩이만 만들어주세요."

"그래, 만들어주고 말고, 이건 너희 아버지가 남겨놓고 간 증표란다. 이걸 가지고 어서 바삐 떠나거라."

"만년장자가 나를 찾으면 어머니는 무조건 모른다고 잡아떼세요."

"그건 나에게 맡기고 어서 떠나거라. 너야말로 잡히지 말고 꼭 아버지를 만나야 한다."

종으로 취급당하고 있음을 알게 된 할락궁이, 만년장자가 친아버지가 아님을 느낀 거야. 이 집에서는 희망이 없음을 알았어. 희망은 친부를 찾는 길뿐이야. 친부만이 자신을 힘든 노역에서 벗어나게 할 수 있고, 재산이나 권능도 물려줄 수 있을 거라는 거지.

친부, 어머니에게 자신이 태어날 수 있게 씨를 준 남자. 어머니를 통해 아버지를 확인한 할락궁이는 서천꽃밭 꽃감관인 아버지를 찾아 집을 떠나기로 결심했어.

어머니가 만들어준 메밀범벅을 가지고 할락궁이는 길을 떠났다. 만년장자는 할락궁이가 도망친 것을 알자 천 리를 뛰는 개 천리둥이를 풀어놓아 뒤쫓게 하였다. 할락궁이는 쫓아온 천리둥이에게 범벅 한 덩이를 던져주고 개가 그것에 정신이 팔린 사이에 천 리를 도망쳤다. 조금 있으니 만 리를 뛰는 만리둥이 개가 쫓아왔다. 이번에도 할락궁이는 범벅 한 덩어리를 던져주고 만 리를 뛰어갔다.

겨우 개들을 따돌리고 가다 보니 개울이 나타났다. 그 물을 건너는데 깊이가 무릎을 찰랑찰랑 쳤다. 개울을 건너 한참을 가다 보니 다시 개울이 나타났다. 깊이가 허리까지 깊었다. 그 물을 건너서 가다 보니 또다시 개울이 나타났다. 물을 건너는데 물이 목 위로 차올라 겨우겨우 건널 수 있었다.

한참을 가다 보니 외가마귀가 나무에 앉아 울고 있었다. 할락궁이는 청버드나무에 올라가 아래쪽을 내려다보았다. 어여쁜 하늘나라 신녀들이 물을 긷고 있었다. 서천꽃밭에 물을 주는 신녀들이었다. 신녀들도 청버드 나무에 걸터앉아 있는 무지렁이 총각을 보았다. 처음 보는 낯선 총각이었다. 신녀들은 사라대왕 앞에 달려가서 아뢰었다.

"사라대왕님, 청버드나무 윗가지에 무지렁이 총각이 있습니다."

"무지렁이 총각? 꽃밭지기는 가서 어떤 놈인지 자세히 알아보고 오라."

서천꽃밭의 꽃밭지기는 할락궁이에게 가서 아버지가 누구며 어머니가 누구인지를 물어보았다.

"우리 아버지는 사라도령이고 어머니는 원강아미입니다. 어머니는 만 년장자 집에서 종살이를 하고 있고 아버지는 내가 어머니 뱃속에 있을 때 서천꽃밭 꽃감관으로 왔습니다."

꽃밭지기의 말을 전해들은 사라대왕은 총각을 당장 불러들이라 하였다. 할락궁이가 사라대왕 앞에 불려왔다. 사라대왕은 은대야에 물을 가득 히 떠서 손가락을 깨물어 피 한 방울을 물에 떨어뜨렸다. 할락궁이도 손 가락을 깨물어 피 한 방울을 떨어뜨렸다. 은대야의 물속에 떨어진 피는 어우러져 분별할 수 없게 되었다. 그걸 지켜보던 사라대왕은 할락궁이를 반갑게 끌어안았다.

"피를 보니 내 자식이 분명하다. 본메는 가지고 왔느냐?"

"예, 여기 있습니다."

할락궁이는 어머니가 준 얼레빗 반쪽을 내놓았다. 사라대왕도 품안의 얼레빗 반쪽을 꺼내어 맞추니 꼭 들어맞았다.

"본메를 보아도 내 자식이 분명하다."

친부인 사라도령을 찾아 서천꽃밭으로 떠나는 할락궁이. 친부를 찾아 떠나는 것, 쉬운 일만은 아니야. 새아버지를 버리고 도망가는 것은 어렵 지 않으나, 어머니를 버리고 떠나는 것은 어렵기 때문이지.

천리둥이 만리둥이 개를 따돌리듯 새아버지 만년장자로부터 도망가야 해. 그리고 만년장자의 여자인 어머니도 버려야 하지. 버리는 것은 인연을 끊는 일이야. 어머니와 자식의 관계, 발길만 돌린다고 쉬 끊어지지 않아. 힘쓴다고 쉬 끊어지지 않아. 세 번 죽었다고 생각해야 끊어지는 것이 어미와 자식의 관계인 거야.

그렇게 할락궁이는 세 개의 개울을 건너 서천꽃밭에 도착해 아버지를 만났어.

"설운 아들아, 네 어미가 어찌 되었는지 아느냐?"

"예, 어머니는 지금쯤 만년장자에게 잡혀서 고초를 겪고 있을 것입니다. 제가 이렇게 무사히 도망쳐서 아버질 만나게 된 것이 모두 어머니 덕분입니다."

"설운 아들아, 오다 보니 무릎을 치는 물을 만나지 않았더냐?"

"만났습니다."

"그 물은 네 어미가 첫 번째 고문을 받아 무릎이 끊어져 나갈 때 흘린 눈물이다. 오다가 허리를 치는 물을 건넜느냐?"

"예, 건넜습니다."

"그건 너의 어미가 두 번째 고문을 받아 허리가 끊어져 나갈 때 흘린 피다. 오다가 목 위까지 차오르는 물을 건넜느냐?"

"아주 힘들게 건넜습니다."

"그건 네 어미가 세 번째 고문으로 목이 끊어져 나가면서 뿌린 피다. 오다 보니 외가마귀가 울고 있더냐?"

"예, 울고 있었습니다."

"설운 아들아, 네 어미는 만년장자 집에서 첫 고문, 두 번째 고문, 세 번째 고문을 받아서 벌써 죽었다. 그 가마귀는 네 어미 혼을 잡아가는 저승

차사였느니라. 오다 보니 하얀 소복을 입은 여자가 빨래를 하고 있지 않더냐?'

"예, 그 여자 뒷모습을 보았습니다. 말을 걸었는데 아무 대답이 없었습니다."

"그것은 네 어미의 혼이란다."

"아무리 혼이라도 아들인 제가 부르는데 대답을 하지 않다니요."

"인간은 목숨이 떨어지면 말을 하지 못하는 법이다."

"어머니가 그렇게 참혹하게 죽다니요. 아버진 우리가 그 악독한 만년장자 집에서 어떤 세월을 보냈는지 모르시지요? 우리가 죽을 둥 살 둥 피눈물을 흘리면서 종살이를 하는데 아버진 이렇게 꽃밭이나 가꾸면서 살았군요!'

"설운 아들아, 만년장자 집에서 벌역을 할 때에 나무 한 바리 하면 마흔 아홉 바리가 저절로 쌓여져 있지 않더냐?"

"예, 그랬습니다."

"그건 내가 인간세상의 머슴들을 시켜 그렇게 한 것이다. 그때 만년장자가 밤에는 새끼줄 쉰 동을 꼬아내라고 했을 때 한 동 꼬는 사이에 마흔 아홉 동이 저절로 꼬아져 있지 않더냐?"

"예, 아버지 정말 그랬습니다!'

"그건 내가 새끼줄을 꼬아서 내려 보내준 것이다. 너의 어미도 그때 벌역을 같이 받았는데 명주 한 동을 짜면 넉 동이 저절로 짜여져 있었을 것이다."

"예, 그랬습니다."

"그것도 나의 신령으로 그렇게 한 것이다. 설운 아들아, 이 아비는 한시도 너와 네 어미를 잊은 적이 없다."

"아버지, 제가 잘못했습니다. 그런 줄도 모르고 아버지를 원망하였습니다."

아버지와 아들의 상봉. 그것으로 문제가 해결된 것은 아니야. 아버지와 아들 사이의 혈연적 관계는 반드시 어머니를 통해서만 확인할 수 있는 것이지. 어머니가 없는 한 아버지와 아들의 혈연적 관계는 신뢰할 수 없어. 혈연적 관계를 신뢰할 수 없는 자식에게 상속이나 권능의 세습은 어려워. 상속이나 세습을 위해선 아버지만이 아니라 반드시 어머니가 있어야 해.

하지만 할락궁이에겐 어머니가 없으면서 동시에 있어. 만년장자의 아내가 된 원강아미는 있지만 사라도령의 아내인 원강아미는 없는 상황인 거지. 문제를 해결하려면 만년장자의 아내인 원강아미는 죽어야 하고, 사라도령의 아내인 원강아미는 살려야 해.

그리고 사라도령이 다시 원강아미를 받아들여줘야 하지. 사라도령은 아내와 자식을 한시도 잊은 적이 없다는 말로 원강아미를 받아들이겠다는 뜻을 보였어. 이제 세습이나 상속의 문제를 해결하려면 사라도령의 아내 원강아미로 되살려놓아야겠지. 어떻게 되살릴까?

"아들아, 너의 어머니는 이제 죽어 **뼈**만 살그랑하였다. 돌아가서 어미의 **뼈**라도 찾아오너라."

할락궁이는 몸부림치며 울부짖었다.

"아버지! 어머니는 억울합니다. 어머니를 살려주세요. 저 때문에 어머니가 죽었습니다. 저에게 원수를 갚도록 해주세요. 이 서천꽃밭에는 나쁜 놈을 벌주는 수레멸망악심꽃이 있다고 들었습니다. 아버지 그 꽃을 내어주십시오. 만년장자 집에 가지고 가서 씨 멸족을 시켜서 어머니 원수를 갚고야 말겠습니다."

"어서 그건 그리하여라."

사라대왕은 서천꽃밭에 들어가 '사람살릴꽃', '피오를꽃', '살오를꽃', '싸움싸울꽃', '수레멸망악심꽃' 들을 따서 주었다. 할락궁이는 그 꽃을 주머니에 넣고 만년장자 집으로 길을 떠났다.

밤낮을 쉬지 않고 뛰듯이 걸어서 할락궁이는 드디어 만년장자의 집에 도착했다. 도망간 할락궁이가 돌아왔다는 소문이 삽시간에 마을은 물론 만년장자의 일가친족들에게 퍼졌다. 그러자 한 날 한 시에 모두 모여들어 만년 원수가 찾아온 듯 할락궁이를 죽일 판으로 몰아갔다. 그때 할락궁이는 조금도 기죽지 않고 대뜸 앞으로 나서며 주머니를 쳐들어 보였다.

"내 재주를 한번 보십시오."

친척들을 다 불러 앉혀놓고 주머니를 열어 '웃음웃을꽃'을 내어놓아 흔드니, 동서사방으로 질펀한 웃음바다가 되었다. 이번에는 '싸움싸울꽃'을 내어놓고 삼세 번을 흔들었다. 그러자 친척들끼리 서로 달려들어 머리를 허위 뜯고 치고 박으며 피투성이가 되어 갔다. 마지막으로 '수레멸망악심꽃'을 꺼내어 삼세 번을 흔드니, 만년장자의 친척들은 한 사람도 살아남지 못하고 모두 씨멸족이 되고 말았다.

할락궁이는 만년장자의 막내딸만은 살려놓았다.

"우리 어머니는 어디 계시냐?"

"어머니는 돌아가셨습니다."

"어서 앞장서 가리켜라!"

막내딸은 원강아미의 시신이 있는 곳으로 할락궁이를 안내했다. 어머니 머리는 청대밭에, 허리는 흑대밭에, 무릎은 푸른 띠밭에 던져져 있었다. 살은 다 녹아 없어지고 하얀 뼈만 살그랑하였다.

"상전님아, 제발 저를 살려주십시오."

막내딸이 울면서 할락궁이에게 애원했다.

왜 막내딸을 죽일까?

● 심방들이 각각 독립적으로 운영될 때는 세습의 문제가 중요하지 않다. 하지만 초공 신화를 통해 심방에 대한 인허가권이 마련되면서 수심방이라는 강력한 권력이 발생했고, 이 수심방의 권력을 누구에게 세습할 것인지는 매우 중요한 문제가 되었다. 남자 심방에게 세습해야 한다는 세력과 여자 심방에게도 세습할 수 있다는 세력의 갈등, 이것이 이공 신화의 출현배경이다. 막내딸도 여자 심방에게 세습할 수 있다는 세력으로 여자 심방에게 권력을 세습해야한다고 주장하는 악독한 핏줄인 것이다. 이것이 할락궁이가 인정이나 성품에 상관없이 막내딸을 죽이는 이유다. 하지만 시대가 흐르면서 심방에 대한 인허가권의 권력 기능이 없어지면서, 수심방 체계가 무너져 다시 독립된 심방 체계로 운영되었다. 그 결과 세습은 더 이상 중요한 문제가 아니었다.

"언제부터 내가 너희 상전이더냐? 너희가 내 상전이었지. 너도 그 악독한 놈의 핏줄이 아니더냐!"

할락궁이는 분노를 참지 못하고 외쳤다. 어머니의 죽음을 확인하게 된 할락궁이는 분노에 치를 떨면서 막내딸까지 죽여버렸다.

할락궁이는 무속의 권능을 가지고 어머니를 찾으러 만년장자를 찾아갔어. 만년장자의 일가친족은 아들 세습을 반대하는 사람들이야. 아들 세습을 이루려면 이들을 없애야 해. 그래서 막내딸을 포함한 만년장자의 일가 친족을 모두 죽여. 할락궁이가 서천꽃밭의 꽃으로 딸 세습이 이루어질 수 없음을 선언한 것이야. 딸 세습 세력을 징치함으로써 아들 세습을 위한 여건을 마련한 거지.

할락궁이가 사라도령으로부터 세습을 받기 위한 마지막 조건이 하나 남았어. 사라도령, 원강아미, 그리고 아들인 자신으로 이어지는 가족을 복원해야 하는 거야. 그러기 위해서 원강아미를 다시 살려내야 해.

할락궁이는 어머니의 뼈를 조근조근 주워다 차례차례 맞추었다. 아버지가 내어준 '살오를 꽃', '피오를 꽃', '뼈오를 꽃', '말하는꽃', '오장육부를 그릴꽃'을 모아놓고 때죽나무 회초리로 세 번을 때렸다. 그러자 향기가 진동하더니 무지갯빛이 소용돌이치며 원강아미가 환생하였다.

"아이고, 봄잠이라 너무 오래 잤구나!"

할락궁이는 어머니를 모시고 서천꽃밭으로 가서 아버지를 상봉하였다.

▶ **제주 큰 심방 안사인(1928~1990)**
국가지정중요무형문화재 제71호 제주
칠머리당 영등굿 큰 심방. 아버지에게
굿을 배워 심방의 권능을 부여받은 세습
무였다(출처 : 제주칠머리당굿보존회).

서천꽃밭에서 어머니 원강아미는 인간세상에 태어나길 기다리는 어린 아
기들을 돌보는 일을 맡았다. 할락궁이는 아버지 자리를 이어받아 꽃감관
이 되었다. 할락궁이가 꽃감관이 되자 사라대왕은 저승의 아버지라고 불
리게 되었고 원강아미는 저승의 어머니가 되었다.

그때 난 법으로 할아버지 살던 데 아버지가 살고, 아버지가 살던 곳을
아들이 물려받으며 대대로 자손에 전해지는 법이 생겼다.

꽃의 권능으로 원강아미를 살려냈어. 친부모와 아들로 이어지는 가족
이 복원된 거지, 상속과 세습의 조건이 완벽하게 만들어졌어. 그래서 할
락궁이는 아버지의 꽃감관 자리를 이어받게 된 거야.

할락궁이가 꽃감관이 되었다는 건, 수심방은 아들에게만 상속한다는
선언이야. 이로써 수심방의 권능은 딸이 아니라 아들에게 세습되는 제주

사회의 질서가 만들어졌지.

　이 질서가 신앙민들에게 퍼지면서 세습이나 상속은 아들에게 해야 한다는 질서를　전파하였고, 그 결과 할아버지는 아버지에게, 아버지는 다시 아들로 이어지는 상속이 이루어지게 된 거지.

　재산이나 권력을 누구에게 전달할 것인가? 이는 세습이나 상속의 문제다. 세습 질서를 만들기 위해서는 물려줄 권력이나 재산 등을 소유한 부모가 있어야 한다. 그리고 이를 물려받을 자식도 있어야 한다.

　원강아미는 사라도령과 혼인하여 살면서 할락궁이를 임신한다. 그렇지만 원강아미는 만년장자의 아내가 되어 할락궁이를 낳는다. 이 할락궁이는 누구의 자식일까? 새아버지 만년장자의 자식일까? 아니면 사라도령의 자식일까? 여기에 세습이나 상속의 딜레마가 있다. 이 딜레마의 기저에는 제주 사회의 정착 질서에 따라 달라지는 부모 자식의 관계가 들어 있다. 할락궁이의 입장에서 만년장자로부터 상속을 받아야 할까? 아니면 사라도령으로부터 상속을 받아야 할까? 부모와 자식의 관계를 정립하기 어려웠던 사회, 바로 이 신화의 출현 배경이다.

　딸에게도 세습할 수 있다는 세력인 만년장자와 아들에게 물려줘야 한다는 할락궁이. 이 두 세력의 대결은 할락궁이의 승리로 끝난다.

　세습과 상속은 재산만이 아니라 더 중요한 무속 권능도 포함하고 있다. 무속의 권능으로 보면 할락궁이는 사라도령으로부터 권능을 물려받는 세습무이다. 세습무는 신내림을 받아 심방이 되는 것이 아니라 부모로부터 물려받아 심방이 되는 질서를 말한다. 이 신화의 영향인지 제주 사회의 세습무는 대부분 남자들이라고 한다.

이 질서가 신앙민들에게 적용된 결과일까? 제주에서 상속은 아들들에게 균등하게 물려주는 질서가 상당 기간 지속되었다는데……. 할아버지 살던 곳 아버지 살고, 아버지 살던 곳 아들이 물려받는…….

지금은 상속과 관련된 법률이 있어서 딸에게도 상속이 이루어지는데, 오늘날 심방들도 이 법의 적용을 받을지 궁금하다.

여자가 낡은 집을 떠나

나만의 새집이

필요할 때.

언제 집을 만나.

어떻게 집을 잘 짓고.

어떻게 집을 잘 가꾸고.

어떻게 집을 잘 유지할까?

고민스러운 그때,

들어야 하는 말.

결혼의 신,

감은장아기의 대답이다.

남자를 고르는 기준

삼공 신화

결혼의 신

태어나고, 성장하고, 죽어 저승으로 가고, 저승에서 다시 이승으로 돌아오는 삶과 죽음의 과정, 각각의 과정에는 이를 관장하는 신의 권능이 필요했어. 이 과정의 곁가지에는 인간의 선택에 의해 결정되는 일도 있었지.

남자와 여자가 만나서 같이 살기로 결정하는 일, 결혼이야. 특히 결혼은 여자들을 고민스럽게 만들어. 어떻게 결혼하면 잘 살 수 있을까?

아주 오랜 옛날, 사람들은 하늘에 제사 지내고 땀 흘려 수확한 것을 나눠 먹으며 평화롭게 살아가고 있었다. 윗마을에는 강이영성이라는 사내 거지가 살고 있었고 아랫마을에는 홍은소천이라는 여자 거지가 살고 있었다.

그런데 어느 해인가, 때 아닌 흉년이 찾아 들었고 마을마다 이상한 풍문이 나돌았다. 아랫마을에서는 윗마을이 시절이 좋다 하고, 윗마을에서는 아랫마을이 풍년이 들었다는 소문이 나돌았다.

흉년이 들어 자기 마을에서 더 이상 얻어먹고 살기가 어렵게 된 강이영

**수렵꾼, 또는 채집꾼을 거지로
표현하는 이유?**
1. 음식을 찾아 여기저기 돌아다닌
다.
2. 한곳에 정착하지 않으므로 집
이나 살림 도구 같은 재산이 없다.

성과 홍은소천은 각자 시절이 좋고 풍년이 들었다
는 마을을 찾아 길을 떠났다. 어느 집 따뜻한 인정
이나마 빌어볼까 궁리하며 길을 가던 강이영성과
홍은소천은 마을 어귀 먼 올레에서 딱 마주치게 되
었다.

옷깃만 스쳐도 인연이고, 짚신도 짝이 있는 법이다. 두 거지는 한눈에
서로 반하였다. 둘은 살아온 이야기를 나누다가 서로 마음이 통하게 되고
부부의 연을 맺게 되었다.

수렵과 채집으로 살아가는 시대. 거지가 음식을 얻어먹기 위해 이곳
저곳을 떠돌아 다니는 것처럼. 사람들은 사냥감을 찾아 이곳저곳을 다녔
어. 그렇게 다니다 마음에 드는 상대를 만나면 짝짓기가 이루어졌지. 강
이영성과 홍은소천의 모습이야.

외로운 동냥 길에 배필을 만나 각자의 의지처가 생긴 거지 부부는 새록
새록 삶의 희망을 갖게 되었다. 둘은 남에게 동냥하여 얻어먹는 일을 그
만두고 열심히 일하기 시작했다. 무엇이든 조냥하여 쓰면서 남의 집의 허
드렛일을 해주고 받은 삯을 알뜰히 모아 나갔다. 하지만 아무리 부지런히
노력하고 애써도 근근이 먹고 살아갈 정도밖에는 되지 못하였다.

그럴 즈음 홍은소천에게 태기가 있어 딸아이가 태어났다. 거지 부부에
게는 일가친척도 없고 먹을 쌀, 입을 옷도 넉넉지 않았다. 마을 사람들은
자력으로 살아보려고 애쓴 거지 부부의 성실함을 알고 기꺼이 도와주었
다. 날마다 보리쌀을 푹 삶아 으깨어 죽을 쑤어, 은그릇에 담아다 딸아이
에게 먹이며 정성껏 돌봐주었다. 은그릇에 밥을 담아 먹여 키웠다 해서
아기의 이름은 '은장아기'라고 지었다.

은장아기가 두 살이 넘어갈 때, 홍은소천은 다시 아이를 가졌다. 낳고 보니 또 딸이었다. 마을 사람들은 은장아기 때만큼은 아니지만 이번에도 아이를 잘 돌봐주었다. 이번에는 놋그릇에 밥을 해다 주었다. 그래서 아기의 이름을 '놋장아기'라고 지었다.

다시 셋째 딸이 태어났다. 마을 사람들의 성의는 예전보다 덜했지만 이번에도 역시 돌봐주었다. 이번에는 검은 나무그릇에 밥을 해다 주었다. 그래서 아기의 이름을 '감은장아기'라고 지었다.

감은장아기가 태어나 한두 살이 되어가니 집안의 운이 틔기 시작하여 하는 일마다 잘되었다. 돈이 모이고 밭이 생기고 마소가 번성하여 천하부 자가 되었다. 기와집을 몇 채나 짓고 종들을 거느리게 되어 남부럽지 않은 명성을 얻게 되었다.

잘살기 위해 이동 생활을 버리고 사람들이 모여 살아가는 정착 생활로 바꾼 강이영성과 홍은소천. 세 명의 아이를 낳아 키웠어. 자식이 많을수록 정착은 강해지고 정착이 강해질수록 부유해져. 자식이 많아질수록 부모는 수렵과 채집의 생활로 돌아가기 어려워. 수렵과 채집 생활을 포기하면 정착 생활을 해야 하고 그에 따라 집, 땅, 살림 도구 등이 늘어나게 돼. 집, 땅, 살림 도구가 많은 사람, 부자야. 그런 의미에서 정착한 사람들은 부자이며 이동하는 사람들은 거지라 할 수 있지. '선녀와 나무꾼' 설화에서 자식을 셋 낳으면 헤어지지 않는 것도 같은 의미로 보여. 그래서 부자처럼 살 수 있게 된 거야.

강이영성과 홍은소천은 세 딸들의 재롱을 보며 태평스럽고 호강스러운 날들을 보냈다. 거지 생활을 하며 남에게 빌어먹던 날들은 까마득히 기억 저편으로 잊혀갔다. 품팔이하던 시절은 언제 있었냐는 듯 사라지고 오로

지 부자가 되었다는 자부심과 거들먹거리는 오만함이 저도 모르게 자리 잡게 되었다.

하루하루 아무 일도 일어나지 않고 평화롭게 흘러가는 날들이 지루하기만 했던 부부는 딸들과 담소나 하며 시간을 보내기로 했다. 먼저, 맏딸 은장아기를 불렀다.

"은장아기야, 넌 누구 덕에 사느냐?"

"하늘님도 덕이옵고 지하님도 덕이외다. 아바님도 덕이옵고 어머님도 덕이외다."

"그럼, 그럼. 내 자식이 분명하다. 큰딸아기 기특하다."

"놋장아기야, 넌 누구 덕에 잘 사느냐?"

"하늘님도 덕이옵고 지하님도 덕이외다. 아바님도 덕이옵고 어머님도 덕이외다."

"내 자식이 분명하다."

'막내는 더 아까운 법, 내 이 아이한테 물어서 무엇 하리.' 생각하면서 막내딸을 불렀다.

"내 딸, 작은딸아. 넌 누구 덕에 사느냐?"

"하늘님도 덕이외다. 지하님도 덕이외다. 아바님도 덕이외다. 어머님도 덕입니다마는 난 베또롱 아래 선 그뭇 덕으로 살암수다."

부유해진 강이영성과 홍은소천, 딸들이 커갔어. 십오 세가 되면 집을 떠나던 시대였어. 성장한 딸들을 어떻게 해야 할까? 그래서 누구 덕에 잘 사냐고 물었지. 앞으로 어떻게 살아갈 것인지를 묻는 물음이야. 은장아기와 놋장아기는 부모님의 은덕이라 대답해. 은장아기와 놋장아기는 부모님처럼 떠돌다 상대를 만날 것임을 말하는 거야.

그런데 감은장아기는 베또롱 아래 선 그뭇 덕이라 대답하는 거야. '배또롱'은 배꼽, '아래 선 그뭇'은 아래 그어진 선, 여성의 성기를 가리키는 말이지. 짝짓기를 잘한 덕, 결혼을 잘해서 잘 살 것이라고 대답한 거지. 잘 살기 위해서는 짝짓기, 즉 결혼 문제를 해결해야 한다는 의미이기도 해.

당돌한 대답이었다. 당연히 부모님 은덕이라고 칭송할 줄 알았던 부부는 그만 화가 머리끝까지 치솟았다.

"이런 불효막심한 것! 내 자식이 아닌 모양이니 당장 집을 나가라!"

부모 은공 모르는 불효막심한 딸은 한시도 내 집 안에 그냥 둘 수 없다는 불호령이 떨어졌다.

감은장아기는 열다섯 살이 될 때까지 입던 옷가지들과 임시 먹고 살 양식을 챙겨 검은 암소에 실었다. 비는 잘잘 오는데, 감은장아기는 염소 똥 같은 눈물을 뚝뚝 떨어뜨리고 눈물 수제비를 지으며 아버지 어머니에게 하직 인사를 하였다.

"아버님아, 어머님아, 잘 살고 계세요. 이후에 뵈올 때까지 부디 강녕하세요."

감은장아기가 문을 나서자 어머니는 마음이 쓸쓸하고 섭섭해서 그냥 앉아 있을 수가 없었다. 그래서 큰딸 은장아기를 불러 말했다.

"큰딸아기야, 저 올레에 나가보라. 네 아우 올레에 있거들랑 식은 밥에 물이라도 말아 먹고 가라고 해라."

은장아기가 올레에 나가보니 감은장아기가 집 쪽을 흘깃흘깃 쳐다보며 서 있었다. 은장아기의 뇌리에 얼른 생각이 스쳐 지나갔다. 부모가 감은장아기를 다시 불러들이면 똑똑한 감은장아기에게 부모의 사랑이 모두 흘러가버릴 것이고, 장차 재산을 가를 때도 자신에게 이로운 것이 없어 보였다. 순간 시기심이 일었다. 은장아기는 노둣돌 위로 올라가 큰소리로

지네로 변한 은장아기

● 지네는 많은 발을 가진 곤충으로 수많은 남자들의 발길을 거쳐 살아가는 여자를 상징한다. 지네는 몸의 마디마다 한 쌍의 발을 가지고 있어 커갈수록 발이 많아지는데, 여자도 나이가 들수록 많은 남자를 거친다는 것을 상징한다.

말똥버섯으로 변한 놋장아기

● 말똥버섯은 사람들이 먹지 않는 독버섯으로 놋장아기는 어떤 남자도 쳐다보지 않는 여자를 상징한다.

외쳤다.

"설운 아우야, 어서 빨리 가라. 어머니, 아버지가 막대기 들고 널 때리러 나온다."

감은장아기는 언니의 속셈을 다 알고 있었다.

"설운 큰성님, 말팡돌 아래 내려서면 청지네 몸으로나 환생하세요."

감은장아기가 이렇게 중얼거리니 노둣돌 아래 내려선 은장아기는 그만 지네로 변해버리는 것이었다. 그 길로 지네는 노둣돌 밑으로 들어가 나오지 않았다.

어머니 아버지는 한참이나 기다렸다. 감은장아기는 커녕 데리러 나간 은장아기마저 감감무소식으로 온데간데없이 자취를 감추고 말았다.

이번에는 샛딸 놋장아기를 불렀다.

"샛딸아기야, 저 올레에 가보라. 나가봐서 감은장아기 있거들랑 물에만 밥이라도 먹고 가라고 허라."

집 밖 올레에 나가보니 언니인 은장아기는 보이지 아니하고 동생만 우물우물하고 있었다. 감은장아기를 본 순간 놋장아기 마음에도 은장아기와 같은 시기심이 일어났다. 놋장아기는 거름으로 쌓아놓은 두엄 위에 올라서 외쳤다.

"설운 아우야, 어서 빨리 가라. 어머니 아버지가 막대기 들고 널 때리러 나온다."

그동안 친하게 지냈던 작은언니마저 거짓말을 하는 것을 본 감은장아기는 괘씸한 생각이 들었다.

"설운 샛성님, 두엄 아래로 내려서거든 버섯 몸으로 환생하세요."

놋장아기는 두엄 아래로 내려서자마자 말똥버섯이 되어 두엄에 뿌리를 박고 서버렸다.

"어찌하여 이 아기들이 하나도 아니 오는고?"

부부는 딸들이 돌아오기를 한참을 기다렸지만 감감 소식이 없으니, 무슨 일이 일어났는지 밖으로 나가보기로 했다. 어머니가 문을 열고 나가려는 순간 정지문 벽에 자락 부딪혔다. 세상이 깜깜해지면서 삽시간에 눈이 멀어졌다. 아버지도 대문 벽에 자락! 부딪히면서 한 날 한 시에 눈봉사가 되었다.

하루아침에 봉사가 된 부부는 그날부터 가만히 앉아서 먹고 입고 쓰면서 어둑시니 생활을 이어갔다.

처음에 풍족했던 살림 덕분에 그럭저럭 견딜 만했다. 하지만 이런 나날이 지속되자 재산은 거덜나고, 완전히 거렁뱅이 신세가 되고 말았다. 부부는 다시 예전처럼 거지가 되어 동냥을 나서지 않으면 안 되었다.

베또롱 아래 선 그뭇 덕으로 산다는 말에 부모는 깜짝 놀랐어. 남자와 짝짓기를 하고 있다고 받아들인 거지. 남자와 짝짓기를 하고 있다면 남자에게 보내야지. 그래서 감은장아기를 내쫓았어.

결혼의 덕으로 살지 않게 된 은장아기와 놋장아기는 어떻게 될까? 수많은 발을 거느린 지네처럼 떠돌다 많은 남자의 발길을 거치거나, 아무도 먹지 않는 독버섯처럼 혼자 살아가게 되겠지

집을 떠나는 감은장아기, 어떻게 결혼하면 잘 살 수 있는지를 보여주어야 해.

한편 검은 암소에 옷가지와 쌀을 싣고 집을 나선 감은장아기는 정처 없이 걷고 또 걸었다. 처음에는 부모 형제와 이별한 설움 때문에 눈물이 앞

을 가렸다. 청산이 흑산이 되고 흑산이 청산이 되어 서러움을 견디기가 힘들었다. 하지만 곧 씩씩함을 되찾았다. '워러러 돌돌~' 하면서 소 모는 소리를 하거나, 소한테 말을 건네기도 하면서 걸어 나갔다.

한참 걸음을 재촉하다 보니 다 쓰러져가는 초가집이 보였다. 감은장아기는 여기서 밤을 지낼 생각을 하고 집 안으로 들어갔다. 그 집에는 머리에 허옇게 흰 눈이 내려앉은 할망이 있었다.

"지나가는 비바리입니다. 하룻밤만 재워주세요."

할망이 난처한 표정을 지으며 말했다.

"이 집엔 아들 세 형제가 있어서 남는 방이 없다."

"어찌합니까. 날도 저물었는데 딱 하룻밤만 재워주세요."

"우리 큰마퉁이 마 파서 돌아오면 함부로 집 빌렸다고 욕해."

"그럼 정지라도 좋습니다. 하룻밤만 머물게 해주세요."

"그걸랑 그리하게. 정지까지 못한다고는 못 하지. 해도 저물었는데 이렇게 간절히 사정하는 사람을 내쫓는 것은 도리가 아니지."

게다가 부엌에서 자겠다는데 그것마저 거절하는 것은 인정이 아니었으므로 할망은 마지못해 허락했다.

감은장아기가 고단한 몸을 부리고 잠시 앉아 있는데, 먼 올레 쪽에서 와릉탕와릉탕 요란한 소리가 들려왔다.

"이거 무슨 소립니까?"

"우리 아들들 마 파서 둥글어 오는 소리라."

'요란하게 들어오는 거 보니 씩씩하고 용감한 청년들인가 보네.' 감은장아기는 속으로 세 형제의 모습을 그려보았다.

집을 떠나는 감은장아기, 어떻게 결혼하면 잘 살 수 있는지를 보여주어야 해. 그러기 위해서는 아무 남자하고 짝짓기를 해서는 안 되지. 여러 남자를 비교해서 고를 필요가 있어. 비교해서 선택하려면 여러 명의 남자가 있는 곳으로 가는 것이 좋겠지. 찾아간 곳, 마퉁이네 집이야. 남자 세 명이 있었어.

큰마퉁이는 집에 들어와 마당 구석으로 망테기를 툭 던져놓고, 정지 쪽을 바라보니 웬 여자아이가 하나 서 있는 것을 보고, 자초지종을 물어보지도 않고 대뜸 화를 내는 것이었다.

"어머니, 여자는 꿈만 꾸어도 새물인데, 길 넘어가는 외간 여자아이를 데려다놓고 노념할 겨를이 어디 있습니까?"

'노념이라니? 난 놀 궁리나 하는 한가한 여자가 아니야!'

감은장아기는 큰마퉁이가 야속하게 생각되었다. 하지만 하룻밤 묵어야 하는 자신의 처지를 생각하여 부엌 가장자리에 가만히 앉아 지켜보고 있을 수밖에 없었다.

"큰아들아, 그리 걱정 말라. 자기 먹을 건 가져왔노라고 하더라."

조금 있으니 둘째 아들이 왈크랑왈크랑 소리를 내며 들어왔다. 샛마퉁이도 큰마퉁이처럼 화를 냈다. 할망은 이번에도 아들을 달래어 안심시켰다. 조금 있으니 소르릉소르릉 소리가 났다.

"저건 무슨 소리입니까?"

"저건 우리 작은 아들이 마 파고 들어오는 소리라."

작은마퉁이는 올레로 들어오자마자 어머니에게 잘 지냈느냐고 인사를 한 뒤 집을 죽 둘러보았다. 부엌 쪽의 감은장아기를 본 작은마퉁이는 흰 이를 드러내 웃으면서 허우덩싹 기뻐하는 것이었다.

"하, 이거 우리 집에 전에 없던 검은 암소도 매여지고 장차 부자가 되겠습니다. 이렇게 고운 여자가 우리 집에 묵으니 이건 필시 하늘에서 도우는 일인가 봅니다."

작은마퉁이도 귀하고 귀한 검은 암소를 이끌고 나타난 감은장아기에게 궁금증이 일어 마음이 설레기까지 하였다.

감은장아기가 할 일, 결혼 상대를 고르기 위해 세 명의 남자를 비교하면서 심사하는 일이야. 첫 번째 기준, 여자를 대하는 태도를 봤어. 큰마퉁이와 샛마퉁이는 여자의 가치를 몰라보고, 거추장스럽고 화를 불러오는 존재로 생각하네, 작은마퉁이만 여자의 가치를 제대로 알아봐. 기쁨을 주면서 잘 살게 해줄 존재라고 생각하고 있어.

작은마퉁이가 첫 번째 심사에서 높은 점수를 받은 거지. 마음에 들었다는 이야기야.

세 형제는 각각 파 온 마를 삶았다. 그러고는 마를 먹기 위해 모두 두레상에 빙 둘러앉았다. 감은장아기는 가만히 앉아 있으면서도 세 형제의 행동을 일일이 곁눈으로 살폈다.

큰마퉁이가 삶은 마의 머리 부분을 몇 개 뚝뚝 꺾어 어머니에게 주며

"어머닌 먼저 태어나 하영 먹었으니, 이 머리나 드세요."

그리고 나서 마의 꼬리를 잘라 손님인 감은장아기에게 준 다음 자신은 살이 많은 가운데를 움막움막 달게 먹는 것이었다.

샛마퉁이는 마의 가운데 한쪽을 어머니에게 주고 꼬리는 손님에게 주면서 말했다.

"오늘 하루 종일 마를 파면서 못 견디게 괴로웠으니 맛있는 부분은 내가 먹겠습니다."

감은장아기는 살이 많은 쪽을 골라 움막움막 먹는 샛마퉁이를 보면서 샛마퉁이의 행실도 큰마퉁이와 크게 다르지 않다고 생각했다.

작은마퉁이는 형들과 판판이었다. 마의 양쪽 끝을 꺾어두고는 살이 많

은 잔등이 부분을 먼저 어머니에게 드리는 것이었다.

"설운 어머님! 우리들 낳고 키우려고 얼마나 공이 들었습니까? 이제 살면 몇 해를 살 겁니까? 어서 드십시오."

그리고 감은장아기에게도 살이 있는 가운데 한쪽을 건네주었다. 감은장아기는 속으로 작은마퉁이가 쓸 만하다고 생각했다.

남자를 고르기 위한 두 번째 기준, 어머니를 대하는 태도를 심사했어. 이동 생활을 하는 남자들은 어머니를 잘 모실 수 없지. 떠나야 하기 때문이야. 반대로 어머니를 잘 모시는 아들은 정착 생활에 유리해. 어머니를 두고 떠나기 힘들기 때문이지. 남자 세 명 중 어머니를 가장 잘 위하는 사람은 작은마퉁이야. 이번에도 작은마퉁이가 높은 점수를 받았어.

마를 먹고 나자 감은장아기는 솥을 빌려 저녁을 지어 먹기로 했다. 솥에는 마만 자꾸 삶은 탓에 껍질이 잔뜩 눌어붙어 있었다. 감은장아기는 솥을 깨끗이 씻어낸 다음 갖고 온 나락 쌀로 밥을 지었다. 기름이 반지르르하게 흐르는 밥을 차리고 어머니에게 먼저 들여간 다음 삼형제에게도 상을 내어갔다.

"우린 조상 적부터 이런 굼벵이 밥은 먹어본 적이 없으니 아니 먹겠소."

큰마퉁이 샛마퉁이는 쌀밥을 먹지 않겠다고 심통을 부렸다.

그런데 작은마퉁이는 달랐다. 서른여덟 잇몸을 내보이며 허우덩싹 기뻐하며 말했다.

"아이고, 고맙습니다! 주인이 나그네한테 대접한다지만 나그네가 주인한테 저녁을 손수 지어 내오니 이런 고마울 데가 어디 있겠습니까?"

작은마퉁이는 밥을 주먹만큼씩 떠서 움막움막 맛있게 먹었다. 쌀밥을 거절했던 큰마퉁이, 샛마퉁이가 창구멍으로 보니 여간 맛있어 보이는 게 아니었다.

"아우야, 맛있냐?"

"예, 형님. 맛있고말고요."

"한 입 다오. 먹어보게."

작은마퉁이는 바싹 뜨거운 데로 밥을 한 술씩 떠다가 형들의 손바닥 위에 착 얹어 주었다.

"앗, 뜨거."

뜨겁다고 소리 지르면서도 큰마퉁이와 샛마퉁이는 밥을 푸우푸우 불어가면서 맛있게 받아먹는 것이었다.

"거 참, 달긴 달다. 이 쌀 가만 놔뒀다가 우리 아버지 제사에 쓸걸!"

큰마퉁이가 중얼거렸다. 이렇게 말하는 것을 보니 큰마퉁이도 아주 인간의 도리를 저버린 사람은 아닌 듯했다.

남자를 고르기 위한 세 번째 기준, 농사일을 하겠다는 정착 생활의 의지를 심사했어. 마를 캐는 일을 하는 세 명의 남자, 채집 생활을 하는 남자들이야. 농사 의지를 확인하기 위해, 쌀밥을 잘 먹는지 심사했어. 처음에 두 아들은 쌀밥을 거부했어. 채집 생활을 포기할 수 없다는 뜻이지, 그런데 작은마퉁이는 쌀밥을 맛있게 먹었어. 정착 생활을 할 수 있다는 의지를 드러낸 거야.

모처럼 화기애애한 저녁 식사 시간을 보내고 모두가 잠자리에 들 시간이 되자, 감은장아기는 마퉁이 어머니를 찾아갔다.

"발이 시려서 발이나 따스하게 하고 싶습니다. 저하고 발 막아서 누울 아들이나 하나 보내주셨으면 합니다."

마퉁이 어머니의 눈이 휘둥그레 떠졌다. 발을 막고 누울 아들을 보내달라는 것은 자신과 짝을 맺을 아들을 보내달라는 말이니 이런 당돌한 말을 하는 여자는 생전 본 바도 들은 바도 없었다. 하지만 어머니는 곧 마음을 바꾸어 먹었다. 과년한 아들 셋을 둔 어미 입장에서는 듣던 중 반가운 일이 아닐 수 없었던 것이다.

어머니가 아들들을 불렀다.

"큰마퉁아, 저 나그네가 발 시리다고 하면서 누구 하나 보내달라고 하는데 가볼 테냐?"

"마 파다가 배부르게 먹여놓으니, 이젠 별 요구를 다합니다. 근본도 모르는 지나가는 여자한테 장가들라는 말입니까?"

큰마퉁이는 버럭 화를 내며 말했다.

"길 지나가던 여자한테 날 보내서 공연히 죽이려고 하십니까?"

샛마퉁이도 큰마퉁이처럼 화를 내며 거절했다. 하지만 작은마퉁이는 형들과 달리 기다렸다는 듯이 기뻐하며 말했다.

"그렇게 합지요. 어머니 하는 말을 아니 들을 수야 있습니까? 제가 죽는 한이 있어도 그렇게 하겠습니다."

겉으로는 어머니의 부탁을 들어드리는 척했으나 그 행동은 내 차례까지 오지 않으면 어쩌지 하는 마음이 역력했다.

그리하여 감은장아기와 작은마퉁이는 천정배필 부부의 연을 맺게 되었다.

제주 섬에서, 채집과 사냥을 하는 남자가 여자를 선택하면, 남자들은 잠깐 머물다 사냥을 이유로 떠나버리기 일쑤였어. 그런데 감은장아기는 세 가지 기준을 가지고 정착해서 살 남자를 전략적으로 선택한 거야. 남자가 여자를 선택하는 것이 아니라 여자가 기준에 따라 남자를 선택하는 것. 중요한 변화지. 정착 생활을 할 수 있는지를 알아보는 기준이 마련됐

▶ **결혼의 조건** 감은장아기는 남자 선택의 기준을 가지고 있었다. 농사를 짓고, 여자를 위할 줄 알고, 부모를 잘 모시는 남자와 결혼하면 부자로 사는 것은 당연한 일일 것이다. 이처럼 제주 사람들에게 결혼은 적극적으로 '전상'을 만드는 과정이었다. '전상'은 전생(前生)의 제주어이다. 즉, 현생(現生)은 전생인연(前生因緣)을 짓는 일이기에 중요하다고 본 것이며 신앙의 대상이 된 것이다. 또한 현실에서는 이런 신랑 신부를 위하여 5일간의 잔치가 벌어졌다. 돗 잡는 날-가문잔치날-잔치날-신부집 사돈 잔치-신랑집 사돈 잔치. 현재는 상상할 수 없는 느린 시간의 잔치 풍경이 떠오른다.

어. 선택된 남자, 작은마퉁이야. 그렇게 감은장아기와 작은마퉁이는 부부가 됐어.

날이 밝자 감은장아기는 작은마퉁이에게 깨끗이 목욕하게 하고 줄누비 바지에 콩누비 저고리를 입혔다. 낙낙창신에 코재비보선을 신게 하고 갓을 쓰게 하였다. 이렇게 곱게 단장하고 나니 옥골선풍이 따로 없었다.

"낭군님아, 저 올레길에 있는 하마석에 가 서 있으십시오."

작은마퉁이는 감은장아기가 시키는 대로 곱게 단장한 차림으로 돌 아래 서 있었다. 큰마퉁이가 마를 파러 나가다 옥골선풍의 선비를 보고는 어떤 신선이 서 있는 줄 알고 꾸벅 절을 하였다.

"형님, 이거 어떤 일입니까? 저 작은마퉁입니다."

"아이고, 동생아, 몰라봤다. 네가 이렇게 잘생겼느냐?"

샛마퉁이도 동생을 몰라보고는 절을 한 다음 큰마퉁이처럼 후회했다.

큰마퉁이와 샛마퉁이가 모두 마 캐러 나가자 감은장아기는 작은마퉁이에게 고운 옷을 벗어두고 갈옷으로 갈아입으라고 하였다. 작은마퉁이가 마를 캐러 나가려고 하자 감은장아기는 남편이 마 캐는 곳을 구경이나 하겠다며 따라나섰다.

마 캐는 곳에 당도한 감은장아기는 하나하나 세심히 살펴보기 시작했다. 큰마퉁이가 파던 구덩이를 살펴보니 누릇누릇한 게 가득했다. 무엇인가 하여 덥석 쥐어보니 똥만 몰락몰락 쥐어졌다. 샛마퉁이가 파던 구덩이에 가보니 소똥만 가득했다. 마지막으로 작은마퉁이가 마를 파는 데를 가보았다. 돌들 사이로 번쩍번쩍하는 은덩이들이 가득 버려져 있었다.

"낭군님, 이걸 모두 망태기에 담으십시오."

"돌 주워 담고 가서 뭘 하게요?"

"돌이고 무엇이고 간에 말하는 대로 모두 주워 담으십시오."

감은장아기는 은덩이를 한 짐 가득 주워 담아 검은 암소에 싣게 하고 집으로 돌아왔다. 이튿날 날이 밝자 감은장아기는 작은마퉁이에게 그것을 팔아 오게 하였다. 하지만 작은 마퉁이는 마를 캘 줄만 알았지 이런 일은 한 번도 해보지 않은 까닭에 걱정이 태산 같았다.

"돌을 팔러 가서 뭐라고 하지?"

"줄 만큼만 달라고 하십시오."

"정말 그렇게만 하면 되는가?"

"예, 주는 대로 받아 오십시오."

작은마퉁이는 감은장아기가 시키는 대로 하였다.

작은마퉁이가 은덩이를 모두 팔아 오니 집안은 일시에 천하부자가 되었다. 우선 밭을 사서 큰 밭 가운데 청기와로 지붕을 덮고 처마 높은 기와집에 풍경을 달아 고대광실 큰 집을 지었다. 살림살이가 점점 늘어나 허드렛일을 하는 하인도 여럿 부리며 와라치라 잘 살게 되었다. 전답이 늘어나니 하인들이 어느 밭을 갈러 가야 할지 물어야 할 정도가 되었다.

농사에 대한 의지를 가지고 있고, 여자를 기쁜 존재로 알고, 부모를 잘 모실 줄 아는 남자, 정착 생활에 아주 적합한 인물이야. 이런 남자와 결혼하면 부자가 되어 잘사는 것은 당연한 일이지. 여자가 시키는 대로 했더니 부부는 엄청난 부자로 잘살게 되었어.

그런데 살림살이가 편안해질수록 감은장아기는 부모님 생각이 간절하였다. 눈봉사가 된 어머니 아버지가 이 집 저 집 돌아다니며 동냥하고 있을 생각을 하니 얼굴에는 점점 웃음이 사라지고 그늘이 지기 시작하였다.
어느 날 작은마퉁이가 감은장아기에게 물었다.
"어찌하여 부인은 얼굴 펴서 환히 웃는 날이 점점 사라져가는 것입니까?"
"우리가 천하거부로 잘살게 되었으니, 이제 얻어먹는 사람들을 모아 걸바치 잔치를 했으면 합니다. 그러면 내가 웃을 일이 생겨날 것 같습니다."
"당신 웃을 일만 생겨난다면 그게 뭐 어렵겠소. 당장 잔치를 열도록 합시다."
백일잔치가 시작되었다. 먹을 것을 성대하게 마련하여 걸바치 잔치를 하는데 입소문을 타고 계속 거지들이 찾아들었다. 날이 갈수록 찾아오는 사람들의 수도 늘어났다. 감은장아기는 이제나저제나 부모님이 나타나기를 기다리며 지켜보고 있었다.

잔치가 무르익어 아흔아홉 번째 되는 날이었다. 해가 서산으로 기울어 갈 즈음 눈에 익은 소경 둘이 막대기 하나를 같이 짚고 더듬더듬 올레로 들어오는 것이었다. 감은장아기는 순간 놀랐다. 꿈에 그리던 부모가 바로 눈앞에 당도한 것이다. 하지만 감은장아기는 곧 평상시의 표정을 되찾고는 역군들을 조용히 불러 지시했다.

"저 할망, 하르방에게 부디 밥을 주지 말라. 위쪽에 앉아서 얻어먹으려고 하거든 아래쪽에서부터 먹여가다가 떨어버리고, 아래쪽으로 앉아 얻어먹으려 하거든 위쪽으로부터 먹여오다가 떨어버리고, 가운데 쪽에 앉거든 양쪽 끝에서 먹여오다가 떨어버리도록 하라."

소경 부부는 이상하였다. 매번 날이 저물도록 달각달각 그릇 소리만 나다가 자기들 차례까지 돌아오지 않고 끝나버리곤 하는 것이었다. 위쪽에 앉았다가 아래쪽으로 자리를 옮겨보고, 가운데 쪽으로 자리를 옮겨봐도 마찬가지였다. 이리저리 자리만 옮기다가 날이 저물고 잔치는 끝나게 되었다.

"아이고, 아이고. 백 일째가 되었구나마는 밥도 한 술 못 얻어먹는 팔자! 걸바치 잔치도 복이 있어야 얻어먹는구나."

지치고 서러운 부부는 울면서 막 나가려던 참이었다. 그때 감은장아기가 사람을 시켜 부부를 사랑방으로 모시도록 했다.

"가지 마십시오. 오늘 하루 종일 밥이 부족해서 못 먹였는데 밥을 잘해서 먹여드리겠습니다."

그리고 상다리가 휘어지도록 잘 차린 음식에 귀한 약주로 대접하는 것이었다. 배가 고팠던 거지 부부는 영문도 모른 채 허웃허웃 먹어대기 시작했다.

얼마 후 감은장아기가 말을 걸었다.

"어르신들 옛말이나 해주십시오. 듣고 싶습니다."

"들려드릴 옛말이 없다오."

"그럼 다니면서 들은 말이나 본 말이나 해보시지요."

"들은 말, 본 말도 없다오."

"그럼 늘 동냥을 하셨습니까? 지금껏 살아온 말이라도 해주십시오."

소경은 살아온 이야기를 반 노래조로 불렀다. 거지로 얻어먹으러 다니다가 둘이 만나 부부의 연을 맺고 은장아기 놋장아기 감은장아기를 낳아 부자가 되어 호강하던 시절부터, 감은장아기를 내쫓고 눈봉사가 되고 거지가 되어 헤맨 신세타령에 이르기까지 거침없이 노래가 흘러 나왔다.

감은장아기는 눈물을 흘리며 듣다가 약주를 잔에 부어 들었다.

"설운 아버님아, 설운 어머님아, 이 술 한잔 드세요. 감은장아깁니다. 막내딸입니다."

"누구? 우리 감은장아기!"

두 소경이 깜짝 놀라 받아 든 술잔을 떨어뜨리자 순간 눈이 팔롱 떠졌다. 그 후로 두 사람은 감은장아기 집에서 편안하게 살게 되었다.

'베또롱 밑에 선 그믓 덕', 결혼의 덕으로 잘 살게 된 감은장아기, 부모님을 잘 모시는 남자를 골라 잘 살게 되었지만 정작 자신은 부모를 모시지 못했어. 추가된 기준, 여자의 부모도 잘 모시는 것에 반대하지 않는 남자라야 한다는 것. 거지처럼 떠돌고 있는 친정 부모를 찾아 잘 모시기 위한 걸인 잔치. 남자의 부모만 잘 모시는 것이 아니라 여자의 부모도 잘 모셔야 함을 보여주지.

자신과 결혼할 여자를 고르는 일과 자신과 결혼할 남자를 고르는 일, 어느 쪽이 더 힘들까? 일반화할 수 없는 유머인지는 몰라도 남자의 기준은 '예뻐?'라고 하는데 여자의 기준은 무엇일까?

　삼공 신화는 여자들이 남자를 고르는 기준을 밝히고 있다. 여자를 어떤 존재로 보는지, 부모를 귀하게 여기는지, 농사 의지가 있는지 하는 세 가지이다.

　정착하지 않고 지속적으로 떠나려는 제주 섬의 남자들, 한 곳에 정착하지 않으면 한 여자에게 정착하지 않는다. 부모를 귀하게 여기지 않으면 언제나 쉽게 정착지를 떠날 수 있다. 짝짓기 상대인 여자를 기쁘게 보지 않으면 쉽게 다른 여자를 찾아 떠날 수 있다. 이것이 신화 시대 현실이었고, 이 현실을 극복하기 위한 여자들의 노력이 삼공 신화다.

　아직도 딸을 가진 제주의 부모들은 딸의 결혼 상대로 제주의 남자를 찾는 경향이 강한데, 친정 부모를 잘 모시는 문화적 피가 현재까지 흘러내린 결과는 아닐까?

* 이 신화는 '삼공맞이'에서 불리어지며 일명 전상놀이라 한다. 전상놀이는 남녀 간의 인연은 이미 정해져 있는 것이 아니라 여자가 정해야 한다는 뜻으로 '전생인연(前生因緣)을 정하는 놀이'의 뜻을 갖고 있는 것으로 보인다.

몸이 병든 사람을 위하여

마음이 병든 사람을 위하여

의녀(醫女)의 넋을 달래며

차사 신화

죽어가는 사람을 살리기 위하여

오래 살기를 기원하는 사람을 위하여

죽은 사람을 되살리기 위하여

이승과 저승의 차사

강림을 부리는 그곳에

치료의 신,

강림부인이 있다.

치료의 신

제주 섬사람들에게 삶과 죽음은 연속적이었어. 봄이 되면, 풀은 이승인 땅 위로 돋아나 무성하게 자라다가 가을이 되면 시들해지고, 겨울이 되면 다시 저승인 땅속으로 돌아갔지. 저승에 갔던 풀은 다시 봄이 되면 이승으로 돌아왔어. 나무도 마찬가지였지.

그렇지만 풀과 나무는 정해진 수명이 달랐어. 풀은 풀 나름의 정해진 수명이 있었고, 나무는 나무에게 정해진 수명이 있었던 거야. 마찬가지로 사람에게도 정해진 수명, 정명이 있다고 믿었어. 태어난 지 얼마 되지 않아서 죽거나, 늙어서 죽더라도 이는 정명에 따른 결과라고 믿었지. 비록 아이일지라도 죽음이 찾아오면 길을 잘 찾아 저승으로 갔다가 다시 점지되어 이승으로 돌아오면 된다고 생각했던 거야.

삼승할망은 이 길을 잘 인도해주는 권능을 가진 신이었고, 심방은 사람들이 정명이 줄어들지 않도록 신에게 청할 수 있는 존재였어. 이것이 제주 사회의 질서였지. 심방은 이러한 믿음을 신의 이름으로 전파했고, 그 믿음을 바탕으로 제주 사회의 질서가 유지되고 있었어.

하지만 정명을 다하지 못하게 하는 병에 대한 인식이 생기면서 이 질서는 도전에 직면하게 되지. 무속신들이 차지하고 있던 병에 대한 치료 권능이 도전받기 시작한 거야.

무속이 가지고 있던 치료 권능, 이 권능에 도전한 것은 누구일까?

동경국 버무왕은 슬하에 아들을 아홉이나 두었다. 그러나 어느 날 갑자기 위로 삼형제가 죽고, 아래로 삼형제가 죽어 가운데 삼형제만 남았다. 버무왕은 세 아들을 애지중지하면서 동문 밖에 훌륭한 선생님을 정하여 글공부를 시키기로 하였다. 공부를 많이 하면 혹시 명이나 길어질까, 복이나 많아질까 하여서였다.

하루는 삼형제가 공부를 마치고 돌아오는 길에 정자나무 아래서 책보를 내려놓고 쉬고 있었다. 한편 동개남에 은중절 스님은 절이 퇴락하자 시주를 받아 절을 수리해야겠다는 생각을 하게 되었다. 스님은 머리에 송낙을 쓰고 몸에는 장삼을 걸치고 바랑에 긴 보자기와 자루를 어깨에 둘러메고 산 아래로 소곡소곡 내려왔다. 내려오다가 버무왕 아들 삼형제가 노는 곳에 이르렀다.

"너희들 생기기는 참 잘생겼다마는 열다섯 살이 끝이로구나!"

안타까운 듯 이런 말을 하고는 지나가버렸다.

그 말이 무슨 뜻인지 알아들은 삼형제는 울면서 집으로 갔다. 울면서 아들 삼형제가 들어오는 모습을 보고 버무왕이 놀라 뛰어나와 물었다.

"오늘 선생님이 채찍을 들었더냐? 어찌 그리 서럽게 우느냐?"

"채찍을 든 거야 무엇이 서럽겠습니까? 위로 형님 셋, 아래로 아우 셋이 명이 짧아 한날한시에 죽었는데 남은 우리 셋도 열다섯이면 목숨이 다한다고 합니다."

"누가 너희더러 그런 말을 하더냐?"

"스님이 지나가다가 그랬습니다."

"그 스님이 어느 정도 갔느냐?"

"얼마 가지 못했을 거예요"

버무왕은 자식이 목숨과 관련된 일이라 급히 나와 저만큼 가고 있는 스님을 붙잡았다.

"내 아들들에게 한 말을 다시 해보시오."

"열다섯 살이 되면 한날한시에 명이 다할 것입니다."

"그것이 사실이오? 이 어린것들의 사주팔자를 자세히 보아주시오."

"이 아이들은 인간세상에서 세 번 죽어 환생을 하여야만 장수와 복록을 누리게 될 운명입니다."

아아! 버무왕은 탄식하며 물었다.

"열다섯 살에 죽지 않고 오래 살 수 있는 방도가 없겠소?"

버무왕의 물음에 스님이 대답했다.

"그렇다면 우리 절이 영험하니 삼 년간 정성을 드려보시지요."

처음 도전한 것은 불교였어. 대부분의 종교가 그렇듯이 불교도 치료권능을 가지고 있었어. 불교의 도전은 버무왕의 아들 삼형제에게 나타났어. 버무왕 아들 삼형제가 십오 세에 명이 다한다는 스님의 말은 버무왕의 아들 삼형제가 병이 있어 아프다는 것을 전제한 거야. 치료해서 수명을 이으려면 부처님께 삼 년간 정성을 드려야 한다고 말해. 불교의 치료권능을 보여주기 위함이지.

버무왕은 많은 공양물을 정성껏 마련하고 아들 삼형제와 함께 동개남 은중절로 올려 보냈다. 삼형제는 머리를 깎아 동자승이 되어 부처님 전에 밤낮으로 기도하며 지냈다. 일 년 반이 지나가는 어느 날 저녁 무렵이었다. 삼형제는 둥근달을 보며 부모님을 그리워했다.

"저 달이 곱기는 고와도 우리 부모님 얼굴만큼은 못하구나. 저 별들은 총총히 모여 빛나는데, 우린 언제면 부모님과 함께 모여 정을 나누면서 살꼬."

셋이 울먹이며 고향 생각 부모 생각 하는 노래를 들은 스님은 삼형제를 불러 앉히고 탄식하듯 말하였다.

"너희들이 이 절에서 삼 년을 꽉 채워 정성을 들였으면 명과 복을 지니게 되었을 것인데, 마음이 온통 부모님께 가 있으니 이제 정성은 물 건너간 것 같구나. 할 수 없으니 너희들은 내일 집으로 돌아가도록 하라."

스님의 말에 따라 아들 삼형제가 절에서 부처님께 정성을 드렸어. 나으면 불교의 치료 권능이 입증되는 거야. 그런데 부모님께 마음이 가 있어서 명과 복을 이을 수 없다고 하네. 정성이 부족해서 실패했다는 거야. 만약 성공한다면 무속은 치료 권능을 불교와 나누어야겠지. 치료 권능을 나누는 것은 심방들에게 큰 위협이야. 신앙민을 빼앗기는 것은 물론이고 그에 따른 무속의 기반도 무너질 수 있어. 치료 권능을 가지려던 불교의 도전은 실패했어. 심방의 바람대로 무속신이 승리한 거지.

무속신이 계속 치료 권능을 차지하게 된 걸까?

날이 밝자 스님은 삼형제가 절에 오면서 가져온 그릇들을 짐 지워주면서 당부하였다.

"너희 삼형제가 집으로 가는 길에 배가 고프면, 가지고 가는 이 물건을 팔아라. 그러면 밥을 먹을 수 있을 것이다. 그러나 과양 땅을 지날 때는 조심, 또 조심하여야 한다."

집으로 향하는 삼형제의 발걸음이 뛸 듯 날 듯 하였다. 드디어 과양 땅을 지나게 되었다. 과양 땅에 들어서자 갑자기 못 견디게 배가 고파져 걸을 수 없을 정도가 되었다. 마을 한쪽 연화못에 짐을 부려놓고 물로 배를 채우고 앉아 꾸벅꾸벅 졸았다.

마침 과양생이가 허벅을 지고 물 길러 왔다. 졸다가 깬 삼형제는 인기척을 듣고는 장사하는 말을 하였다.

"은그릇 삽서! 놋그릇 삽서! 비단 공단 삽서!"

"우리 집으로 가면 내가 사지요."

심방들이 가지고 있던 치료 권능에 대한 도전은 불교만으로 끝나지 않았어. 전혀 새로운 물결이 밀려온 거야. 물결은 과양 땅에서 과양생이를 통해 나타났어. 이 물결은 무속만이 아니라 불교의 권능도 위협했지. 스님이 삼형제에게 조심하라고 강조했듯이 불교에서도 조심하고 경계해야 할 세력이었어. 더 이상 걸을 수 없을 정도가 되어 꾸벅꾸벅 졸고 있는 것처럼 보이는 삼형제에게 이 물결은 과양생이라는 이름으로 다가왔지.

이 과양생이의 정체는 무엇일까?

"술도 팔고 쉬어가는 주막이나 가르쳐주십시오."

"이 동네엔 그런 데가 없다오. 우리 집으로 가면 술도 있고 잠잘 데도 있는데."

과양생이는 은그릇 놋그릇 비단 짐에 욕심이 나서 삼형제를 살살 꾀었다. 삼형제는 과양생이 집으로 들어가 사랑채에 머물게 되었다. 그날 저녁밥을 배부르게 먹고 잠을 자는데 이 밤과 저 밤 사이, 개고양이들도 잠이 드는 깊은 시간에 과양생이가 주안상을 차려 들고 들어왔다.

"도령들이 장사하러 다니려면 얼마나 고단합니까. 술이나 한 잔씩 하고 주무십서. 이 술 한 잔을 먹으면 천 년을 살고, 이 술 두 잔을 먹으면 만 년을 살고, 석 잔을 먹으면 구만 년을 산다고 합디다."

삼형제는 오래 산다는 말에 혹해서 과양생이가 권하는 대로 술을 받아 먹고 고꾸라져서 깊이 잠들어버렸다. 과양생이는 삼 년 묵은 참기름을 펄펄 끓여다가 삼형제의 귓속에 소르르 부어 넣으니 이리 펄쩍 저리 펄쩍 뛰다가 숨을 거두고 말았다.

과양생이는 은그릇 놋그릇 비단 짐을 얼른 금동궤 위에 올려놔두고 이웃집 김서방을 찾아갔다.

"김서방 주무세요?"

"예, 자고 있습니다. 이 밤중에 무슨 일입니까?"

"김서방, 우리 집에 지나가던 거지 셋이 머물다가 지금 죽었는데, 그 송장 좀 치워줍서."

"그런 일을 어찌 합니까. 난 못 하겠소."

"그럼 이렇게 합시다. 송장 하나에 돈 석 냥씩 줄 테니 연화못에 지고 가서 돌멩이 하나씩 무겁게 달고 던져버립서."

"그러지요."

김서방은 돈을 받고 송장을 연화못에 지고 가서 버렸다.

과양생이는 무속이 갖고 있는 치료 권능에 도전하는 두 번째 세력이었어. 재물을 탐낼 목적으로 사람들에게 천 년, 만 년, 구만 년을 살 수 있다고 꾀어 술을 먹이고, 참기름을 끓여 귓속에 넣어 사람을 죽이는 위험한 세력이야. 이 과양생이는 어떤 세력이나 물결을 대표할까?

과양생이, 사람들을 사랑채에 머물게 하면서 오래 살 수 있다는 술을 먹이고, 귓속에 삼 년 묵은 참기름을 넣는 행위, 여자에 의해 이루어지는 의료 행위야, 의녀의 출현이지.

무속의 눈에 비친 의녀는, 사람을 살리기는커녕 죽여서 몰래 버리는 위험하고 나쁜 세력이지.

과양생이가 치료 행위를 한다는 것은 제주 사회에 의료 행위를 배웠거나 또는 습득한 의녀가 과양 땅에 살고 있거나 출현했다는 뜻이야.

이튿날 아침 과양생이는 연화못으로 가보았다. 송장은 보이지 않고 물은 바람결에 찰랑거리는데 빛깔이 선명한 꽃 세 송이가 방긋방긋 웃으며 떠다니고 있었다. 과양생이는 그 꽃을 갖고 싶은 마음이 생겼다.

"나한테 올 꽃이거든 이리 오너라. 어서 오너라."

손바닥으로 물을 하올하올 저으니 꽃송이들이 동실동실 그녀 앞으로 떠오는 게 아닌가. 과양생이는 치마에 꽃송이를 담아 집에 와서 앞문에 한 송이, 안방에 한 송이, 뒷문에 한 송이를 꽂아놓았다. 드나들면서 그 어여쁜 모습을 바라보려던 것이었다. 그런데 꽃송이들은 과양생이가 지나갈 때마다 앞머리 뒷머리 가리지 않고 머리카락을 박박 잡아뜯었다. 과양생이는 부아가 치밀었다.

"이놈의 꽃들이 곱기는 하다마는 행실이 더럽구나."

꽃송이를 뽑아서 대청마루의 화로에 던져 불태워버렸다.

과양생이는 꽃을 가져다 앞문에 걸고, 안방에 걸고, 뒷문에 걸어놓는 일을 해, 약초를 말리는 일이야. 그러다 보면 약초들은 자꾸 머리에 걸리지. 그리고 꽃을 화로에 불태우는 것은, 약초에 불을 붙이는 일로 뜸을 가리켜.

과양생이는 이 의술을 어떻게 몸에 지니게 되었을까?

그러자 꽃송이들은 세 방울의 오색 구슬로 변하였다. 그날 햇볕이 좋아

역사 속 제주 의녀

● 의녀제도는 태종 6년(1406)에 처음 실시되었다. 세종 5년(1423)에 각도에서 관비를 뽑아 의술을 가르쳐 내려보냈다. 각도에 내려온 의녀들이 부녀를 치료하게 되면서 의녀의 활동은 지방까지 확대되었다. 제주와 관련된 대표적 의녀로는 장덕과 장금을 들 수 있다. 성종 때 제주 의녀 장덕은 치통과 부스럼을 잘 고쳐 그 명성이 서울까지 알려졌으며, 대장금으로 불리던 중종 때 의녀 장금도 제주와 관련을 맺고 있다.

▶ **약초** 피를 맑게 하고 몸을 따뜻하게 해준다는 쑥과, 신경통 관절염에 효능이 있다는 저슬사리, 피부 질환에 효능이 있다고 알려진 유근피. 제주섬에서 자라는 약초는 품질이 좋았기에 나라님에게 바치는 진상품이 되어야 했다. 약재의 진상을 위해 현종 13년(1672)에 제주 지역에 의국(醫局)을 설치하였고, 경종이 즉위한 1720년에는 약국을 설치하여 삼읍회춘국(三邑回春局)이라 칭하였다. 약국은 우연당 남쪽, 즉 지금의 관덕정 부근에 위치해 있었으며, 여기에는 심약(審藥) 1명, 의생(醫生) 14명, 약한(藥漢) 20명을 배치하였다.

서 과양생이는 마당에서 삼형제로부터 빼앗은 비단과 공단을 펼쳐놓고 마불림을 하고 있었다. 마침 이웃에 사는 청태국 마구할망이 불씨를 얻으러 왔다.

"불씨 좀 얻으러 왔네."

"조금 전 화로에서 불을 피웠으니 가서 보세요."

마구할망이 화로의 재를 헤치고 불을 담아가는 걸 과양생이가 흘낏 보니 불씨가 아니라 오색구슬 세 방울이었다.

▲ **꽃 걸어놓기** 과양생이가 집 앞문에 한 송이, 뒷문에 한 송이, 안방에 한 송이를 꽂아놓은 것처럼 민속촌의 한약방에서는 지금도 약초를 걸어 말리는 모습을 볼 수 있다. 질병의 원인도 알 수 없고, 치료법도 없었던 제주인들의 눈에 체계적으로 치료제를 만들어 사용하는 한약방은 충분한 이야깃거리였고, 선망의 공간이었을 것이다.

▶ **뜸** 채취한 약초를 말리거나 찧어서 환부에 붙이거나, 연기를 쏘이는 치료는 민간에서 흔히 볼 수 있는 광경이었다. 과양생이가 꽃을 화로에 태웠다는 것은 뜸을 상징한다. 과양생이가 뜸을 처치하는 것으로 보아 의술 전문가였을 가능성이 높다. 그러기에 그녀는 과양 땅에 살았으며, 관을 상대로 염라대왕마저 호출할 수 있었던 것은 아닐까? 사진의 중앙에 쑥이 들어있는 화로, 전통적인 뜸의 모습을 엿볼 수 있다.(출처 : 제주시 보화당 한의원).

● 명의가 된다. '명의 설화'는 매일 서당으로 가던 아이에게 입으로 구슬을 주는 희롱 과정에서 구슬을 삼켰더니 명의가 되었다는 내용이다. 구슬은 의술의 상징으로 보인다.

"할마님, 그거 내 구슬이우다."

"그거 무슨 말이고? 주운 사람이 임자지."

"할마님, 그럼 구슬 하나에 쌀 석 되씩 드릴 테니 그 구슬은 나를 줍서."

"그러세."

과양생이는 구슬이 너무 영롱하고 예뻐서 풀잎에 쓸릴까, 손톱에 흠이 날까 조마조마하며 손바닥에 놓고 이리저리 동글동글 굴리다가 입에 넣고 굴리기 시작했다. 그러다가 아차, 입속에서 구르던 구슬들이 그만 소로록 목구멍으로 내려가버렸다.

과양생이는 쌀을 주고 마구할망이 가지고 있던 구슬 세 방울을 받았어. 그리고 가지고 장난치다 삼켜버렸지. 이는 의술을 몸에 지니게 되는 과정을 잉태의 과정으로 상징화한 거야.

그날부터 과양생이에게 태기가 있더니 아홉 달 만삭을 채워, 한날한시에 아들 삼형제를 낳았다.

아기들은 한 살 두 살 자라갈수록 범상치 않았다. 기어다니는 모습도 문장이요, 걷는 것도 그림이요, 우는 것도 글 소리라. 서당에 글공부를 다니는데 너무나 총명하여 열다섯 십오 세가 되니 과거시험을 보게 되었다.

"어머니, 우리도 과거를 보고 오겠습니다."

"어서 그리해라."

삼형제가 서울로 과거를 보러 올라가니 팔도의 선비들이 모두 낙방을 하는데 삼형제만 장원급제를 하였다. 청일산 홍일산 받쳐 들고 어사화 비사화 꽂고 재인광대 앞세우고 나팔고둥 피리를 비비둥당 울리면서 가마 세 개가 과양 땅으로 향하였다.

한편 과양생이는 난데없는 베치마를 입고 앞동산으로 내달았다.

"아이고, 어느 집안은 산천을 잘 써서 과거 급제하고 오는가. 저것들, 저 잘난 척하는 것들. 제발 한날한시에 죽어버려라! 우리 집 아들들은 어디 가 죽었는가, 살았는가?"

모진 저주의 말을 퍼부으며 구경하노라니 가마 세 개가 자기 집 앞에서 멈추는 게 아닌가. 하늘에 오를 듯 신바람이 난 과양생이는 큰 상을 차리고 아들들의 과거 급제를 고하는 문전제를 지내기로 하였다.

문전제가 시작되자 큰아들이 엎드리면서 고하였다.

"저는 문과 급제 하였습니다."

둘째 아들이 엎드리면서

"저는 장원급제 하였습니다."

막내아들이 엎드리면서

"저는 팔도에서 도장원을 하였습니다."

그런데 한번 엎드린 아들들이 일어날 줄을 몰랐다.

"애기들아! 과거 급제 하느라 얼굴은 얼마나 수척하였느냐?"

한 번을 물어도 편편, 두 번을 불러도 편편, 석삼 번을 불러도 편편이었다. 달려나와 겉옷을 잡아 일으켜보니 얼굴빛이 이미 시퍼렇게 죽어 있었다.

구슬을 삼키고 과양생이가 한날한시에 아들 삼형제를 낳았어. 삼형제는 의녀가 가지고 있는 침, 뜸, 약 세 가지를 가리키지. 과양생이가 의술을 세상에 내놓은 것을 말하고 있어. 삼형제로 표현되는 침, 뜸, 약은 범상치 않았지, 제주 사람들의 이목을 끌기에 충분했어. 더욱이 삼형제는 과거에도 급제했어. 과거 급제, 나라에서도 침, 뜸, 약의 사용을 인정했음을 말하는 거야.

하지만 삼형제가 과거에 급제하고 집에 돌아오자마자 한날한시에 죽어버렸다. 침, 뜸, 약을 사용하지 못하게 된 거야. 침, 뜸, 약의 사용이 불법이 된 것이 아니라 의녀의 의료 행위를 나라에서 금지해버린 거지. 심방의 입장에선 반갑고 환영할 일이지만 과양생이의 입장에선 원통한 일이지.

과양생이는 기가 막혀 하늘을 쳐다보며 울음을 터뜨렸다.

"명천 같은 하늘님아! 위로 하나이나, 가운데로 하나이나, 하다못해 씨값이라도 놔두고 잡아갈 일이지. 내 사주야, 내 팔자야! 한날한시에 아들 삼형제 낳고, 한날한시에 아들 삼형제 잡아먹는 내 사주야, 내 팔자야!"

울고 울다가 앞밭에 삼형제를 임시로 묻고 나서 관가로 달려갔다. 고을을 다스리는 김치원님은 현명하다고 소문이 나 있었다. 과양생이는 소지를 올렸다.

"저승의 염라대왕을 잡아다 주세요. 하도 억울하여 꼭 따져볼 일이 있습니다."

아침, 점심, 저녁 하루 세 번씩 날마다 소지를 올려대니 날짜는 석 달 열흘이 되어가고, 소지는 아홉 상자 반을 넘어갔다. 김치원님은 골치가 아팠다. 어떻게 저승의 염라대왕을 잡아온단 말인가. 악에 받친 과양생이는 동헌 마당이 내려다보이는 돌담에 올라서서 쌍욕을 퍼부어댔다.

"개 같은 원님아, 소 같은 원님아, 우리 같은 백성이 지극정성으로 소지를 올려도 저승의 염라대왕을 잡아오지 못하는 개 같은 원님아, 소 같은 원님아. 그만두고 당장 떠나라."

이 같은 욕을 들어가니 김치원님은 아무 의욕도 없어져버렸다.

"저런 더러운 년한테 저런 욕질을 먹고 원님은 해서 무엇하리."

문을 닫아걸고 식음을 전폐하니 부인이 걱정되어 물었다.

"무슨 일이기에 아침도 점심도 드시질 않습니까?"

"이 고을 과양생이란 여자가 있는데 한날한시에 아들 삼형제를 낳더니 한날한시에 삼형제가 죽었다잖소. 그러니 염라대왕을 잡아다 주면 따져보겠다고 하루 세 번씩 소지를 올린 게 벌써 석 달하고도 열흘이 되었소. 소지는 아홉 상자 반이 넘어가는데 나는 그에 대한 답을 못하고 있으니 딱한 일이오. 세상에 어느 누가 염라대왕을 잡으러 저승으로 갈 수가 있냐 말이오?"

죽어버린 세 명의 자식 침, 뜸, 약. 세 아들을 살리기 위한 과양생이의 투쟁, 의술을 사용할 수 있게 해달라는 투쟁은 의술과 무속의 대결이 아직 끝나지 않았음을 말해.

그렇지만 과양생이가 투쟁해야 할 상대는 무속이 아니라 관이야. 아들 삼형제의 죽음은 무속 때문이 아니라 나라 때문이지. 투쟁은 과양생이와 나라를 대표하는 원님 사이에서 이루어지게 되지. 과양생이와 원님의 대결, 막이 올랐어.

과양생이는 제주고을을 다스리는 김치원님에게 소지를 올렸어. 소지, 요즘 말로 민원이야. 금지하더라도 침, 뜸, 약 중에 하나는 사용할 수 있게 해달라. 어떻게 하나도 사용할 수 없게 하느냐? 그리고 왜 사용할 수 없는지, 그 이유가 무엇인지 침, 뜸, 약 삼형제를 죽게 한 염라대왕을 잡아다 밝혀달라는 내용이었어. 민원은 지속적이었고 강력했어.

"그런 일이 있었군요. 염려 말고 어서 저녁 진지상이나 받으십시오. 염라대왕 잡을 방법을 알려드리겠습니다."

"어떻게 염라대왕을 잡아온단 말이오?"

"해봐야지요. 관아에서 제일 똑똑한 관원이 누구입니까?"

"아, 그야 강림이지. 성문 안에도 각시 아홉, 성문 밖에도 각시 아홉, 열여덟 여자를 거느리고 산다고 하오."

"그러면 이렇게 해보시지요. 내일 아침부터 비상을 걸어서 이레 동안만 새벽에 소집을 하게 되면 어느 하루는 반드시 늦을 것이옵니다. 그걸 빌미잡아 몰아세우면 임무를 맡게 되지 않겠습니까?"

부인의 현명한 의견을 듣고 난 김치원님은 무릎을 탁 쳤다. 원님은 이튿날 새벽부터 예고도 없이 관원들에게 비상 소집을 걸었다. 관명을 어기면 목숨을 내놓아야 된다고 엄포를 놓았다. 아니나 다를까 이레째 되는 날 강림의 모습이 보이지 않았다.

"강림이 불참이오!"

일직사령이 소리치는데 강림이 관복을 채 입지도 못하고 어깨에 걸치면서 동헌 마당으로 달려 들어왔다. 원님은 얼음장 같은 목소리로 발을 탕탕 구르며 명령을 내렸다.

"형틀을 마련하라, 곤장을 죽을 때까지 쳐라!"

강림은 무릎을 털썩 꿇고 엎드려 싹싹 비는 소리를 했다.

"원님, 제가 그만 죽을죄를 지었습니다. 살아날 방법은 전혀 없는 것이옵니까?"

"그렇다면 네가 저승에 가서 염라대왕을 잡아올 수 있겠느냐?"

"예, 저승에 있다는 염라대왕을 말입니까?"

"그렇다. 이 고을을 위하여 네가 목숨을 걸고 할 수 있겠느냐? 아니면 지금 죽겠느냐?"

"예, 예, 그리하겠습니다. 저승에 가서 염라대왕을 잡아오겠습니다."

얼결에 강림은 대답을 하였다. 그 대답을 듣자마자 원님은 얼음장 같던 얼굴을 펴고 강림을 풀어주었다. 그리고 흰 종이에 검은 글씨가 써진 종이를 주었다. 염라대왕을 소환하는 문서였다. 우선 살고 보자고 큰소릴

쳐놓았으나 강림은 눈앞이 캄캄했다. 저승은 어디며 염라대왕은 어찌 생겼는가. 동료 관원들을 찾아가 살려달라 사정해보았다.

"원님의 명령이 저렇게 삼엄한데 이번엔 우리도 어찌할 수가 없소."

모두 고개를 돌리며 방도가 없다고 했다. 이번에는 늙은 관원들을 찾아가 물었다.

"저승 염라대왕을 잡아오라는 명을 들어본 적이나 있습니까?"

"우린 이날 이때까지 늙도록 살아도 그런 임무는 받아본 적이 없네."

관청을 나온 강림은 성안에 사는 아홉 각시, 성밖에 사는 아홉 각시, 열여덟이나 되는 첩들을 찾아가 보았다. 저승으로 염라대왕을 잡으러 가게 됐다는 말을 하자 죽은 시체를 보듯이 모두 도망가버렸다. 강림의 발길은 큰부인 집으로 향하였다. 혼인만 맺어놓고 죽었는지 살았는지 돌아보지 않았던 부인이었다. 강림이 들어서자 맷돌에 저녁밥 지을 보리를 찧던 큰부인은 방아노래를 부르며 인사말을 했다.

강림은 대답도 없이 들어가 방문을 잠가버렸다. 이제까지 얼굴 한번 내비치지 않던 남편이라 섭섭했지만 반갑기도 하였다. 부인이 따뜻한 밥상을 차려 가보니 방문이 잠겨 있었다.

"낭군님아, 이 문 좀 열어주세요."

아무리 사정해도 대답도 없고 문도 열리지 않았다. 할 수 없이 문을 따고 들어가보니 강림은 이불을 머리끝까지 덮어쓰고 누워 있었다. 이불을 걷어 얼굴을 보니 눈물범벅이었다.

"아니, 이게 어쩐 일입니까. 죽을 일인지 살 일인지 말씀을 해주십시오."

강림은 일어나 앉아 풀죽은 목소리로 자초지종을 이야기하였다.

"그러니 난 이제 죽을 일만 남았소."

이야기를 마치더니 다시 설움이 복받쳐 울음을 터뜨렸다.

"아이고, 설운 낭군님아, 그만한 일에 사내대장부가 눈물입니까. 그건 내가 해결해드릴 테니 어서 진지나 드십시오."

큰부인의 그 말을 듣자 강림은 웬일인지 안도감이 턱 들었다. 눈물은 달아나고 웃음이 나왔다.

예나 지금이나 민원 담당자는 머리가 아픈가봐. 김치원님도 머리가 아팠지. 의료 행위 허용 여부는 국법이나 임금의 명령으로 정해지는 것이었거든. 임금의 명령은 사람들의 생사여탈을 결정할 수 있는 염라대왕과 같은 권능을 지녔지. 김치원님의 입장에서 임금의 명령이 왜 내려졌는지, 그 이유가 무엇인지, 임금을 잡아다 따질 수는 없는 노릇이었어.

이런 상황에서 원님이 문제를 해결하는 방법은 임금 대신 염라대왕을 잡아오기로 한 거야. 나라의 문제를 무속의 문제로 바꾼 거지. 염라대왕을 잡아오려면 염라대왕에게 가야 해. 그리고 염라대왕을 잡고 다시 돌아와야 해. 염라대왕을 잡으러 가는 길은 사람이 죽어서 가는 장례이고 돌아오는 것은 환생이지.

무속은 이 죽음과 환생의 절차를 신의 권능으로 규정하고 있었어. 염라대왕에게 가는 길을 잘 알고 있는 사람, 심방이지. 심방이 제주 사회의 장례 절차를 규정하고 있었기 때문이야.

원님의 명을 받고 가야 할 사람은 관원이지. 관원이 아닌 심방을 보낼 수는 없어. 그래서 관원이면서 심방의 도움을 받을 수 있는 심방의 남편인 강림이 염라대왕을 잡으러 갈 차사가 된 거야.

저승에 가려면 어떤 절차가 필요할까? 저승 가는 절차, 쉽게 말해 장례 절차를 말하지.

그날부터 큰부인은 하얀 쌀가루로 **시루떡을 정성껏 쪘**다. 첫 번째 시루는 문전 시루, 두 번째 시루는 조왕 시루, 세 번째 시루는 강림이 저승 가는 길에 먹을 시루, 떡을 다 쪄놓고 목욕재계한 후 깨끗한 옷으로 갈아입고 강림이 저승 가는 길을 인도해달라고 부엌의 조왕님께 간절한 축원을 드렸다.

이레 동안 축원을 드리다가 피곤하여 부엌 바닥에 앉은 채 깜빡 잠이 들었다.

"강림 큰부인아, 어서 바삐 머리를 들어 나가보아라. 새벽닭이 울고 있다. 강림의 저승길이 바쁘니 어서 빨리 내보내라."

조왕할마님의 말씀이었다. 벌떡 깨고 보니 꿈이었다. 큰부인은 얼른 방으로 달려가 강림을 깨웠다.

"낭군님아, 어서 잠을 깨옵소서. 저승 갈 때가 닥쳤습니다."

"부인이 해결해준다 하지 않았소? 저승이 어디며 어떻게 가란 말이오?"

"걱정 말고 어서 세수나 하십시오."

세수를 끝내자 큰부인은 강림에게 저승의복을 입혔다.*

"낭군님아, 원님께서 당신께 저승에 들어가는 본메나 주십디까?"

강림이 받았다며 내놓은 것을 보니 흰 종이에 검을 글자를 쓴 것이었다. 큰부인은 번개같이 동헌 마당으로 달려가 원님에게 말했다.

"한번 실수는 병가지상사라 하지만 이건 제 낭군의 목숨이 달린 일입니다. 저승으로 염라대왕을 잡으러 가는데 어찌 이런 글자로 되겠습니까? 산 사람의 소지는 흰 종이에 검은 글자지만 저승 글이야 그럴 리가 있겠습니까? 붉은 종이에 흰 글자를 써주십시오."

---

* 남방사주 바지, 백방사주 저고리, 자지명주 통행경, 백릉 버선 미투리에 백지로 들메를 메고, 한산모시 두루마기에 남수화주 적쾌자에 운문대단 안을 받치고, 산소털 흑두전립에 허울거리는 상모하며, 밀화폐영 늘어뜨리고 관장패는 등에 지고 앞에는 날랠 용 자, 뒤에는 임금 왕 자, 홍사 줄은 옆에 차고 적패지는 옷고름에 채워 문 앞에 내세우니 저승 차림이 완연하였다.

'내가 실수를 하였구나.'

원님은 강림 큰부인의 현명함에 탄복하며 붉은 종이에 흰 글자를 써 내주었다. 강림이 저승의복을 입고 보니 부인이 어느새 이렇게 잘 준비해놓았는가, 감탄이 앞섰다.

저승글자를 받고 돌아온 부인은 명주전대를 강림의 허리에 감아주며 단단히 당부했다.

"저승 초군문 들어가기 전에 급한 일이 닥치거들랑 이 전대를 풀어보십시오."

그리고 몰래 귀 없는 바늘 한 쌈을 강림이 입은 장옷 앞섶에 촘촘히 찔러놓았다.

사람이 죽으면 먼저 시루떡 세 개를 준비해. 그다음에 조왕할망께 축원 드리고. 죽은 사람에게 저승의복을 입혀. 그리고 사자의 허리춤에 명주전대를 감아주고 바늘 한 쌈을 장옷 앞섶에 찔러 넣은 후 아침에 명정 글씨를 앞세워 집을 나서지.

이렇게 집을 떠난 다음 저승길을 어떻게 찾아갈까?

"가다가 어른이나 아이나 보이거들랑 무조건 큰절을 올리시고 점심으로 가지고 가는 시루떡도 나눠드리면 무슨 방법이 생겨날 것입니다."*

강림이 남문을 지나 동산에 올라서니, 어느 것이 저승으로 가는 길인지 알 수가 없었다. 주저앉아 울다가 문득 고개를 들어보니 어떤 할머니가

---

* 떠나면서 강림이 부모님을 찾아가 인사하니 아버지는 망건을 벗어 주고, 어머니는 속옷을 벗어 주고, 큰부인도 버선 행전 대님 신발을 주었다. 큰부인은 문 밖 동산까지 강림을 전송하고 그날부터 진실한 마음으로 정절을 지켰다.

▶ **장례** 강림이 염라대왕을 만나러 가는 길은 죽어서 저승 가는 길이다. 장례 운구의 맨 앞에 죽은 자의 이름표, 명정(銘旌)이 가고 있다. 붉은색 바탕에 흰 글씨를 쓰는 이유는 생명의 부활과 벽사(辟邪)가 아닐까. 저승길은 천 리 길, 만 리 길이다. 그러나 언제 갈지 모르는 길이기에 제주인들은 '저승길이 멀다해도 대문 밖이 저승이라'고 여겨 늘 저승길 준비를 해놓는다. 강림의 큰부인은 지혜로운 여자였기에, 이토록 치밀하게 저승길 안내를 할 수 있었다. 호적장적은 물론이고 생산물고의 일까지 훤히 내다보는 그녀의 정체, 바로 제주인의 치료신이었다.

보였다. 불붙었던 흔적이 있는 행주치마를 입고 꼬부랑 막대기를 짚고서 강림의 앞을 지나 허울허울 걸어갔다.

강림은 그 할머니를 따라갔다. 쉽게 따라 넘을 수 있으리라 생각했는데 따라 넘을 수가 없었다. 두 주먹을 불끈 쥐고 걸음에 힘을 내면 할머니의 걸음 또한 빨라졌다. 한참을 걸어봐도 두 사람의 거리는 좁혀지지 않았다. 좀 쉬고 점심이나 먹고 갈까 하고 살펴보니 할머니도 긴 한숨을 내쉬며 길가에 살포시 앉는 것이었다. 그제야 큰부인이 간곡하게 당부하던 말이 떠올랐다. 강림은 할머니 앞으로 가서 너붓이 큰절을 올렸다.

"어찌 젊은이가 이 늙은이에게 절을 하십니까?"

"할머니, 무슨 말씀을 그리하십니까. 저의 집에도 늙으신 부모님이 계십니다."

"어디로 가는 젊은이십니까?"

"저승에 염라대왕을 잡으러 가는 길입니다."

"아이고, 먼 길을 가시는구려. 점심이나 나눠 먹는 게 어떻습니까?"

할머니도 도시락을 풀고 강림도 도시락을 풀었다. 둘이 똑같은 하얀 시루떡이었다. 강림은 이상한 생각이 들었다.

"할머니, 어째서 제 점심과 할머니 점심이 같은 솜씨에 같은 맛인가요?"

"이놈아, 나는 네 큰부인 정성이 기특하여 저승길 인도하러 온 큰부인 집 조왕할망이다."

강림은 바싹 미안하여 머리를 수그렸다.

"강림아, 이쪽으로 해서 가다가 보면 일흔여덟 갈래의 갈림길이 있을 것이다. 거기에 앉아 있으면 어떤 노인이 올 게다. 아까 나에게 한 것처럼 인사를 드리면 무슨 방법이 있을 것이다."

"고맙습니다."

인사하고 머리를 들어보니 할머니는 온데간데없었다. 강림은 조왕할망이 가리켜준 방향으로 하염없이 걸어갔다. 길은 멀고도 험했다. 발이 부르트고 입이 바싹 말랐다. 드디어 갈래갈래 일흔여덟으로 갈라진 복잡한 길이 나타났다. 어느 길로 가야 할지 막연했다. 조왕할망이 일러준 대로 기다려보기로 했다. 아니나 다를까 어떤 할아버지가 백발을 휘날리며 나타났다. 강림은 달려가 넙죽 엎드려 큰절을 올렸다.

"어디로 가는 젊은이요?"

"저승으로 염라대왕을 잡으러 가는 길입니다."

"멀고 먼 길을 가는데 점심이나 나눠 먹기로 합시다."

강림이 도시락을 풀고 할아버님도 도시락을 풀었다. 둘 다 하얀 시루떡으로 만든 솜씨가 한 솜씨였다.

"어떤 일로 할아버지 점심과 제 점심이 한 솜씨 한 맛인가요?"

"이놈아, 네 큰부인 정성이 갸륵하여 저승길 인도하러 왔다. 난 큰부인

집 문전신이다. 강림아, 여기가 바로 그 유명한 일흔여덟 갈림길이다. 이 길을 다 알아야만 헷갈리지 않고 저승을 올바르게 찾아갈 수 있다. 이 길을 하나씩 꼽아나갈 테니 알아두도록 해라."

할아버지는 길을 하나하나 가리키며 일일이 다 세어 일러준 후, 마지막으로 하나 남은 길을 가리켰다.

"이 길이 바로 네가 들어갈 길이다."

길을 바라보니 좁고 가파르기가 개미의 왼쪽 더듬이만큼 했다. 게다가 가시덤불과 덩굴이 얼기설기 얽힌 데다 뾰족한 돌멩이들이 널려 있어 거기에 걸려 넘어졌다 하면 천 길 벼랑으로 떨어지게 생긴 아슬아슬한 외길이었다.

"강림아, 이 길을 가다 보면 길 닦는 사람들이 고픈 배를 끌어안고 양지쪽에 앉아서 소닥소닥 졸고 있을 것이다. 네가 그 앞에 떡을 놓아두면 배고픈 김에 달려들어 떡을 세 번이나 끊어 먹을 것이다. 그러면 네게 무슨 방도가 생겨나리라."

강림이 머리를 숙여 인사하고 머리를 들어보니 문전신은 온데 간 데 없었다. 강림은 정신을 바짝 차리고 그 좁고 험한 길을 헤쳐 나갔다. 한참 가다 보니 문전신이 일러준 대로 질토래비가 길가에 앉아 소닥소닥 졸고 있었다. 강림은 전대에서 떡을 꺼내어 그 앞에 살그머니 놓았다. 졸던 질토래비는 떡 냄새를 맡더니 눈을 번쩍 뜨고 달려들어 덥석덥석 세 번을 끊어 먹었다. 그러자 눈이 배롱해져서 산이라도 넘을 듯, 강이라도 건널 듯 힘이 나는 듯했다. 주위를 두리번두리번 거리다가 자기 뒤에 서 있는 강림을 보자 와들랑 놀라서 일어났다.

"당신은 누구시오?"

"나는 김치원님을 모시고 있는 강림이라는 관원이오."

"하이고, 나도 저승의 관원인데 우리 처지가 비슷하구려. 이승에서 오신 관원님아, 어디로 가는 길입니까?"

"저승에 염라대왕을 잡으러 가는 길입니다."

"하아, 이 사람 보게나. 저승이라니, 저승을 살아서 어떻게 간단 말이오? 검은 머리가 백발이 되도록 걸어도 저승엔 가지 못하는데."

"저승의 관원님아, 제발 나를 저승길로 인도해주십시오."

강림은 허리를 굽히고 머리를 숙이며 몇 번이나 애원했다. 저승의 이원사자가 가만히 생각해보니 남의 음식을 공짜로 먹으면 목에 걸리는 법이라, 도와주어야 할 것 같았다.

"이승의 관원님아, 그럼 내가 시키는 대로 해서 저승으로 가보시오. 적삼은 가졌소?"

"네, 여기 있습니다."

"그 적삼으로 삼혼을 불러줄 테니 영혼으로 저승 초군문에 가보시오. 모레 사, 오시에 염라대왕께서 아랫마을 자부장자 집 무남독녀가 병들어 굿하는 데 행차합니다. 초군문에 적패지를 붙였다가 염라대왕 행차가 지나가거든 세 번, 네 번째 가마까지는 그대로 보내주고, 다섯 번째 가마를 놓치지 마시오. 그 가마에 염라대왕이 타고 있을 거요. 잘해보시오."

"저승의 초군문까지 가는 길은 지금 바로 도착하게 됩니까?"

"아니지요. 저승 초군문 가기 전에 행기못이 있소. 못가엔 이승에서 비명횡사한 영혼들이 저승에도 못 가고 이승에도 못 와서 울고 있을 것이오. 그네들은 당신을 보면 데려가 달라고 옷자락을 붙잡으며 매달릴 거요. 그러면 당신 전대에 들어 있는 시루떡을 자잘하게 부수어 동서로 뿌리도록 하오. 그러면 배고픈 그들이 떡에 정신을 빼앗긴 사이 당신은 행기못으로 뛰어드시오. 그 밑에 저승문이 있소."

저승길에 들어선 강림은 조왕할망과 문전신의 도움을 받아 저승 초군문으로 가는 행기못으로 인도받았어. 이때 저승길에서 꼭 필요한 것이 떡이지. 떡은 조왕할망과 문전신에게 바치는 제물이면서, 질토래비인 저승의 관원과 비명횡사한 영혼들을 달래는 제물이야. 이 떡이 있어야 저승으로 제대로 갈 수 있다는 거지.

"그런데 저승문에 갔다가 돌아올 수 있는 본메는 가졌소?"

"본메요? 그게 뭔데요?"

"그게 무슨 말이오? 저승 본메가 없으면 저승에 가도 이승으로 다시 돌아올 수가 없는 거라오."

강림은 눈앞이 캄캄해졌다. 문득 큰부인이 작별할 때 하던 말이 떠올랐다.

'저승 초군문 들어가기 전에 급한 일이 닥치거든 이 전대를 풀면 무슨 방법이 있을 것입니다.'

강림은 어깨에 둘러멘 명주전대를 내려 풀어보았다. 동심결, 운삽, 불삽이 나왔다. 그걸 본 이원사자가 말했다.

"그게 바로 저승 본메라오."

저승에서 살아 돌아오려면 본메(징표)가 있어야 해. 저승 본메는 동심결, 운삽, 불삽이야.

동심결은 남녀 사이에 사랑의 징표로 주고받는 매듭이야. 다시 살아 돌아와서 아내나 남편을 다시 만나겠다는 것을 약속하는 징표인 거지. 운삽, 불삽은 삽의 상징으로 '저승과 이승 사이에 놓인 길을 잘 닦아, 잘 돌아오기를 기원하는 삽이야. 환생을 도와주는 도구인 셈이지.

"자, 이제 삼혼을 불러줄 테니 저승으로 가 보오. 강림이 혼 보오! 강림

◀ 떡 쌀이 귀했던 제주에서는 조와 메밀 같은 잡곡을 이용하여 떡을 만들었다. 떡에는 밥, 죽과 함께 곡식의 역사가 담겨 있다. 그래서 특별한 음식인 떡은 제물로 올렸고, 관혼상제의 큰일 때나 맛볼 수 있었다. 초상이 나면 친족들은 상두꾼들에게 나누어 줄 돌래떡을 해 가는데 사진에 보이는 둥글고 흰 떡을 말한다. 이를 고적떡이라고도 한다. 마치 해와 달처럼 생겼는데 천상의 질서를 지상에 실현한 것이 제상(祭床)이 아닌가 한다.

이 혼 보오! 강림이 혼 보오!"

이원사자는 강림의 적삼을 흔들며 강림의 혼을 세 번 외쳤다. 강림의 삼혼은 저승의 행기못 가에 순식간에 이르렀다. 아니나 다를까 못가에는 수많은 영혼들이 떠돌아다니고 있었다. 강림이 나타나자 그들은 우르르 떼지어 몰려들었다. 난생처음 보는 사람들이 친근하게 부르며 옷깃을 잡고 늘어졌다. 강림은 이원사자가 일러준 대로 전대에 시루떡을 꺼내 자잘하게 끊어서 동서로 던졌다. 못가를 방황하며 굶주린 영혼들은 떡을 주워 먹으려고 움켜쥐었던 옷깃을 놓았다. 그 틈을 놓칠세라 눈 질끈 감고 강림은 행기못으로 뛰어들었다. 정신을 차려보니 저승의 관문인 연추문 앞이었다.

안도의 숨을 내쉬며 풀썩 주저앉아 긴장을 풀었다. 여기서 염라대왕을 기다려보리라. 내일 모레면 행차가 있다 했지. 우선 적패지를 꺼내어 연추문 기둥에 걸어놓았다. 지친 몸을 쉬다 보니 소로록 잠이 들었다. 한숨 잔다는 게 이틀을 내리 잤다. 깨어보니 '물렀거라!' 하는 호통 소리가 요란

▶ **동심결** 남녀 간의 사랑이 동심결 매듭처럼 단단하게 묶여 있으면 죽음도 서로 갈라놓을 수 없는 것인가? 저승에 갔다가 환생하거나, 둘 다 죽어 저승에 가더라도 다시 만나자는 약속의 징표이다. 어쩌면 너무 쉽게 헤어지는 사회현실에 대한 아쉬움의 표현은 아닐까?

했다. 염라대왕의 행차가 다가오고 있었다. 강림은 가마 행렬이 줄지어 지나가는 걸 하나하나 세었다. 첫 번째 가마, 두 번째 가마, 세 번째 가마, 네 번째 가마가 지났다. 다섯 번째 가마 안에서 호령 소리가 터져 나왔다.

"저기 연추문에 붙은 적패지는 무슨 적패지냐?"

이원사자가 달려와 대답했다.

"이승의 강림이란 자가 염라대왕을 잡겠다고 붙인 적패지입니다."

"뭣이, 나를 잡겠다고? 발칙하다. 도대체 그놈이 어떤 놈이냐?"

그 순간 강림은 무시무시한 기세로 염라대왕의 가마를 향해 달려들었다. 공중으로 펄쩍 뛰어올라 한 번에 대여섯 명을 발길질하니 난데없는 기습에 호위하던 육방관속이 산산이 흩어졌다. 강림은 가마문을 벌컥 열어젖혔다. 염라대왕이 눈을 부릅뜨고 노려보며 부들부들 떨고 있었다. 강림은 재빨리 염라대왕을 칭칭 묶었다.

"강림아, 밧줄을 조금만 늦추어다오. 인정 많이 걸어주마."

염라대왕이 사정을 하였다. 강림은 밧줄을 조금 늦추어주고 인정을 많이 받았다.

강림은 관원이야. 혼자 힘으로는 염라대왕에게 갈 수가 없어. 다행히 큰부인이 심방이었어. 강림은 큰부인이 시키는 대로 움직이기만 하면 되지. 심방은 사람이 죽으면 저승으로 잘 가도록 저승길을 안내해왔어.

동시에 저승에서 이승으로 오는 점지와 출산도 담당했어. 강림이 저승길을 잘 가기 위해 무엇이 필요한지, 어떻게 가는지를 가장 잘 알고 있다는 이야기지. 큰부인은 필요한 준비를 하고 강림을 저승길로 가도록 해. 장례 절차인 거야.

다시 말하면 조왕할망을 위한 시루떡, 문전신을 위한 시루떡, 고인을 위한 시루떡 세 개를 준비하고 그다음 축원을 드린 후, 저승의복으로 잘 차려입히고 고인이 아침에 집에서 나가도록 하고, 대문을 나설 때는 붉은 바탕에 흰 글씨로 명정 깃발을 만들어 앞에 세우고, 명주 전대에 저승 본메(동심결, 운삽, 불삽)를 넣어 허리에 감아주고, 바늘 한 쌈을 장옷 앞섶에 촘촘히 찔러 넣고, 아버지의 망건과 어머니의 속옷과 부인의 버선 행전 대님 신발을 관에 넣어야 해. 이렇게 해야 조왕할망과 문전신의 도움으로 저승까지 길을 찾아 갈 수 있다는 것이지. 이때 넣는 동심결, 운삽, 불삽은 저승 본메야. 돌아오겠다는 약속의 징표지.

그렇게 강림은 저승에 가서 염라대왕을 잡았어. 이제 염라대왕을 데리고 이승으로 돌아와야겠지. 그렇다면 이승으로 돌아오는 절차는 어떻게 될까?

졸지에 포로가 된 염라대왕은 체면이 말이 아니었다. 강림과 타협을 하지 않을 수가 없게 되었다.

"강림아, 내가 도망가지 않고 너와 이승에 가주면 될 거 아니냐. 그 전에 나하고 같이 저 아랫마을 자부장자 집에 가서 전새남굿이나 받아먹고 가는 게 어떠냐?"

"약속은 지켜야 합니다."

강림은 염라대왕을 풀어주고 함께 거들먹거리며 자부장자 집으로 향했다. 도착해 보니 굿이 막 시작되고 있었다. 심방은 굿을 시작하자 신들을 청해 들였다. 그러나 아무리 기다려봐도 강림에게는 들어오십사 청하는 소리가 없었다. 이거 괘씸하다. 강림은 다짜고짜 심방을 잡아 묶어 엎질러놓았다. 굿하던 심방이 갑자기 새파랗게 질려 숨이 넘어가자 굿판은 불길하게 술렁이기 시작했다. 이때 눈치 빠른 소미가 대령상을 강림의 앞에 가져다 놓았다. 강림을 청하지 않아서 생긴 일이라는 걸 알아챈 것이었다.

"살아 있는 차사도 차사입니다. 우리 인간 강림차사도 저승에 가서 염라대왕과 함께 내려오셨습니다. 어서 이리 드십시오!"

이렇게 청해 들이니 심방이 새파랗게 죽어가다가 다시 살아났다. 강림이 밧줄을 풀어준 것이다.

강림은 권하는 대로 술을 한 잔 두 잔 받아먹다 보니 얼큰하게 취해서 쓰러져 잠이 들었다. 한잠을 자고 눈을 퍼뜩 떠보니 염라대왕이 보이질 않았다. '아, 이 일을 어쩔꼬!' 당황하여 문밖으로 내달아보니, 조왕할망이 저만치에서 손짓을 하는 게 아닌가.

"강림아, 너 지금 제정신이냐? 염라대왕 잡으러 간 놈이 정신을 바짝 차려도 모자란 판에 술 처먹고 박아져 있다니……."

"잘못했습니다. 염라대왕 어디로 갔습니까?"

"염라대왕은 새로 변신해서 저 큰 대 꼭대기에 앉아 있으니, 큰 톱을 가져다 대나무를 끊으면 방법이 있을 것이다."

"할머님, 고맙습니다."

강림이 바라보니 과연 큰 대 꼭대기에 새 한 마리가 앉아 있었다. 달려들어 큰 대를 톱질하려 하니 염라대왕이 퍼뜩 땅으로 내려왔다.

"강림의 눈을 속일 수가 없고나. 좋다. 내가 약속하지, 모레 사, 오시에 너희 동헌 마당으로 내려갈 테니, 너 먼저 이승에 가 있으라."

"그러면 약속으로 도장을 찍어주십시오."

염라대왕은 강림의 적삼에 저승글자 셋을 써주었다. 그걸 받아들고 이승으로 돌아오려니 방법을 알 수가 없었다.

"염라대왕님, 저승에 올 때는 내 마음대로 왔는데 갈 때는 내 마음대로 갈 수가 없습니다. 길 좀 가리켜주십시오."

"이 흰 강아지와 돌래떡 셋을 주겠다. 이 떡을 겨드랑이에 품고 가다가 강아지에게 떡을 조금씩 떼어주면서 달래며 뒤따라가다 보면 무슨 방법이 나올 것이다."

강림은 흰 강아지를 앞세워 길을 떠났다. 가다가 강아지가 싫증난 듯하면 떡을 떼어줘 어르면서 한참을 따라가니 행기못이 보였다. 앞장서 가던 흰 강아지가 돌아서더니 다짜고짜 강림의 목을 물고 행기못에 풍덩 빠졌다. 강림이 정신을 차리고 보니 이승길에 와 있었다. 흰 강아지는 오간 데 없이 보이지 않았다.

이승으로 돌아오는 환생 절차, 전새남굿이야. 전새남굿은 사람이 병에 걸렸을 때 병을 낫게 해달라고 염라대왕에게 비는 굿이지. 전새남굿을 하면서 차사의 상을 따로 준비해야 해. 그리고 돌래떡을 준비해야 돼. 그렇지 않으면 살아 돌아올 수 없어. 환생할 수 없다는 이야기지. 절차를 잘 지켜 강림이 이승으로 돌아왔어.

환생하는 기간은 얼마나 걸릴까?

강림이 이승에 도착한 때는 밤이었다. 이승임에는 틀림없는데 어느 곳인지 알 수가 없었다. 사방을 휘둘러보니 가까이 불빛이 하나 보였다. 강림이 그 집 대문 앞에 거의 다다랐는데 마침 여인이 문을 열고 나왔다.

"설운 낭군님, 살아 계시거든 하루 바삐 돌아오시고, 죽어 계시거든 제사 음식 많이 먹고 가시옵소서."

여인은 이렇게 말하면서 가지고 나온 제사 퇴물을 대문 옆에 부어놓고 들어가버렸다. 강림이 얼른 대문을 붙들고 말했다.

"지나가는 나그네인데 하룻밤만 재워주십시오."

"오늘 밤은 우리 집에 나그넬 재울 수가 없습니다."

"어쩐 일로 그렇소?"

"우리 집 낭군이 강림이라 하는데 저승 가서 삼 년째, 오늘이 첫 제삿날이 됩니다."

"뭐라고! 부인 내가 강림이오!"

그러고 보니 목소리가 큰부인의 목소리임에 틀림이 없었다. 대문을 잡아 흔들며 강림은 부인을 불렀다.

"우리 낭군님이 살아 올 리가 없습니다. 뒷집의 김서방이거든 내일 아침 오십시오. 제사 음식 대접하리다."

그러나 저러나 마누라가 나를 알아보지 못하다니 다시 대문을 두드렸다.

"나요, 강림이란 말이오."

"그렇다면 문구멍으로 겉옷 앞섶자락을 내놓아보십시오. 알 도리가 있을 것입니다."

대문의 틈새로 겉옷의 앞섶자락을 들이밀자 큰부인이 손으로 만져보는 것이었다. 저승으로 떠날 때 증거로 삼으려고 몰래 귀 없는 바늘 한 쌈을 꽂아둔 것이 삭아서 바슬바슬 부스러지며 떨어졌다.

"아니고, 내 낭군님이 분명하구나."

그제야 큰부인은 대문을 열고 강림을 반갑게 맞아 들였다.

"내가 이렇게 멀쩡히 살아 있는데 제사를 지냈다니 웬일이오?"

"낭군님 저승 가서 삼년상 치르고, 오늘이 첫 제사가 됩니다."

"나는 저승 가서 삼 일을 산 것 같은데 이승에선 삼 년이 되었구려."

강림은 제사 음식을 잔치 음식 삼아 배부르게 잘 먹었다.

강림이 살아 돌아왔어. 죽은 사람도 살리는 무속의 치료 권능을 보여주는 거야. 그렇지만 환생하는 데는 오랜 시간이 걸릴 수 있어. 저승의 하루는 이승의 일 년이기 때문이야. 그러니 아무리 빨라도 죽은 후 삼 년 이상 기다려야 한다는 거지.

죽은 사람이나 죽어가는 사람을 살리려면 의녀가 아니라, 전새남굿을 해야 한다는 거지. 이것이 무속이 신앙민들에게 보내는 메시지야. 그렇다면 의료 행위를 인정해달라는 의녀를 염라대왕은 어떻게 처리할까?

이튿날 아침 일찍, 이웃집 김서방이 찾아왔다. 큰부인은 김서방의 끈질긴 청혼에 강림의 삼년상, 첫 제사만 지내고 나면 개가하겠다고 핑계를 대어왔다. 그래서 오늘은 허락을 받으려고 달려온 것이었다. 김서방은 문을 들어서다 흠칫 놀랐다. 기둥에 갓이 걸어져 있고, 관대가 매달려 있는게 아닌가. 김서방은 얼른 김치원님 앞으로 달려갔다.

"저는 강림의 큰부인 집 이웃에 사는 김서방입니다. 강림이 저승에 갔다는 건 말짱 거짓말입니다. 낮에는 병풍 뒤에 숨어 살고 밤에는 나와서 부부가 희희낙락 재미있게 살고 있는 걸 원님은 알고나 계십니까?"

강림은 원님 앞에 끌려갔다. 원님은 노발대발 호통을 쳤다.

"염라대왕 잡으러 간 네가 아니냐? 염라대왕은 어디에 있느냐?"

"모레 사, 오시에 온다고 약속을 하였습니다. 제 적삼의 등을 보십시오. 약속한 날짜와 시간이 쓰여 있습니다."

과연 강림의 하얀 무명 적삼에는 약속 시간이 적혀 있었다.

"믿을 수 없다. 염라대왕이 나타날 때까지 강림을 감옥에 가둬라!"

그 날 그 시각은 어김없이 다가왔다. 사, 오시가 닥치니 맑은 하늘이 삽시간에 어두워졌다. 해가 자취를 감추고 주위는 어둑어둑, 어디서 무지개 같은 빛이 비추더니 홀연 삼엄하게 육방관속을 거느린 위풍당당한 염라대왕의 모습이 동헌 마당에 나타났다. 관아의 관원들은 어디로 줄행랑을 쳤는지 하나도 모습이 보이지 않았다. 김치원님은 도망갈 길을 찾다가 급히 동헌의 기둥으로 몸을 바꿨다.

염라대왕이 화등잔 같은 눈으로 사방을 훑어보니 사람 꼴은 하나 보이지 않고 강림이 혼자 감옥에 갇혀 있었다. 눈을 끔쩍하니 감옥의 자물쇠가 저절로 찰칵 하면서 풀렸다.

"강림아, 이리 나오라. 도대체 나를 여기로 오게 한 이유가 뭐냐?"

"그건 우리 원님이 아십니다."

"원님은 도대체 어디 있느냐?"

"모르겠습니다."

"모른다? 나를 오라 해놓고 자취를 감춰? 이런 괘씸한 놈들. 좋다, 그럼 이 집은 누가 지었느냐?"

"강태공 서목수가 지었습니다. 여봐라, 강태공 서목수를 불러들여라!"

강태공 서목수가 염라대왕 앞에 불려왔다.

"이 집을 네가 지었다지? 네 솜씨 아닌 기둥이 있을 것이다. 그 기둥을 큰 톱으로 끊어라!"

"예, 저 기둥이 제 솜씨가 아닙니다."

강태공 서목수가 큰 톱을 가져다 대자, 기둥으로 변신한 김치원님 손목에서 피가 솟았다. 김치원님이 피 나는 손목을 꼭 누르고 발발 떨면서 모습을 드러냈다. 염라대왕이 그 꼴을 보고 버럭 호통을 질렀다.

"기둥 뒤에 숨어서 뭐 하자는 것이야? 시간이 없다. 무슨 일로 날 찾았느냐?"

원님은 대답을 못 하고 벌벌 떨기만 하자 강림이 앞으로 나섰다.

"대왕님, 어찌 그리 야단을 치십니까? 저승왕도 왕이고 이승왕도 왕입니다. 왕과 왕끼리 청할 수도 있는 일 아닙니까?"

그 말을 듣고 염라대왕은 언성을 싹 낮추었다.

"강림이 너 정말 똑똑하고 다부지다. 이승의 왕님아, 어쩐 일로 나를 청하였소."

그제야 김치원님은 정신을 차리고 사연을 이야기했다.

"저의 힘으로는 도저히 풀 수 없는 문제가 있어 도움을 받고자 청하였습니다."

"그래, 그대도 꽤 똑똑하다고 소문이 났던데 해결 못 하는 문제가 생겼다? 어디 좀 들어봅시다."

"예, 이 고을 과양 땅에 과양생이라는 여자가 있사옵니다. 아들 삼형제를 한날한시에 낳고 그 아들들이 한날한시에 과거에 급제하더니, 한날한시에 죽었습니다. 그 후로 하루 세 번 소지를 올리기를 벌써 백 일이 지났습니다. 이 문제를 풀어주십사 청한 것입니다."

"나도 저승에서 그 문제인 줄 짐작은 하고 왔소."

"과양생이 부부를 당장 불러들이라!"

과양생이 부부가 동헌 마당으로 불려왔다.

"너는 아들 삼형제를 어디에 묻었더냐?"

"앞밭에 묻었습니다.

"으흠, 그러냐? 그러면 너희들이 직접 파서 보여라. 다른 사람들은 도움을 주지 말라. 꼼짝 말고 지켜보기만 하라!"

무덤을 파고 보니 무덤 속에는 작은 뼛조각 하나 없고 다만 칠성판만 있었다.

"뼈다귀도 하나 없는데 어느 것이 너희 아들 삼형제이냐?"

과양생이 부부는 말문이 막혔다. 눈을 씻고 찾아봐도 뼛조각 하나 없었다. 염라대왕은 그들을 데리고 연화못으로 갔다. 금부채를 꺼내어 연화못 물을 세 번 치니 못물이 순식간에 줄어들기 시작했다. 밑바닥에는 버무왕 아들 삼형제의 뼈가 살그랑하게 남아 있었다. 염라대왕은 뼈들을 순서대로 차례차례 배열해놓고 금부채로 세 번 때렸다. 순식간에 뼈에 살이 붙기 시작하더니 몸 형체를 이루고 숨이 드나들고 피가 돌기 시작하였다.

"아이고, 봄잠이라 너무 오래 잤습니다."

잘생긴 귀공자 삼형제가 부스스 일어나는 것이었다. 염라대왕은 과양생이를 불렀다.

"이 아이들이 네 아들이냐?"

"예? 예, 우리 아들 삼형제와 꼭 같긴 한데⋯⋯."

그러자 살아난 버무왕 아들 삼형제가

"네 이년, 우리가 어째서 너희 아들이냐?"

하며 과양생이 부부를 원수라고 하며 죽이겠다고 길길이 날뛰었다.

"원수는 내가 갚아주마. 너희는 어서 부모님이나 찾아가라."

아픈 사람에 대한 무속의 입장은 분명했어. 무속은 죽은 사람도 다시 환생시킬 수 있고, 병에 걸려 죽어가는 사람도 전새남굿으로 살려낼 수 있다는 거지. 죽이기도 살리기도 할 수 있다는 거야.

반대로 의녀는 염라대왕에게 못 갔어. 염라대왕에게 가지 못한다는 것은 죽은 사람을 살릴 수 없다는 거지. 그렇다면 그건 진짜 치료가 아닌 거지. 그래서 삼형제가 묻혀 있다는 것은 거짓말이라는 논리야.

의녀가 사람을 살릴 수 있다는 것, 침, 뜸, 약이 자신의 아들이라고 하는 것도 거짓말이라는 선언이야. 그렇다면 이제 의술을 인정하라고 지속적이고 강력하게 민원을 넣었던 과양생이는 어떻게 처분해야 할까.

삼형제를 보내놓고 염라대왕은 소 아홉 마리를 끌어 오도록 했다. 과양생이 부부의 팔다리에 각각 소 한 마리씩을 묶게 하고 테우리를 시켜 사방으로 몰았다. 육체가 아홉 조각으로 찢어져 나갔다.

찢어지다 남은 것은 방아에 넣어 독독 빻아서 바람에 날리니 오뉴월 장마에 모기로 환생하고, 칠팔월 가까워지면 각다귀로 환생하였다. 과양생이 부부는 살아 있을 때도 남의 피만 빨아 먹으려고 하더니 죽어서도 모기가 되어 피를 빨아 먹으려고 달려드는 것이다.

"과연!"

김치원님은 염라대왕이 사건을 처리하는 것을 보면서 감탄이 절로 나왔다.

무속신인 염라대왕은 과양생이의 육신을 찢어 죽이도록 해. 의녀에 대한 응징인 거지. 의녀에 대한 응징은 침과 뜸, 약에 대한 무속신의 거부이기도 해. 의녀에 대한 무속의 승리를 선언한 거야.

과양생이에 대한 처분 과정에는 아직도 의술의 흔적이 상징적으로 남아 있어. 과양생이의 찢어지다 남은 육신을 방아에 넣어 빻은 것, 이것은 약초를 방아에 넣고 빻았던 흔적이며, 몸에서 피가 나게 하는 모기 같은 것, 사람에게 침을 놓아 피가 났던 흔적이야.

결국 의술은 사람들을 귀찮게 하고, 사람들의 피를 빨아 먹는 각다귀나 모기 같다는 이야기지.

▶ **뜸 재료 만들기** 절구와 방아, 약초로 많이 쓰였던 쑥. 쑥을 방아에 넣어 독독 빻아서 뜸의 재료를 만든다.

"김치원님! 강림을 조금만 빌립시다. 저승에 데려가서 일 시키다가 보내드리겠소."

염라대왕은 다부지고 영리한 강림이 한없이 탐이 났다.

"그건 아니 될 일입니다. 여기 일도 항상 손이 부족한 형편입니다."

"그러면 우리 반씩 나눠서 가지면 어떻소?"

"그럼 그렇게 하시지요."

"그럼 원님은 육신을 갖겠소, 정혼을 갖겠소?"

"그야 육신을 가지고말고요."

어리석은 김치원님은 육체를 가지고 있어야 일을 시킬 수 있다고 생각했다. 염라대왕은 강림의 삼혼을 뽑아가지고 저승으로 가버렸다.

김치원님은 마음이 흐뭇했다. 염라대왕까지 데려다가 이 어려운 사건을 해결하였으니 생각할수록 통쾌하였다.

"축하주 한 잔이 없을쏘냐. 이 술잔 받아라."

원님이 건드리자 강림은 맥없이 앞으로 탁 쓰러지고 말았다. 가만히 보니 이미 강림은 혼이 나가 있고 숨도 쉬지 않았다. 강림 큰부인이 소식을 듣고 달려왔다.

강림 큰부인은 남편의 시신을 정성껏 염습하였다. 성복제 일포제가 지나 출상하여 어기넝창 상엿소리 구성지게 불러도 서럽기는 여전했다. 좋은 땅을 골라 감장하고, 초우, 재우, 삼우제를 지내도 서러움은 가시지 않았다. 소기, 대기 지내어도 서러움이 남았다. 일 년에 한두 번 잊어버리지 않으려고 삼명절, 정월명절, 단오명절, 추석명절에 차례를 지내도 섭섭하였다.

한편 저승으로 간 강림은 염라대왕의 사자로 일하게 되었다. 하루는 염라대왕이 불렀다.

"너는 이승에 가서 사람들에게 전하고 오라. 사람은 팔십이 정명이니 그때가 되면 차례차례 저승으로 오라고 하라."

강림은 명령을 받고 적패지를 등에 지고 이승으로 향했다. 멀고 먼 길이라 몇 번이나 길에 앉아 쉬어야만 했다. 반쯤 와서 다리를 뻗고 쉬는데 까마귀가 반갑게 까옥까옥 하며 날아왔다.

"아이고, 답답한 성님아, 이승까지 그 먼 길을 언제 걸어갑니까? 적패지를 이 날개에 끼워줍서. 제가 얼른 이승에 날아가서 붙여두고 오리다."

그러지 않아도 다리가 아파 죽겠는데 대신 배달해준다니 웬 횡재냐. 강림은 적패지를 까마귀 날개에 끼워주었다. 까마귀는 이승을 향해 파닥파닥 날았다. 날아가다 보니 마침 사람들이 모여서 말을 잡고 있었다.

"으음, 오늘 재수 좋다. 싱싱한 말 피나 한 점 얻어먹고 갈까?"

까마귀는 나뭇가지에 앉아 기다렸다. 한참을 기다려도 작업이 쉽게 끝나지 않았다. 까마귀는 기다리기가 지루해서 까옥까옥 울었다. 때마침 말을 잡던 백정이 말발굽을 끊어서 휙 던졌다. 까마귀는 자기를 맞히는 줄 알고 퍼뜩 날아올랐다. 그 바람에 날개에서 적패지가 도로록 떨어졌다. 그때 마침 담구멍에 있던 뱀이 그 적패지를 받아 옴찍 삼키고는 들어가버렸다. 까마귀는 적패지를 이리저리 찾아봐도 찾을 수가 없었다. 까마귀는 적패지 찾는 것을 단념하고 이승으로 날아가 되는대로 외쳐대었다.

아이 갈 데 어른 가고, 어른 갈 데 아이 가십시오. 까옥!
부모 갈 데 자식 가고, 자식 갈 데 부모 가십시오. 까옥!
자손 갈 데 조상 가고, 조상 갈 데 자손 가십시오. 까옥!

까마귀가 되는대로 전달하는 바람에 사람들은 어른 아이 구별 없이 자꾸 죽어갔다. 며칠 새에 저승 초군문이 가득하게 되었다. 재판관은 판결을 하다가 남녀노소가 마구 몰려드니 어리둥절하였다. 재판관은 강림을 불러들였다.

"분명 나이가 되면 차례차례 오라고 했는데 어째서 어른 아이 구별 없이 이리 몰려오고 있는 건가?"

강림은 대답할 말이 없어 까마귀를 찾아 닦달했다.

"가다 보니 말이 죽은 밭에 사람들이 모여서 말을 잡고 있습디다. 피나 한 점 얻어먹으려고 하다가 그만 적패지를 잃어버렸습니다."

화가 난 강림은 까마귀를 보릿대 형틀에 묶어놓고 밀대 곤장으로 아랫도리를 후려 갈겼다.

그때 염라대왕에게는 큰 근심이 있었다. 동방삭이란 자가 이승의 목숨이 다 된 지 이미 오래되었는데도 도무지 잡히지 않아 저승으로 데려오지 못하고 있었다. 하루는 강림을 불렀다.

"내가 동방삭을 잡으려고 아이 차사를 보내면 어른이 되도록, 어른 차사를 보내면 아이가 되도록 수많은 세월이 지났는데도 이제껏 잡아오질 못하고 있다. 네가 가서 동방삭을 잡아오면 특별 휴가를 한 달 주도록 하겠다."

▶ 까마귀와 적패지 까마귀도 내 땅 까마귀라면 반갑다지만, 까마귀가 까옥까옥 울어대는 상황에 맞닥뜨리면 기분이 오싹해진다. 제주에서 볼 수 있는 까마귀의 종류는 네 종류나 된다. 그중 겨울철새인 떼까마귀는 바람까마귀라고도 하는데 떼로 나타나 겨울철 곡식 이삭을 주워 먹으며 밭을 망가뜨리고, 큰부리까마귀는 한라산 기슭에 터를 잡은 제주 텃새로, 모두 부정적 이미지를 가지고 있다. 사람이 죽으면 이승의 명부인 호적(戶籍)에서 이름이 지워지고, 저승 명부인 장적(帳籍)에 이름이 올라간다. 이때 이승 문서는 흰 종이에 검은 글씨로 쓰고, 저승문서는 붉은 종이에 흰 글씨로 쓴다. 적패지(赤牌紙)는 붉은 종이에 쓴 사망 통지서인 셈이다. 까마귀가 운다는 것은 저승 심부름을 왔다는 신호다. 그러기에 제주인들은 까마귀를 흉조라 여겼다.

"좋습니다. 제가 잡겠습니다. 제발 그 약속 지키십시오!"

강림은 무슨 좋은 수가 없을까 궁리 끝에 이승으로 내려와 숯을 몇 말 얻었다. 사람의 왕래가 많은 시냇가에서 숯을 물에 담가놓고 박박 씻기 시작했다. 재미난 구경이 났다고 구경하는 사람들이 몰려들었다. 그렇게 며칠이 지났다. 건장하게 잘생긴, 나이를 알 수 없는 사나이가 다가와 말을 걸었다.

"너는 무슨 까닭에 그 시커먼 숯덩이를 씻고 있느냐?"

"예, 이 검정 숯을 백 일만 씻으면 흰 숯이 되어 백 가지 약이 된다고 합니다."

"야, 이놈아. 동방삭이 삼천 년을 살았어도 그런 말 들은 건 오늘이 처음이다."

강림은 이놈이 바로 동방삭이 분명하다 하고 후다닥 달려들어 오랏줄로 칭칭 묶었다.

"어떤 차사가 와도 내가 간단히 따돌렸는데 오늘 잡히고 마는구나. 삼천 년 살다가 제대로 된 저승차사를 만났구나. 너의 이름이나 알아두자."

"내 이름은 강림이오."

동방삭은 체념하고 순순히 저승의 염라대왕에게로 끌려갔다. 염라대왕은 숙원이었던 동방삭을 잡게 되자 몇천 년 묵은 근심이 한꺼번에 사라졌다. 강림이라는 유능한 차사가 있는 한 저승 일이 순조롭게 풀릴 게 분명했다. 염라대왕은 강림에게 크게 상을 주고 분부를 내렸다.

"강림이 그 역량이 탁월하고 다부지니 사람 잡아오는 차사로 임명하노라."

그로부터 강림은 인간 차사가 되어 사람이 죽으면 그 영혼을 저승으로 인도하게 되었다.

치료의 권능은 무속이 계속 가지는 것으로 결론은 났어. 치료의 방법은 전새남굿을 하고 차사의 상을 마련하는 것이었어.

그렇게 하면 병들어 죽는 사람들이 없어져 정명까지 살 수 있을까? 문제는 심방이 시키는 대로 해도 정명을 채우지 못하는 현실에 있었지. 무속은 이에 대한 해명도 해야 해.

무속의 대답은 까마귀의 실수였다는 거야. 강림의 심부름을 가던 까마귀가 실수로 적폐지를 잃어버렸기 때문에 발생한 일이라는 거지. 그래서 정명 80세까지 다 못 사는 경우도 발생했고, 그로 인해 저승에 많은 사람이 몰리는 바람에 다 치료해주지 못할 수도 있다는 대답이야.

그렇지만 차사의 능력은 의심하지 마시라. 염라대왕이 삼천 년 동안 잡지 못했던 동박삭이도 잡았어. 그렇게 뛰어난 능력을 가진 차사가 인간 세상에서 관원으로 살았던 강림이라는 거지. 그리고 이 강림을 부린 사람은 강림 큰부인이었어.

치료, 아픈 사람, 특히 생과 사의 갈림길에 서 있는 사람에게는 절박한 것이다. 절박한 만큼, 치료 권능이 가지는 경제적, 문화적인 힘도 강력할 수밖에 없다. 불교와 무속은 이 치료의 권능을 갖기 위해 부단히 노력해 왔으나 신화 시대 제주의 사람들은 굿을 통한 치료에 더 의지했다. 그 결과 치료는 무속의 권능이 되었다.

그러나 의녀가 나타나면서 무속이 갖고 있던 치료 권능은 심각한 도전에 직면했다. 차사 신화는 제주 사회에 의녀의 의료 행위가 나타나 치료 권능을 위협하자 이에 대응하여 어떻게 무속의 치료 권능을 지켜냈는지를 보여주는 신화이다. 이 차사 신화는 큰 굿의 시왕맞이에서 불려진다.

하지만 오늘날 치료 권능은 무속이 아닌 의사에게 완전히 넘어갔고, 그로 인해 무속이 갖고 있던 경제적, 문화적 힘도 거의 상실해가는 것으로 보인다. 그렇다면 지금 치료 권능을 장악한 의사는 언제까지 이 권능을 지킬 수 있을까? 영원히 지킬 수 있을까? 아님 인공지능에게 빼앗길까?

내일이나 모레, 그 언젠가, 치료 권능을 차지하기 위한 의사와 인공지능이 만들어낼 다음 신화가 궁금하다.

이 집 저 집,

이 마을 저 마을로 잘도 다녔지.

잡기도 참 힘들었지.

아픈 사람들이

들불처럼 번졌지.

그곳에 전염병의 신,

지장아기가 있다.

당신은 지금 어디 있나요?

새

지장 신화

전염병의 신

불교에서 온 지장보살의 화신, 새

전염병이 돌았어. 전염병이라는 새로운 질서를 인식한 거지.

비슷한 증상으로 아픈 사람들이 이 집 저 집에 나타나거나 이 마을, 저 마을에 나타났어. 남녀노소가 비슷한 시기에 비슷한 증상으로 아프거나 죽었어. 한 사람에게 나타났던 증상이 새처럼 빠른 속도로 한 마을만이 아니라 여러 마을로 퍼져갔지.

이렇게 빠른 속도로 이 집, 저 집, 그리고 이 마을 저 마을 다닐 수 있는 것은 날아다니는 새밖에 없다고 생각했지. 무속은 사람들이 새롭게 인식하게 된, 전염병을 규정하고 설명할 책임이 있었어. 왜냐하면 무속이 규정한 삶의 질서를 따라 사람들이 살고 있었기 때문이야.

전염병이라는 새로운 질서를 설명하기 위해서는 새로운 신이 필요해. 이 신은 사람들에게 부정적인 신이지만, 물리치기도 힘든 신이었어. 물리치기가 힘든 신, 위하고 달래는 수밖에 없지. 그러기 위해 이 새로운 신의 내력을 밝혀야 해.

이 신은 어디에서 왔을까?

옛날에 남산국이라는 남자와 여산국이라는 여자가 살고 있었다. 이들 부부는 원앙새처럼 사이가 좋았으나 자식이 없어 날마다 한숨으로 날을 보냈다. 누가 절에 기도를 드리면 자식을 볼 수 있을 것이라고 말했다. 어느 신당에 영험이 있으며 어느 절간의 수덕이 좋은가. 부부는 여기저기 영험이 있고 수덕이 좋다는 절을 알아보았다. 동관음사 은중절, 서관음사 금법당, 남관음사 노강절, 북향산 용궁전이 영험이 있고 수덕이 좋다는 소문을 들었다.

남산국과 여산국은 송낙지도 구만 장, 가사지도 구만 장 차려놓고, 좋은 쌀을 준비하여 절에 가서 정성을 다하여 자식을 기원하는 불공을 드렸다. 그로부터 여산국 부인에게 태기가 있더니 어여쁜 여자 아기가 태어났다. 기다리던 아기라 온 집안이 기뻐하며 지장아기라 이름을 짓고 애지중지 길렀다.

이 신은 불교에서 점지받아 태어났지. 이름도 불교의 지상보살에서 빌려왔어. 지장보살에서 보살을 빼고 무속의 신격을 나타내는 '아기'가 붙은 지장아기야.

지장아기는 무럭무럭 자라났다. 한 살이 나는 해에 어머니 무릎에서 어리광을 부리고, 두 살이 나는 해에 아버지 무릎에서 어리광을 부리고 세 살이 나는 해에 할머니 할아버지 무릎에 앉아서 노념 놀이를 했다.

그런 넘치는 사랑을 시샘했는지 지장아기가 네 살이 나는 해에 할머니, 할아버지가 갑자기 돌아가셨다. 다섯 살 나는 해에 설운 아버지도 세상을 뜨시고, 여섯 살 나는 해에 어머니도 오도독 죽고 말았다.

어린 나이에 해마다 불행이 찾아들어 부모를 다 잃고 고단한 신세가 된 지장아기는 동네에 있는 외삼촌 집에서 식모살이라도 하면서 지내려고

▶ **지장보살** 지장보살은 지옥에서 고통받는 중생들을 구원하기 위하여 지옥에 몸소 들어가, 죄지은 중생들을 교화, 구제하는 보살이다. 왼손에는 연꽃을 오른손에는 보주를 든다. 서로 경쟁하는 불교와 무속 사이에서 지장보살은 무속의 좋은 신으로 바로 가지 못했나 보다.

했다. 외삼촌은 가는 날부터 개 밥그릇에 쥐나 파 먹던 밥을 겨우 주었다. 그러다 그런 밥도 더 이상 주기가 아깝다며 길거리로 내쫓고 말았다.

지장아기는 이 거리 저 거리를 돌아다니며 날품팔이를 해주고 얻어먹는 신세가 되었다. 지장아기의 이런 처량한 신세를 하늘 옥황의 부엉새가 보고는 밤이면 내려와 한 날개는 깔아주고, 한 날개는 덮어주며 얼어 죽지 않게 했다. 인간세상에서 밥 한 술 못 얻어먹은 날은 하늘이 밥을 주고 하늘이 옷을 주었다. 지장아기가 얼굴만 예쁜 것이 아니라 마음씨도 착하고 일도 잘한다는 소문이 점점 동서사방으로 퍼져나갔다.

지장아기의 내력은 불교의 지장보살의 내용으로 채워졌지. 지장보살은 조상들의 사후를 구원하는 보살이야. 조상들의 사후를 구원하기 위해서는 조상의 죽음이 있어야 하지. 그래서 지장아기의 할아버지, 할머니,

아버지, 어머니가 죽어.

이리저리 열다섯 십오 세가 되어 나이가 차니 청혼이 왔다. 양가에서 허락이 내렸고 궁합을 가리니 궁합이 맞았다. 신랑 집에서 예장이 오고, 이바지로 어마어마한 재물이 보내져왔다. 시집가는 날 지장아기는 새신랑을 처음으로 보았다.

동네방네에 지장아기가 착하게 살림을 잘한다는 소문이 났다. 시집에서 차려준 신혼살림은 유기 재물에 논이며 밭, 소와 말까지 사는 데 부족함이 없었다. 열다섯 살 어린 새각시인 지장아기는 행복이 넘쳤다.

그런데 그 행복도 잠시, 시집 간 지 꼭 일 년이 되는 열여섯에 시할머니, 시할아버지가 갑자기 죽고 말았다. 열일곱 나는 해에 시아버지도 세상을 떠났다. 열여덟 나는 해에 시어머니도 저승길로 떠났다. 열아홉 나는 해에 설운 낭군님마저도 오도독기 죽고 말았다.

지장아기는 몸부림을 치며 울었다.

"남편까지 죽여 먹었으니 이년의 팔자여, 이년의 사주여, 내가 무슨 죄를 지었나!"

사랑하는 사람들을 모두 잃고 난 지장아기는 살 길이 막막했다. 시누이에게 의지해서 살까 하여 시누이 방으로 들어가려고 보니 안에서 소곤거리는 소리가 들렸다. 시누이들이 모여 앉아 지장아기를 죽일 계획을 짜고 있는 소리였다.

"저 재수 없는 년을 처치하고 우리가 이 재산을 나눠 갖자."

시누이는 아무리 좋아도 기저귀 찼을 때부터 시누이 텃세를 한다고 했다. 지장아기는 그런 시집에서 더 살 수 없을 것 같았다. 은장, 놋장, 유기 그 좋은 재물 다버려두고 낯익은 거리를 떠나 어디로 갈까 생각하니 앞날이 캄캄했다.

지장아기는 시름을 달래려 대바구니에 한두 살에 입던 옷부터 모든 행장 다 걷어 담고 주천강 연못에 빨래하러 갔다. 흐르는 물에 시름을 흘려보내며 빨래를 하노라니, 동쪽에서 스님 한 분이 오는 게 보였다. 지장아기는 하던 빨래를 멈추고 스님을 불렀다.

"대사님아, 가는 길 멈추고 기구한 이년의 팔자, 이년의 사주를 좀 보아주고 가소서."

혼인 후에도 죽음은 이어지지. 시아버지, 시어머니, 낭군이 죽어. 지장아기는 지나가는 스님께 자신의 기구한 팔자에 대한 사주를 보아달라고 했어. 사주의 결과는 어떻게 나올까?

지장아기의 간절한 부탁을 듣고 스님은 가던 길을 멈추었다. 원천강 사주역법 책을 꺼내어 보더니 말하였다.

"아기씨 초년은 아주 좋은데, 중년은 아주 궂습니다."

"어떻게 하면 좋겠습니까?"

"친정어머니, 친정아버지, 시어머니, 시아버지, 설운 낭군님까지 죽은 원혼을 달래주는 전새남굿을 해야 합니다. 그래야 아기씨가 편안하겠습니다."

그 말을 남기고 스님은 제 갈 길로 떠나버렸다. 지장아기는 하던 빨래를 거두고 돌아왔다.

그날부터 스님이 말한 전새남굿을 준비하기 시작했다. 우선 서천강 들판으로 가서 뽕나무를 심었다. 뽕나무는 심은 날부터 싹이 났고 나는 날부터 잎이 돋았다. 연한 잎을 따다가 알을 까고 나온 누에의 밥으로 주었다. 누에 밥 먹이고, 누에 잠 재워서 고치가 되자 실을 뽑았다. 뽑은 실을 꾸리에 감았다. 지장아기는 누에실로 물명주 강명주를 짜나갔다. 곱게 짠

물명주 강명주를 구덕에 넣어 등에 지고 주천강 연못으로 빨래를 갔다. 강명주 물명주를 석 달하고 열흘, 백일 동안 정성을 들였더니 하얗게 바랬다. 이렇게 공들여 마련한 명주는 굿에서 이승과 저승을 이어주는 다리를 놓는 데 쓸 것이었다.

초감제에 쓸 다리

초공전에 쓸 다리

이공전에 쓸 다리

시왕전에 쓸 다리

삼공전에 쓸 다리

사자님전에 쓸 다리

군웅님전에 쓸 다리

영게님전에 쓸 다리

차사님전에 쓸 다리까지 모두 준비하였다.

그렇게 하고 남은 명주로 북, 장고, 징을 맬 끈을 만들었다. 악기 매는 끈을 하고도 남은 명주로는 심방이 사용하는 요령과 신칼의 끈을 만들었다. 그렇게 하고도 남은 명주 열다섯 자와 아강베포 일곱 자를 들여서 호름줌치를 만들었다.

이렇게 모든 준비를 다하고 나서 지장아기는 대공단고칼로 삼단같이 검은 머리를 삭삭 깎았다. 스님들이 머리에 쓰는 고깔모자를 쓰고 회색 장삼을 입었다. 손에 목탁을 들고 보니 완연한 중이었다. 중이 되어 동서 남북으로 다니며 탁발을 하여 쌀을 모았다. 집집이 한 홉씩 얻은 쌀이 몇 섬 모이자 동네의 청비바리들을 불러 방아를 찧었다.

온종일 방아를 찧어 만든 하얀 쌀가루가 보슬보슬해지니 가루는 체로 다시 곱게 쳐서 떡을 만들었다. 돌레떡과 송편은 물에 삶아놓고, 일곱 구멍 뚫린 시루에서는 시루떡을 쪘다. 당클에 기메전지를 오려 걸어놓고 굿

상에는 떡들을 올려놓았다. 지장아기는 굿상을 갖추어 잘 차려놓고 죽어
서 저승 간 조상과 친정 부모님, 시부모님, 열아홉 살 젊디젊은 나이에 세
상을 떠난 설운 낭군님을 위하여 전새남굿을 칠 일 동안 하였다.

'지장아기가 인간에 살아서 죽은 조상들을 구원하는 좋은 일 하였구나!'

온 마을에 칭송이 자자했다.

지장보살처럼 지장아기도 죽은 조상을 구원해야 한다는 사주가 나왔
어. 그렇지만 구원하는 방법은 불교의 방식이 아니라 무속의 방식이야.
전새남굿을 하라는 사주였던 거지. 지장아기는 온갖 정성으로 제물을 준
비한 다음 전새남굿을 행하여 조상을 구원했어.

그 후 지장아기는 죽어서 새의 몸으로 태어났다.

머리로 가면 두통새

눈으로 가면 눈 흘기는 흘기새

코로 나오면 거친 숨 쉬는 악숨새

입으로 가면 부부간의 살림을 가르는 헤말림새

가슴에 가면 답답증 일으키는 열화새

조름에 붙어 조작거리는 오두방정새

이 새는 온갖 병을 가져다주고 풍운조화를 부렸다.

조상을 구원한 지장아기가 죽어서 새가 되었어. 이 새가 사람의 몸에
들어 사람들을 괴롭히는 것, 이것이 전염병인 거야. 이 전염병을 사라지
게 하려면 굿을 해야 한다는 거지. 굿을 할 때 심방은 지장아기의 기구한
생애를 낱낱이 풀어 들려주지. 지장아기의 원한을 풀어준 후에 환자의 몸
속에 깃든 새를 쫓아내어 흉험을 사라지게 하는 거야.

▶ **집 위를 날아다니는 지장아기** 새가 날아다닌 만큼 이 집 저 집으로 병이 퍼져 나 갔지. 이 새가 지장아기의 화신이다. 물 그리운 새 물을 주고 쌀 그리운 새 쌀을 주 며 달래야 했던 신이다.

제주 사람들에게 생과 사는 자연스러운 흐름이었다. 생명이 솟아났다 가 때가 되면 다시 땅속으로 돌아가고, 그리고 다시 생명으로 솟아난다고 믿었다. 병에 대한 인식이 없는 시대, 병은 생과 사 사이의 자연스러운 현 상이었다. 그러다 사람들이 모여 마을을 이루고 살아가면서 비슷한 증상 으로 여러 사람들이 죽거나 죽어가는 전염병이 나타났다. 병에 대한 인식 이 나타났고 이 병에 대해 어떻게 대응해야 할지를 신의 이름으로 규정하 고 설명해야 할 필요성이 나타났다.

전염병에 대한 새로운 인식은 새로운 질서를 만들어야 하고, 새로운 질 서는 새로운 신을 필요로 했다. 심방의 입장에서 보면 이 새로운 신은 복 을 주는 신이 아니다. 심방들은 자신들과 최소한 경쟁 관계에 놓여 있는 불교의 신을 통해 설명함으로써 불교를 견제하면서 동시에 심방의 치료 권능을 강화하고자 했다.

전염병만이 아니라 병은 제주 사람들의 삶에 있어서 큰 고통의 하나였다. 제주 사람들은 어떻게 생겼는지도 모르는 온갖 병에 시달렸고, 그로 인해 죽어가기도 했다.

생사의 질서를 설명하고 규정했던 무속의 입장에서 전염병이 왜 생겼는지, 어떻게 대응해야 할지 설명하는 신화, 그것이 지장 신화다. 그 결과 사람들을 힘들게 하는 전염병은 부정적인 것이어서 그 기원을 불교 지장 보살로 규정하여 불교를 공격하면서 동시에 무속을 통해 잘 달래면 병이 나을 수 있다는 메시지를 사람들에게 전하고 있다.

무속과 불교 사이의 치료 권능에 대한 투쟁의 하나로 보인다.

제주의 농사가

다른 지역과 달라

농사직설의 노래

좋은 수확을 얻기 힘들어,

세경 신화

이를 해결하고자 하는 뜻이 있어도

이루지 못하는 이가 많으니,

내 이를 위하여 농사법을 보내나니,

사람마다 쉽게 익혀

아름다운 수확을 얻기 바라노라.

그곳에 농사의 신(神),

자청비가 있다.

농사의 신

우리나라 말이 중국 말과 달라서 서로 통하지 아니하여,
백성이 말하고자 하는 바가 있어도 못하는 이가 많으니라.
내 이를 위하여 새로 스물여덟 자를 만드니,
사람마다 쉽게 익혀서 편리하게 사용하기를 바라노라
— 훈민정음 서문

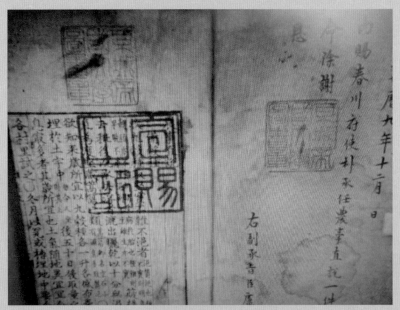

『농사직설(農事直設)』

사람들의 삶의 방식이 정착 생활로 바뀌었어. 필연적으로 농사를 지어야 했지. 농사는 생산성을 증대시키고자 하는 욕망으로 이어질 수밖에 없어. 화산지대 제주의 토지는 척박해. 토지가 척박할수록 더 풍요로운 수확을 얻을 수 있는 방법에 대한 욕망도 커져가지.

　생과 사의 자연스러운 과정에서 얻어지던 열매가 아니라, 기술이나 방법으로 더 풍요로운 수확을 얻을 수 있는 새로운 질서가 요구된 거야. 새로운 질서, 새로운 신에 대한 요구지. 이 신은 어떻게 태어났을까?

　아주 오랜 옛날 김진국과 조진국 부인이 살고 있었다. 김진국과 조진국은 열다섯 살에 부부가 되어 서른 살이 다 되도록 슬하에 아기가 없었다.

　때는 춘삼월 호시절,

　어미를 본 나비는 어미 품으로 하올하올.

　아비를 본 나비는 아비 품으로 하올하올.

　여기저기서 어미에게 새끼가 어리광과 재롱을 부리면서 놀고 있는 모습만 눈에 띄었다. 새싹이 파릇파릇 고운데 까마귀도 새끼에게 작은 벌레

거지 부부

● 정착 생활이 강화된 시대에
도 정착하지 않고 떠돌면서 살
아가는 사람들. 이들은 정착하지
않기 때문에 집과 땅을 갖고 있
지 않아 재산이 없다. 그런 의미
에서 이동 생활을 하는 사람들은
거지라고 할 수 있다.

를 물어다주니 아울아울 받아먹었다. 환한 꽃나무 아래에서는 거지 부부가 아기 재롱에 정겹게 웃고 있었다.

김진국과 조진국 부부는 한탄하며 말했다.

"저런 걸바치도 아기를 두고 저렇게 웃음을 웃는데 우리는 무슨 까닭에 아이가 없을까?"

"우리가 고대광실 높은 집에 문전옥답 치레하고 유기 재물 가득하고 아홉 종을 두고 살아도 슬하에 자식 하나 없으니 까마귀만큼도 못한 신세요, 거지만큼도 못한 신세구려."

"여보! 이렇게 울지만 말고 영험 있는 절에다 기도를 드려보는 게 어떻습니까?"

"그거 아주 좋은 생각이오."

부부는 수소문하여 동개남 은중절에 자식 하나를 점지해달라고 백일기도를 드렸다. 대백미 일천 석, 소백미 일천 석, 물명주 석 동, 송낙지 구만장, 온갖 제물을 차려서 가져가려고 저울에 달아보는데 아무래도 너무 많은 것만 같아 김진국은 슬쩍 한 뭉치를 덜어놓고 갔다. 부부가 함께 절에 가서 백일기도를 올리고 돌아오려니 주지스님이 불렀다.

"기도는 정성껏 잘 하셨는데, 공양물이 어째 반 근이 모자라는 듯합니다."

"아이쿠! 내가 너무 많은 것 같아 덜어버렸소."

"그 때문에 사내아이가 아니라 계집아이가 태어날 겁니다."

아닌 게 아니라 그로부터 열 달 후에 김진국 집에 계집아이가 태어났다. 앞이마는 일광이 비치는 듯 환하고, 뒷머리는 월광이 어린 듯 야물고, 새까만 눈동자는 초롱초롱, 천하일색 미모에다 총명낭자가 분명했다.

이름을 무어라 지을까 하다가 자청해서 낳았으니 '자청비'라 지었다. 아기는 날이 갈수록 무럭무럭 자라며 재롱이 늘어갔다. 김진국 집은 마당에도 방 안에도 웃음꽃이 가득했다.

더 풍요로운 수확을 얻을 수 있는 기술이나 방법으로서의 새로운 신, 자청비가 태어났어.

자청비는 어느새 열다섯 살 아리따운 처녀가 되었다. 무슨 일을 하게 되면 더할 나위 없이 야무지고 깔끔했다. 게다가 길쌈 솜씨는 최고여서 베틀에 앉아 비단을 짜게 되면 낮에 짜면 일광단이요, 밤에 짜면 월광단이라, 세상에 다시없는 고운 무늬를 놓으면서 아름다운 옷감을 짜냈다.

하루는 하녀와 주천강 연화못으로 빨래를 하러 갔다. 마침 하늘나라 문곡성의 아들 문도령이 아랫마을 거무선생에게 공부하러 가다가 연화못을 지나게 되었다.

"이보시오, 물이나 한 모금 얻어먹읍시다."

문도령은 첫눈에 자청비에게 반하여 말을 걸어왔다. 자청비도 문도령의 서글서글한 모습을 본 순간 가슴이 왈랑왈랑 뛰었다. 그런 내색은 감추고 물바가지를 몇 번이나 행군 후 물을 떠서 버들잎 한 줌을 띄워서 건네주었다.

"아니, 이 아기씨 좀 보게. 얼굴은 예쁜데 마음씨가 왜 이럴까? 물에다 웬 버들잎이요?"

"도련님은 하나는 알고 둘은 모르시네. 먼 길 가시는 것 같은데 애가 타서 갈증이 심할 때 물을 단숨에 먹다가 체하면 약도 없답니다."

그 말을 들은 문도령은 그제야 버들잎을 불어가면서 천천히 물을 마셨다.

"도련님은 어디로 가시는 길입니까?"

"나는 하늘나라 문곡성의 아들이오. 인간세상의 거무선생께 글공부, 활 공부하러 가는 길이오."

"어머나! 우리 오라비도 친구가 없어 못 가고 있는 형편이랍니다. 제가 지금 뛰어가서 우리 오라비를 보낼 테니, 도련님과 친구가 되어 함께 가면 어떻습니까?"

"그렇게 하면 나도 벗이 생겨서 좋지요."

자청비는 부리나케 하던 빨래를 걷어 담고 집으로 달려가 다짜고짜 아버지 어머니께 물었다.

"아버지, 어머니. 계집 자식은 공부를 하면 안 되나요?"

"계집년이 글공부는 무슨⋯⋯."

"아버지 슬하에 저 하나밖에 없는데 내일이라도 돌아가시면 지방은 누가 씁니까?"

"허긴 그렇긴 하다."

"아버지, 어머니 제가 배워서 쓰겠습니다."

자청비는 입었던 여자 옷을 벗고 남자 옷으로 서둘러 갈아입었다. 벼루, 종이, 먹, 붓, 문방사우를 갖추고 서책을 보따리에 싸 안고 연화못으로 달려갔다.

열다섯 살이 된 자청비, 짝짓기를 해야 할 나이지. 농업이 중시되는 정착 시대의 짝짓기, 이동 생활을 하는 시대와는 다르지. 이동 생활 시대에는 집을 떠나 수렵과 채집으로 살아가던 남자와 여자가 우연히 만나 짝짓기를 하고 일시 머물다 떠나. 하지만 농업 시대 짝짓기는 풍요로운 수확을 위한 거지. 남자와 여자를 포함한 밭과 씨의 문제라는 거야. 어떤 밭에 어떤 씨를 뿌리느냐는 생산의 결과, 풍요로운 수확에 큰 영향을 미쳐. 씨를 만나고, 살펴보고, 고르고, 뿌리는 과정을 거쳐야 풍요로운 수확을 기대할 수 있어. 자청비와 문도령, 밭과 씨의 만남이지.

문도령이 우두커니 앉아서 기다리고 있었다.

"조금 전, 우리 누님이 빨래하러 왔다가 만난 선비 되시오? 날더러 서로 친구 해서 가라고 해서 왔소."

"그렇소. 그런데 아까 본 그 아기씨하고 얼굴이 꼭 닮았네그려."

"우린 쌍둥이 남매라 닮은 거야 당연하지요."

두 사람은 거무선생께 가서 서당 입학을 하고 삼 년을 기약하고 배우게 되었다. 문도령과 자청비는 한방에서 기거하게 되었다. 자청비는 꾀를 내어 물허벅을 가져다가 부리에 젓가락을 걸치고 두 사람의 이부자리 사이에 가져다 놓으며 말하였다.

"문도령, 우리가 공부하러 온 바엔 한 글자라도 명심해서 배워야 하지 않겠소? 꿈에도, 잠에도 명심해서 공부하자고. 여기 이걸 건드려서 떨어뜨리면 공부가 낙제가 된다는 각오로 말이지."

고지식한 문도령은 그 말을 곧이듣고는 그날부터 잠결에 혹시나 젓가락을 떨어뜨리게 될까 전전긍긍하며 깊은 잠을 못 잤다. 한쪽 옆으로 누워서 오금이 칭칭 저려도 꼼짝도 못하고 돌아눕지도 못하였다. 그러나 자청비는 이쪽으로 돌아누워 새근새근, 저쪽으로 돌아누워 새근새근, 왼쪽다리도 처

문도령을 따라 떠나는 자청비

● 제주의 부모 자식은 외부의 시각에서 보면 서로 책임지지 않는 결속이 약한 관계이지만, 부모 입장에서 보면 자식은 떠나보내야 할 대상이고, 자식의 입장에서 보면 스스로 독립해서 살아가야 할 존재이다. 부모와 자식의 관계가 약했던 원시 모계 사회에서는 생존을 위해 사냥을 하거나 채집하는 과정에서 아이들은 자연스레 어머니나 아버지로부터 버려졌다. 이는 신이 만든 당연한 질서라 여겼다. 아이들은 여러 가지 이유로 어머니나 아버지 곁을 떠나갔다. 떠난 아이가 죽으면 저승으로 갔다가 다시 새롭게 태어난다고 믿었기 때문에 아이가 떠나는 것에 대한 두려움은 크지 않았다. 아버지의 수염을 만졌다는 이유로, 또는 아버지를 찾으러 떠나간다는 이유로, 또는 효심이 없다는 이유로 내쫓김을 당하거나 무쇠석함 속에 담겨서 버려지는 형태로 나타났다. 삶의 방식이 정착으로 변하자 버리는 형식이 아닌 떠나는 형식으로 바뀌어갔고, 그 의미도 짝짓기를 위한 과정으로 바뀌어갔다. 자청비는 밭의 상징이다. 밭에 뿌릴 좋은 씨인지 확인하기 위해 문도령을 따라 부모를 떠나간다. 이 과정에도 선택의 중요한 질서가 반영된다. 씨가 밭을 선택할 것인가, 밭이 씨를 선택할 것인가? 정착 생활에 맞는 선택은 밭이 씨를 선택하는 것이다. 자청비가 문도령을 따라나선 것은 선택을 하기 위한 관찰의 시작이다.

억, 바른쪽 다리도 처억 걸치면서 마음놓고 잠을 잤다. 잠이 부족한 문도령은 자꾸만 성적이 떨어지고 자청비는 읽는 것도 일등, 쓰는 것도 일등을 차지했다.

두세 달이 지나가니 문도령이 자청비를 의심하게 되었다. 자청도령이 글하는 걸 보면 여자 글이요. 앉은 맵시도 여자 맵시, 걷는 모습도 여자요, 말하는 음성도 여자라, 거참 이상하다. 며칠 지나자 문도령이 능청스런 표정으로 슬슬 다가왔다.

"이보게, 자청도령, 우리 오줌 갈기는 내기나 한번 할까?"

"좋아. 그런데 문도령이 지고 내가 이기면 어떻게 할 건데? 내기 값부터 정해놓고 하자구."

"자청도령이 탐내는 나의 단계연을 주지."

이렇게 해서 둘은 누구 오줌이 멀리가나 내기를 하게 되었다. 먼저 문도령이 오줌을 갈기니 여덟 발이나 내쏘았다. 자청비는 대나무 붓통을 하문에 꼭 끼우고 끄응 힘을 주어 오줌을 갈기니 열두 발이나 내쏘아 나갔다. 달리기와 씨름까지 해보았으나 자청비가 지혜를 내어 항상 이기고 말았다.

자청비와 문도령의 시합

● 자청비와 문도령의 오줌 갈기기 시합은 자청비의 승리로 끝난다. 밭과 씨의 관계에서 힘의 우위가 밭에 있음을 나타내는 상징이며, 남자와 여자의 관계에서 선택권이 여자인 밭에 있음을 말하는 것. 여자 주인의 밭에 남자가 가지고 있는 씨를 뿌려서 자라난 곡식의 주인은? 여자일까, 남자일까?

밭과 씨를 상징하는 자청비와 문도령이 만났지. 그렇지만 바로 결합할 수는 없어. 좋은 씨인지 아닌지 공부가 필요해. 공부는 좋은 씨의 성질을 가지고 있는지, 같은 방에서 생활하며 살펴보는 거야.

한 방에서 씨와 밭으로 만났는데도 자청비와 문도령, 짝짓기를 하지 않아. 풍요로운 수확을 위해서는 씨가 있다고 아무 때나 밭에 뿌려져서는 안 되기 때문이지. 좋은 씨는 뿌려져야 할 시기까지 인내하고 기다릴 수 있는 고지식함이 있어야 해. 적기가 될 때까지 참고 견딜 수 있는 고지식한 씨인지 확인하는 것, '물허벅 부리에 젓가락 떨어뜨리지 않기의 시험'이야.

공부를 한 지 거의 삼 년이 되었는데 하루는 까마귀가 하늘나라 부친의 편지를 문도령에게 전해주고 갔다.

'이제 공부는 그만하면 되었으니 어서 돌아와서 서수왕의 막내딸과 혼인하도록 하라.'

편지를 받은 문도령이 하직 인사를 하고 나서는데 자청비도 따라 나서며 둘러대었다.

"나도 어제 편지를 받았는데 우리 어머니가 위독하다 해서 돌아가네. 오는 길도 동행이었는데 가는 길도 동행하게 됐군."

어느덧 둘은 처음 만났던 연화못에 이르렀다.

"문도령, 우리가 삼 년을 같이 공부했는데 그동안 눌어붙은 때도 씻을 겸 목욕이나 시원하게 하고 헤어지자."

"그거 좋지. 그런데 여기서 안 씻고 어디로 가나."

"에이, 공부도 그렇고 달리기나 씨름, 오줌 갈기는 것도 자넨 나한테 항상 졌잖아. 난 저 윗물에 가서 하겠네."

자청비는 윗물에 올라가 목욕하는 척하다가 버들잎을 따서 글을 적어 아래로 동글동글 띄워놓고는 "문도령, 나 먼저 가네." 말하고 하올하올 가버리는 게 아닌가. 문도령이 혼자서 목욕을 하다 보니 나뭇잎이 떠내려왔다. 주워보니 글이 쓰여 있다.

'문도령아, 삼 년을 한방에서 같이 자고, 같이 먹고, 같이 살아도 남녀도 구별할 줄 모르는 요 맹꽁아!'

그제야 문도령은 아차 하였다. 황망하게 옷을 주워 입으려니 바지 가랑이에 두 다리를 한꺼번에 집어넣는 바람에 비척이다가 넘어지질 않나, 옷고름이 떨어지질 않나, 수선을 부리며 겨우 의복을 수습하고 자청비를 뒤쫓아갔다.

김진국 집 앞에 이르러보니 자청비가 올레로 들어서고 있었다. 문도령이 막아서며 손목을 붙잡자 자청비가 살며시 웃으며 말하였다.

"그대가 알고 내가 알고, 하늘이 알고 땅이 알았으니, 여기 앉아서 잠시만 기다려주세요. 집에 가서 여자 옷을 가지고 오리다."

문도령을 집 근처에서 기다리게 해놓고 자청비는 집으로 들어가 부모님께 공부 다녀온 인사를 올렸다.

"그런데 어머니, 나와 같이 공부한 하늘나라의 친구가 저기 와 있는데 오늘 밤 자고 가도 되겠습니까?"

"남자냐, 여자냐?"

"어떻게 남자랑 같이 글공부를 할 수가 있습니까? 여자입니다."

"그럼, 네 방에서 재워 보내거라."

부모의 허락이 나자 자청비는 예전에 자기가 입던 여자 옷을 가지고 나가 문도령에게 입혀 데려왔다.

자청비는 오랫동안 했던 남장을 벗어버리고 다홍치마에 노랑 저고리로 갈아입었다. 동백기름 발라 머리 한가운데 곧게 가르마를 타고 삼단 같은 머리에 댕기를 드려 땋아내리니 눈부시게 아름다운 아기씨가 되었다. 연화못에서 처음 봤을 때 첫눈에 반한 바로 그 얼굴, 그 모습이었다.

두 사람은 삼 년을 한솥밥을 먹으며 한방에서 자며 함께 공부하는 동안 미운 정, 고운 정이 올올이 들고 사랑은 이미 깊을 대로 깊어 있었다. 주안상을 마주하고 앉아 술 석 잔을 나누어 먹고 그날 밤 천상배필 원앙이 되었다. 아침이 되어 동이 트자 문도령이 서둘러 길을 떠나려 하였다.

"자청비야, 나는 하늘나라로 가야 한다."

"하룻밤에 만리장성을 쌓았는데 본메나 주고 가십서."

문도령은 박씨 한 알과 얼레빗을 반쪽으로 나누어 주었다.

"이 박씨를 심어 줄이 벋고 박을 딸 때가 되면 돌아오리다."

자청비와 문도령의 공부가 끝났어. 좋은 씨인지 살펴보고, 고르는 과정이 끝났다는 것이지. 고르는 과정이 끝나면 상대에게 선택되었음을 알려야 해. 그것은 자신의 존재를 알리는 것이야. 그래서 문도령에게 자기가 여자라는 사실을 알려준 거지.

선택받은 씨는 밭에 뿌릴 수 있지. 문도령이 해야 할 일, 씨 뿌리는 일이야. 자청비와 문도령이 천상배필 짝짓기가 이루어져.

문도령이 떠나고 자청비는 박씨를 심었다. 싹이 나고 박 넝쿨이 지붕 위로 줄을 벋어가며 열매를 맺어 익어가도 편지 한 장이 없자 자청비는 속이 탔다. 하루는 심심해서 이웃집에 놀러 갔다 돌아와선 공연한 트집을 잡고 심술을 부렸다.

"어머니, 옆집에 가보니 마른 장작, 젖은 장작 겹겹이 쌓아 있는데 우리집 종 정수남이는 밥이나 처먹고 반찬이나 축내고 도대체 뭘 하는 겁니까?"

정수남이는 눈치 하나로 살아가는 놈이라 자청비가 짜증 부리는 이유를 알고 속으로 생각했다.

'문도령한테서 소식 한 자 없으니 나한테 화풀이하는군.'

정수남이는 어렸을 적부터 남몰래 속으로 자청비를 사모해오고 있었다. 혼자만 가슴을 태우며 멀리서 자청비를 바라보는 낙으로 살았다. 그런데 공부하러 다녀오면서 계집애 차림을 한 곱상한 문도령을 데리고 와서 하룻밤을 같이 지내는 게 아닌가.

● 신화 시대가 흐르면서 제주 사회는 정착하여 농사를 짓는 사람과, 채집과 사냥으로 이동하는 사람으로 나누어졌다. 이동하는 사람들은 생존이 어려워지자 정착하여 농사를 짓는 사람들을 도와 임시 기거하며 살았다. 이렇게 주인의 일을 도와주는 사람을 제주 사람들은 종이라 불렀지만 신분제로서의 종은 아니다. 이들은 사냥의 적기가 되면 이동 생활로 회귀하려는 속성을 지니고 있다. 이는 정수남이 소 아홉 마리, 말 아홉 마리를 잡아먹는 것으로 드러난다.

'하늘나라 무남독녀라고? 하이고, 세상 사람 눈을 모두 속여도 이 정수남이의 눈은 못 속인다. 문도령이란 놈은 소식 한 장 없고, 아기씨는 기다리다 지쳐 이제 애꿎은 나에게 심술을 부리는 모양인데……. 어디 두고 보라지.'

정수남이는 능글능글 웃으며 말했다.

"아기씨, 아기씨. 쇠 아홉 마리, 말 아홉 마리 준비해주세요. 소인이 산에 가서 십 년 쓸 땔감을 단 한 번에 해가지고 오겠습니다."

그렇게 요란하게 나무하러 간다고 떠난 정수남이는 산에 올라가 바람 시원한 나무 그늘에서 잠만 자면서 며칠 동안 소와 말을 조근조근 모조리 잡아먹었다. 정수남이는 쇠가죽 아홉, 말가죽 아홉을 묶어 등에 지고 산을 내리기 시작했다.

좋은 씨를 밭에 뿌렸다고 풍성한 수확이 반드시 이루어지는 것은 아니야. 좋은 밭이 되기 위한 준비가 필요해. 돌밭에서는 돌을 치워주어야 하고, 생밭은 갈아주어야 하고, 잡초밭은 잡초를 뽑아줘야 하듯, 좋은 씨를 받기 위한 준비가 있어야 하는 거지.

좋은 밭이 되기 위해서는 이미 갈아먹었던 헌 밭이 되어야 해. 헌 밭이 되는 방법, 자청비가 '헌 여자'가 되는 일이지. 헌 여자, 다른 남자의 아내가 되었던 경험을 가진, 이미 사용되었던 여자야.

자청비를 헌 여자로 만들 남자가 정수남이야. 수렵과 채집을 상징하는 정수남이가 등장한 거야. 수렵과 채집에도 사냥감이 머물거나, 열매를 채집할 땅이 필요하듯, 정수남이에게도 자청비가 필요하지.

내려오다 보니 개울에 물오리 한 쌍이 헤엄치고 있었다.

"저거라도 잡아가서 상전님께 드려야겠다."

등짐을 부려놓고 도끼를 꺼내 물오리를 겨냥해 펄쩍 던졌다. 그러나 도끼는 물속으로 텀벙 가라앉아버리고 물오리 한 쌍은 퍼드득 날아가버리는 게 아닌가. 도끼를 찾으러 발가벗고 물속에 뛰어 들어 한참을 더듬어봐도 찾을 수가 없었다. 단념하고 올라와 옷을 입으려고 보니, 옷은커녕 쇠가죽 말가죽도 모두 없어진 게 아닌가. 마침 푸나무 장작을 하고 가던 나무꾼들이 지나가다가 이게 웬 횡재냐? 하고 모두 가지고 가버렸던 것이다.

발가벗은 정수남이는 주위에서 잎사귀 넓은 굴거리나무 가지를 꺾어 겨우겨우 앞의 부끄러운 데를 가리면서 산을 내려왔다. 어두워지기를 기다려 대문 앞까지 왔으나 차마 그 몸으로 들어서기가 딴에도 부끄러웠다. 뒷문으로 들어가 장독대로 가서 짚 주저리를 쓰고 앉아 밤을 새웠다.

아침이 되자 하녀가 장독대에 장을 뜨러 왔다가 난데없는 짚 주저리를 보고 놀라 비명을 질렀다. 자청비가 달려와 보니 주저리가 움찍움찍 들썩거리고 있었다.

"귀신이거든 올라가고 생인이거든 이리 나오라!"

그 소리를 듣고 정수남이가 우두둑 일어서니 발가벗은 털북숭이 몸이 그냥 드러났다.

"아니, 너는 나무하러 간 정수남이 아니냐?"

"에그, 너 그 꼴이 뭐냐?"

정수남이는 눈 하나 깜짝하지 않고 거짓말을 둘러댔다.

"아기씨, 할로영산 들어가 나무를 하는데 코시롱한 풍악 소리가 들려옵디다. 하늘나라 문도령이 절세미녀 삼천 궁녀들하고 이리 놀고 저리 놀고, 하이고 고렇게나 재미있게 노는 건 처음 보았네요. 그거 구경하다 보니 말 아홉 마리, 쇠 아홉 마리는 다 도망가버리고 도낏자루는 썩어버렸습니다."

"그러냐? 거기가 어디더냐? 내가 가면 볼 수 있을까?"

자청비는 문도령이 절세미녀들과 놀고 있더라는 말을 듣는 순간 이미 제정신이 아니었다.

"아, 보다마다요. 제가 그 길을 잘 알아두었습니다."

수렵과 사냥을 기반으로 하는 정수남, 도끼를 이용해 사냥에 나섰지만 소득이 없을 때가 많았어. 그래서 종이 된 거야.

이동 생활을 위해서는 여자가 남자를 선택하는 것이 아니라 남자가 여자를 선택해. 어느 곳으로 사냥을 갈지는 땅이 정하는 것이 아니라 사냥꾼이 정한다는 뜻이야. 그래서 정수남이가 자청비를 선택하는 거야. 정수남은 문도령이 사냥으로 호화롭게 살고 있다는 거짓말로 자청비를 유혹해. 사냥과 채집이 더 풍요로운 수확을 얻을 수 있다는 유혹인 거야.

이렇게 해서 자청비는 정수남이와 둘이서 한라산으로 가게 되었다.

"거기 가려면 하도 먼 곳이라 아기씬 걸어서 못 갑니다. 말 타고 가야 합니다."

"그래? 말 준비하마."

"점심도 넉넉하게 가져가야 됩니다. 아기씨 먹을 점심은 고운 가루로 만들되 가루가 닷 되면 소금도 다섯 줌을 놓아 만드시고 저 같은 놈 먹을 건 그저 소금은 놓는 척만 해서 만들어주세요."

"네가 하라는 대로 할 테니 길 안내나 잘해라."

음흉한 정수남이는 꾀를 부려 자청비가 타고 갈 말안장 밑에 울퉁불퉁 뿔이 돋은 소라껍데기를 넣었다. 등이 찔린 말은 와들랑와들랑 날뛰었다.

"아기씨, 아무래도 이번 길이 무사하게 해달라고 말 머리에 고사를 지내야 하겠습니다."

"그러자꾸나."

씨암탉 한 마리, 물명주 수건, 술 한 병을 차려 절을 한 정수남이는 술잔에 이것저것 조금씩 뜯어놓은 후 말 귀에 소르르 부어가니 말은 귀를 부르르 털었다.

"이 보십시오, 배부르게 먹었으니 그만 먹겠다고 머리를 털고 있습니다. 남은 음식의 임자는 마부입니다."

정수남이는 혼자서 닭과 술을 다 먹고 물명주 수건으로 머리를 묶었다.

"자, 이제 떠나야 하겠습니다. 그런데 아기씨, 말이 또 날뛰어서 다치기라도 하면 큰일입니다. 제가 좀 타서 버릇을 가르친 후에 타시는 게 좋겠지요?"

정수남이는 자청비 몰래 소라 껍데기를 안장에서 빼내 던져버리고 말에 올라타고선 산으로 향하며 자청비에게 말했다.

"아기씨는 점심 도시락 짊어지고 저의 뒤만 따라 오십서."

정수남이는 가시덤불만 골라가면서 자청비를 이리저리 끌고 다니며 온 산을 두루 헤매었다.

"아직도 그곳은 멀었느냐?"

"반쯤은 왔습니다."

"나는 지치구나. 좀 쉬고 점심이나 먹고 가자."

자청비가 자기 도시락으로 가져온 범벅을 한 입 먹어보니 이건 범벅이 아니라 소금덩어리였다.

"정수남아, 내 범벅은 짠짠해서 도저히 못 먹겠다. 옛다. 이건 네가 가져다 먹고, 네 거 이리 좀 줘봐라."

"그런 말 하지 마세요. 주인님 먹다 남은 건 종이 먹고, 종이 먹다 남은

가루 닷 되, 소금 다섯 줌으로 만드는 음식
● 수렵과 채집으로 이동하는 사람들의 음식, 짜야 한다. 소금기를 보충하기 위해서다.

건 개가 먹고, 개가 먹다 남은 건 쥐가 먹는 법입니다."

자청비가 내주는 범벅을 가져다 반찬 삼아 먹으면서 정수남이는 야금야금 약 올리는 소리를 하였다. 그나저나 자청비는 목이 말랐다. 이리저리 한나절 낯선 숲 속을 헤매 다닌 데다 한 입 먹은 짜디짠 범벅까지 목을 타게 했다.

"어디 물 있는 데 좀 가르쳐다오."

"여기 이 물은 개구리 오줌 갈긴 물이라 먹지 못합니다. 저기 저 물은 지렁이 기어간 물이라 먹으면 아니 됩니다."

정수남이는 개울물이 나올 때마다 이래서 안 되고 저래서 안 된다 하며 자청비를 점점 깊은 숲 속으로 데려갔다. 이윽고 조금 넓은 개울에 다다랐다. 정수남이 먼저 옷을 활활 벗어던지더니 물가에 엎디어 넙죽한 입으로 소처럼 물을 벌컥벌컥 마셔댔다. 그리고 나서 자청비에게 눈을 부라리며 말하는 것이었다.

"아기씨, 이 물은 예사 물이 아닙니다. 총각 죽은 물이라 귀신 옮지 않으려면 나처럼 옷을 다 벗은 깨끗한 몸으로 손발은 적시지 말고 거꾸로 엎뎌져서 먹어야 합니다."

목이 탈 대로 탄 자청비는 할 수 없이 옷을 홀딱 벗고 엎디어서 물을 먹었다. 두 손은 등 뒤로 돌려 등짐을 지고, 엉덩이는 하늘을 향한 그 꼴을 보며 정수남이는 마음껏 낄낄거렸다. 정수남이는 자청비의 옷을 높은 나뭇가지에 휙, 휙 던져 여기저기 걸리게 해버리고 말았다. 물을 다 먹은 자청비가 옷을 입으려고 보니 옷이 온데간데없었다.

"아이고, 내 옷! 정수남아, 내 옷 못 봤느냐?"

"아기씨, 그 물 위에 그림자 좀 보십시오. 문도령이 하늘나라 궁녀들과 물놀이, 공놀이 하는 게 아리롱다리롱 비쳤습니다."

나뭇가지에 걸린 자청비의 옷들이 바람에 나풀거리며 물 위에 오색 영롱한 그림자를 만들고 있었다. 순간 자청비는 제정신이 돌아왔다.

"아이쿠, 내가 저놈에게 속았구나."

유혹에 이끌려 정수남을 따라 한라산으로 가는 자청비, 수렵과 땅의 관계를 드러내지. 수렵과 채집을 하는 남자에 의해 선택된 여자, 정착 생활과 달리 남자와 여자의 관계가 역전돼. 정수남은 주인처럼 말을 타고 다니고 자청비는 짐을 짊어지고 말 뒤를 따라가게 되지. 사냥감인 동물이 땅보다 더 중요하다는 것을 말하는 거야.

'이 일을 어쩐다? 저놈을 달래는 길밖에 없구나.'

"정수남아, 저 옷을 내려서 가져다다오."

"아기씨, 옷 내려다주면 나한테 무얼 주겠소?"

"옷을 입고 나서 네 소원이 무엇인지 들어보자꾸나."

정수남이가 나뭇가지에서 내려주는 옷을 자청비는 모두 받아 입었다. 깊은 산속에 날은 이미 어두워져가고 있었다. 정수남이는 점점 더 노골적으로 징글맞게 치근거렸다.

"아기씨, 이놈의 소원 한번 들어 주세요. 여긴 깊은 산속이라 아무도 보는 사람이 없으니 이리 오세요. 그 야들야들한 손목이나 한번 잡아보게."

"내 손목을 잡느니 내 방에 가보면 금봉채가 있다. 그게 훨씬 야들야들 예쁘단다."

"아기씨, 이리 오세요. 그 뽀오얀 젖이나 쪼끔만 만져보게."

"내 젖을 만지느니 내 방에 은당병이 있으니 그걸 만져보아라. 그게 훨씬 뽀오얗고 곱단다."

"아기씨, 이리 오세요. 우리 달코름하게 입이나 한번 맞추어보게."

"나랑 입맞추는 것보다 내 방에 가보면 꿀단지가 있다. 거기 혀를 넣어

보면 나랑 입맞추는 것보다 더 달단다."

"아기씨, 이리 오세요. 나랑 함께 누워보게."

정수남이와 실랑이를 하면서 자청비가 가만히 보아하니 잘못하다간 오늘 밤 이놈에게 몸은 몸대로 욕을 보고 목숨도 죽게 생겼다.

"그래, 너와 내가 오늘 밤 목을 꼭 껴안고 긴긴 밤을 짧디짧게 보내보자꾸나. 상전과 종놈이 한데 자는 걸 보면 하늘이 천벌을 내린다 했으니 움막이나 짓고 거기서 자자."

그 말을 들은 정수남이는 입이 함박만큼 벌어져서 사뭇 날뛰면서 움막을 지어간다.

동쪽나무는 서쪽으로 휘어잡고
서쪽나무는 동쪽으로 휘어잡고
남쪽나무는 북쪽으로 휘어잡고
북쪽나무는 남쪽으로 휘어 잡아

얼기설기 지어놓은 움막을 보고 자청비는 트집을 잡았다.

"정수남아, 이 움막에 구멍이 너무 많구나. 상전과 종이 목을 꼬옥 껴안고 잠자는 걸 하늘에 보이면 천벌을 받는다더라. 어서 바깥에 나가서 구멍을 막아라."

정수남이는 바깥에서 부지런히 구멍을 막아가기 시작했다. 하나를 막으면 안에서 자청비는 두 개를 빼버렸다. 이것도 막아라. 저것도 막아라 하다 보니, 천황닭이 모가지를 빼면서 울고, 지황닭이 굽국굽 소리를 꺾으며 울고, 인황닭이 두 날개를 치면서 울어가니 먼동이 트고 날이 밝았다. 일이 어긋나가는 걸 눈치챈 정수남이의 얼굴이 붉으락푸르락, 숨소리가 거칠어가면서 살기가 등등하여갔다. 험악한 눈길을 흘겨가는 것이 언제 달려들어 포악을 부릴지 모를 상황에 이르렀다. 자청비가 속으로 생각하길

'이놈에게 내가 죽게 되었구나. 이놈을 달래야 하겠다.'

"정수남아, 밤새도록 너무 고생했다. 이리로 와서 내 무릎에 누워봐라. 내가 머리에 이를 잡아주마."

정수남의 유혹에 넘어가 한라산으로 따라온 자청비, 짝짓기의 시간이 됐어. 정수남은 자청비의 손목을 잡고, 보오얀 젖을 만지고, 입술을 맞추고, 잠자리를 해. 수렵과 땅의 결합이지.

자청비가 정수남의 여자가 된 거야.

자청비와 정수남의 짝짓기, 왜 하지 않았다고 할까?

● 무속의 입장이 반영된 표현이다. 세경본풀이에서 심방이 모시는 핵심 신격은 자청비와 문도령이다. 자청비와 문도령의 결합이 옳은 것이고 좋은 것이라 보는 무속의 입장에서 정수남과의 짝짓기는 자청비를 부도덕한 여신으로 만들게 되어 비난을 받을 수 있다. 이를 해결하기 위해 '자청비는 절대 안했어'라고 표현함으로써 신격의 긍정성을 강화하고자 하는 의도라 보인다. 하지만 짝짓기를 해야 자청비는 묵은 여자가 되고 문도령과의 결합에서 풍요로운 수확을 얻을 수 있다.

그러자 단순한 정수남이는 기분이 한순간에 풀려서 자청비의 옥같이 하얀 무릎에 짚방석 같은 머리를 털썩 눕혔다. 자청비가 가늘고 흰 손가락으로 머리카락을 이리저리 헤집으며 이를 잡아가니 밤새도록 잠을 못 잔 정수남이의 벌건 눈이 소르르 감기고 금방 코를 드르렁드르렁 골았다.

"이놈, 괘씸한 놈. 아무렴 네 놈이 내 무릎에서 잠을 자?"

자청비는 정수남이가 잠을 자고 일어나 그 우악스런 힘으로 달려들까 겁이 났다. 가까이에 있는 청미래덩굴을 꺾어 그 가지를 정수남이 오른쪽 귀로 찔러 왼쪽 귀로 빼내니 버들렁거리다가 얼음산에 눈 녹듯 죽고 말았다.

자청비는 말을 불렀다.

"너와 내가 살려면 왔던 길 되짚어 어서 내려가자!"

말에 채찍질을 하며 정신없이 산을 달려 내려오는데 언덕 위에서 멋있게 하얀 수염을 늘어뜨린 할아버지 셋이 앉아 바둑을 두고 있었다.

● 수렵과 사냥의 상징 정수남의
죽음, 사냥 생활이 끝났다는 의
미와 동시에 수렵과 사냥의 대상
이었던 소와 말이 가축으로 전환
되었음을 의미한다. 코뚜레는 소
와 말을 가축으로 관리하기 위해
코를 뚫어 나무나 줄을 끼우는
것. 요즘은 코뚜레를 한 소나 말
을 찾아보기가 힘들다.

"저기 가는 저 비바리, 바람 아래로 지나가라. 피 냄
새가 진동하는구나."

자청비는 말에서 내렸다.

"할아버지 무슨 까닭에 지나가는 처녀를 조롱하십니
까? 피 냄새라니, 그건 또 무슨 말씀입니까?"

"허어, 우리가 네 죄를 모를 것 같으냐? 너의 말고삐
를 잡고 있는 총각이 청미래덩굴에 귀가 꿰인 채 피를
흘리며 서 있는 게 안 보이느냐?"

'아, 이 할아버지들은 보통 할아버지들이 아니로구
나. 신선이 분명하다.'

신선들로 인해서 자청비는 정수남이의 혼령이 자기를 줄곧 따라오고
있다는 것도 알았다.

▶ **코뚜레** 정수남이를 죽이는 장면은 소나 말을 길들이기 위한 코뚜레 끼우기의 상
징이다. 송아지가 태어난 지 10~12개월이 되면 나무로 만든 고리를 끼워 부리기 좋
게 만든다. 코뚜레를 끼우기 위해서는 소의 코청(두 콧구멍 사이를 막고 있는 얇은
막)을 나무 송곳으로 뚫는데 움푹하게 들어간 자리에 정확하게 구멍을 내야 하기 때
문에 경험이 많고 숙련된 사람만이 할 수 있다. 그런데 수렵과 목축의 신인 정수남
이를 완전히 죽여서는 안 된다. 제주 사람들에게 말과 소는 단순한 가축이 아니라
막중한 노동력을 제공하는 식구였으며, 부를 일궈주는 동반자였기 때문이다.

"예, 제가 잘못하였습니다. 바람 아래로 해서 가겠습니다."

자청비는 바람 아래쪽으로 길을 잡아 집으로 향하였다. 아무것도 모르는 부모님께 정수남이 죽인 변명을 어느 정도 해야 될지 막막했다.

"어머니, 아버지. 종이 아깝습니까? 자식이 아깝습니까?"

"아무리 종이 아까운들 자식만큼이야 하겠느냐?"

"그렇지요! 아버지, 어머니. 정수남이가 저에게 하는 행실머리가 괘씸하고 괘씸하여 죽여버리고 왔습니다."

문도령에 관련된 사연은 싹 빼고 대충 이야기하니 어머니는 노발대발 길길이 날뛰며 소리쳤다.

"사람을 죽였다는 말이 뭔 말이냐? 집안 망할 일이로구나. 하루 콩 석섬 가는 그런 힘 좋은 머슴을 어디 가서 구한단 말이냐? 하루 좁쌀 석섬 가는 그런 머슴을 너 가서 찾아오라. 우리 집안 먹여 살리는 종을 죽이다니……. 너는 시집가면 그만이지만 종놈은 두고두고 죽을 때까지 우리 집 일을 할 건데 네가 죽이고 말았구나. 네가 잘나고 잘났구나. 당장 정수남이 살려내라."

부모님은 앙칼진 독설을 퍼부으며 머슴이 하던 일을 자청비에게 시켰다.

"저 밭에 좁쌀 씨 닷 말 닷 되를 뿌려놨으니, 하나를 더 하지도 말고 덜하지도 말고 남김없이 주워와보라."

자청비는 며칠을 걸려 그 잔 좁쌀 씨들을 주웠다. 작은 좁쌀 씨를 찾노라, 하도 눈을 부릅떠서 자청비의 눈은 충혈이 되고 진물이 났다. 그런데 딱 한 알만은 도저히 찾을 수가 없었다. 여기 기웃 저기 기웃하며 찾아도 보이지 않았다. 단념하고 밭 담을 넘는데 개미 한 마리가 그 좁쌀 한 알을 물고 바지런히 기어가고 있었다.

"아무리 말 모른 벌레라지만 야속하구나."

자청비는 좁쌀 씨를 빼앗으며 개미 허리를 발로 지끈 밟아주었다.

정수남과의 결합은 풍요로운 수확을 더 어렵게 하는 일이었어. 수렵은 땅에서 더 많은 사냥감을 키워낼 수 있는 일이 아니었기 때문이지. 일시적으로 사냥감들을 잡을 수는 있으나 이를 풍성하게 만들 수 있는 씨를 정수남은 가지고 있지 않았어. 정수남은 좋은 씨가 아닌 거지. 좋은 씨가 아닌 것은 죽여 없애야 해. 자청비가 정수남을 죽이는 행위는 수렵으로는 생산의 문제를 해결할 수 없음을 말하는 거야.

개미 허리 밟기-'밭 밟기'의 상징

● 제주의 토질은 화산회토(火山灰土)로 잘 날리기도 하지만 비가 오면 이내 부풀었다가 쉬 굳어져버린다. 그래서 좁씨를 뿌리고 잘 밟아주어야만 씨가 뿌리를 내릴 수 있다. 처음에는 사람들이 발로 밟았을 것이다. 그러다가 마소 떼가 밭을 밟도록 하였을 것이기에 정수남이는 여러모로 쓸모 있는 존재였을 것이다. 제주에는 '바령밭'이 있었다. 보리를 벤 다음 농사를 한 철 쉬고 거름 대신으로 밤마다 마소 떼를 가두어 놀리는 밭이다. 마소 떼가 없는 집에서는 남테나 돌테를 끌게 하여 말 떼가 밟는 효과를 내게 하였다. 사진은 남테(남태)를 끄는 망아지이다. 지금 제주에서는 마소 떼를 몰면서 밭 밟는 광경은 사라졌지만 정수남이가 신나게 불렀을 〈밭 밟는 소리〉가 민요로 전해지고 있다.

주운 좁쌀 씨 닷 말 닷 되를 부모님께 가져다 바치면서 자청비는 집 떠날 결심을 하였다. 부모님의 구박을 받아가며 머슴 하던 일을 하며 살 수는 없었다. 방으로 들어가 여자 옷들은 전부 벗어버리고 남자의 옷차림을 하고 말을 타고 나왔다.

'아무려면 내가 죽기를 각오하고 서천꽃밭으로 가서 사람 살린다는 그 꽃을 따다가 정수남이를 살려놓고 말리라.'

서천꽃밭이 어디냐. 인간세상에 태어나는 사람의 생명이 꽃으로 자라나 피어나는 곳이요, 죽은 사람도 살려내는 환생꽃이 있다는 하늘나라의 정원이었다. 저 서천 서역으로 가는 길은 얼어서 삼 년, 더워서 삼 년, 젖어서 삼 년 석삼 년을 가노라면 물 한 방울 없는 마른내(乾川)가 나오고, 그 내에 새파란 물이 넘칠 때가 있는데 그때 공중에서 두레박이 내려와 꽃에게 주는 물을 길어간다고 했다.

자청비는 굳은 결심을 하고 서천꽃밭을 향하여 길을 떠났다. 바람에 불리고 비에 젖고 펄펄 끓는 햇볕에 온몸이 삭아내리는 끊임없는 고행의 길이었다. 어느 날 문득 낯선 길에 들어섰는데 두 아이가 죽은 부엉새 한 마리를 놓고 서로 자기가 먼저 보았다며 실랑이를 하고 있었다.

"애들아, 그렇게 싸우지 말고 그 새를 나한테 주렴. 그럼 돈을 한 냥씩 주마."

"와아, 그럼 좋지요!"

자청비는 부엉새를 받아서 등짐 속에 넣고 아이들에게는 약속한 것보다 더 많은 돈을, 두 냥씩 주었다.

"혹시, 서천꽃밭이 어디 있는지 아느냐? 가르쳐주면 한 냥씩 더 주마."

"알아요. 요 언덕을 넘어가면 무시무시한 모래밭이 나와요. 모래밭은 밤이 되면 마른내로 변했다가 아침에는 다시 모래밭으로 변해요. 그 모래밭 위 공중에 서천꽃밭이 있다고 합니다."

하늘로 올라간 서천꽃밭?

● 제주의 다른 신화들은 만물이 저승에서 온다고 믿었다. 그 저승은 만물이 죽으면 돌아가는 곳, 바로 땅속이었다. 꽃도 풀도 썩어서 땅속으로 스며들었다가 다시 생명을 얻어 땅 위로 올라오고, 사람도 죽은 다음에 저승으로 갔다가 여자의 몸을 빌려 다시 태어난다. 따라서 생명의 상징인 서천꽃밭은 관념적으로는 이승과 저승이 만나는 땅속 어디쯤이고 현실적 공간으로는 당(堂)이다. 그러나 농경 생활로 바뀌면서 밭이 있고 씨가 있는 상황에서 생명을 불어넣는 것은 하늘의 비와 햇볕과 바람이다. 비와 햇볕과 바람이 생명꽃이 되었고 이꽃들이 모여 있는 공간이 하늘이다. 이것이 서천꽃밭이 하늘로 올라간 이유이며 곡식은 햇볕과 물, 바람이라는 하늘의 도움 없이는 태어날 수 없다는 중요한 인식의 변화를 만들었다. 그 결과 서천꽃밭의 관념적 공간은 땅과 하늘 사이의 어디쯤으로 변했다. 하지만 서천꽃밭의 현실적 공간인 당은 그대로 유지된 것으로 보인다.

죽인 정수남을 살리기 위해 길을 떠나는 자청비. 수렵과 사냥으로서의 정수남은 죽여야 하지만 가축으로서의 정수남은 살려야 하지. 가축으로서의 정수남은 농사에 필요한 힘과 노동력을 제공해주기 때문이야. 죽은 생명을 살리는 권능을 찾아, 자청비가 하늘나라 서천꽃밭으로 가야 해.

자청비는 아이들이 일러준 대로 모래밭에 이르자 다리가 떨려 서 있을 수가 없었다. 자기도 모르게 털썩 주저앉고 말았다. 인간의 상상력을 뛰어넘는 황량함에 목이 메었다. 생명이 있는 것이라곤 아무것도 없고 끝간 데 없이 그저 모래, 모래뿐이었다. 어디선가 바늘로 찌르는 듯한 바람이 소름 끼치는 소리로 불어왔다. 머리카락은 물론이요, 온몸의 털이란 털이 모두 곤두섰다.

'여기는 사람의 몸이 아니라 마음으로 건너야 할 곳이로구나.'

자청비는 무릎을 꿇고 앉아 두 손을 모으고 간절한 마음으로 기도하기 시작했다. 무섭도록 음산한 밤과 불지옥처럼 뜨거운 낮이 소용돌이치며 흘러갔다. 모래밭은 밤에는 뾰족한 바위와 자갈투성이의 마른내로 변했다가 낮에는 다시 모래밭으로 변하기를 되풀이하였다. 뜨거운 모래폭풍이 무섭게 휘몰아치며 불어댔다.

몇 날이 지났는지 몰랐다. 자청비의 연약한 몸은 마른 대추처럼 조그맣게 쪼그라들고 옷은 걸레처럼 쪼가리가 너덜거리면서 거의 모래에 파묻혔다. 얼마간의 시간이 지났는지 알 수가 없어져가고 가물가물 정신이 자꾸만 멀어져갔다.

깜깜한 밤이 되었다. 어디선가 물 흐르는 소리가 들려오는 듯했다. 자청비는 정신을 가다듬으며 소리 쪽으로 더듬더듬 기었다. 소리는 냇가에서 나고 있었다. 놀랍게도 새파란 맑은 물이 넘실대며 흐르고 있었다. 사방을 둘러보니 지금까지의 황량한 풍경은 사라지고 꿈과 환상의 아련한 장소로 바뀌어 있었다. 자청비는 두 손으로 물을 움켜쥐고 허겁지겁 마셨다. 그러자 갈증은 물론이고 배고픔도 싸악 사라지면서 알 수 없는 기운이 몸 안에서 샘솟았다. 신비하게도 쪼그라들고 남루했던 자청비의 모습은 순식간에 길을 떠나던 때의 젊고 발랄한 젊은이의 모습으로 돌아와 있었다.

자청비는 땅이야. 땅이 생명을 얻기 위해서 필요한 것은 뭘까?

풍요로운 수확을 얻기 위해 필요한 것은 오랜 시간, 그리고 햇볕과 비야. 햇볕만 있게 되면 자청비는 대추처럼 쪼그라들고 황량해지고 메말라 곡식이 피어날 수가 없어. 여기에 물도 필요해. 물은 자청비를 젊고 발랄하게 만들어 원기를 회복시켜 생명이 피어날 수 있게 하지.

공중에서 갑자기 은은한 광채가 사방에 비쳤다. 은빛 두레박이 내려오고 있었다. 자청비는 달려가 물을 뜨고 있는 두레박에 올라탔다. 물을 긷고 두레박은 둥실둥실 공중으로 떠올랐다. 그 광경을 멀리서 본 사람들은

▶ **바령밭** 척박한 제주의 모래투성이 뜬 밭이 이겨낸 세월, 자청비가 견뎌낸 시간
이다. 마른 대추처럼 쪼그라들고 걸레 쪼가리처럼 너덜너덜해져버린 여름 농사 언
저리, 밭에는 거름이 절실히 필요하다. 주로 7월 말부터 9월 말까지 테우리들은 일
정한 산야에서 풀을 먹이고, 밤에는 밭에 몰아넣어 배설물을 받아냈다. 이런 밭이
'바령밭'이다. 이렇게 5일 정도 받아낸 똥오줌은 밭을 살리는 영양분이 되고, 생명
줄이 되었다. 그렇게 밭은 마치 자청비의 젊은 날처럼 윤기 흐르는 모습을 띠게 되
었을 것이다.

보름달이 떠오르는 것이라 여겼다. 서천꽃밭에 뛰어내린 자청비 앞에는
높다란 대문이 있었다. 그 옆으로 구불구불 이어진 담장은 얼마나 높은지
고개를 뒤로 젖히고 바라보아야 할 정도였다. 어느 한 곳 들어갈 틈새라
곤 없었다. 궁리 끝에 좋은 수가 떠올랐다. 여기로 오던 중에 아이들에게
얻은 죽은 부엉이를 꺼냈다. 화살 하나를 가슴팍에 찔러 꽃밭으로 핑 던
져 넣었다. 꽃밭을 지키는 개가 악살스럽게 짖어대기 시작했다. 서천꽃밭
을 지키는 꽃감관은 그 소리를 듣고 막내딸에게 나가보게 하였다.

　막내딸이 대문에 나가보니 얼굴이 옥같이 잘생긴 귀공자가 서 있는 게
아닌가. 활을 손에 든 멋진 도령이었다. 막내딸은 자청비와 눈이 마주치
자 수줍어서 얼굴이 발갛게 달아올랐다.

"아버지, 어떤 도련님이 우리 꽃밭에 새가 날고 있어서 화살로 쏘았는데 꽃밭에 떨어졌답니다. 화살이나 찾고 가려고 하신답니다."

"그래? 예사 젊은이가 아닌 모양이구나. 여기까지 온 걸 보면. 게다가 부엉이 맞힌 솜씨를 보니 활 솜씨 또한 보통이 아니고, 그러잖아도 그 새 때문에 골치가 아팠는데 잘됐다. 그 도령을 이리로 모셔 들이라."

막내딸은 남장을 한 자청비를 데리고 들어왔다.

"나는 이 서천꽃밭을 지키는 꽃감관이오. 얼마 전부터 부엉새가 날아와 멀쩡한 꽃들을 쪼아서 해를 끼치고 있소. 이 꽃들은 인간의 생명과 줄이 닿아 있는 소중한 꽃들이라오. 도령이 쏘았다는 새가 이거요?"

"그렇습니다. 이 새에 꽂힌 화살이 제 화살통의 화살과 똑같습니다."

"정말 그렇군. 그렇다면 오늘 밤 여기서 묵으면서 나머지 한 마리도 잡아주고, 내 사위가 되는 게 어떤가?"

"한번 해보겠습니다."

그날 밤 자청비는 한밤중이 되자 꽃밭으로 나갔다. 부엉새 날갯짓 소리가 들려오자 얼른 옷을 전부 벗어버리고 발가벗은 몸으로 꽃들 사이에 드러누워 정수남이의 혼령을 불렀다.

"정수남아! 정수남아! 혼령이 있거든 부엉이 몸으로 환생하여 원한 진 내 가슴 위로 날아오라."

부엉이는 빙글 돌다가 자청비의 오목한 배꼽으로 날아와 앉았다. 자청비는 얼른 두 손으로 꼭 움켜잡았다. 그러고는 화살을 부엉새 가슴에 꽂아 던져놓고 방으로 돌아와 잠을 잤다.

아침이 되자 꽃감관이 궁금해서 물었다.

"부엉이는 어찌 되었소?"

"예. 밤중에 부엉새 소리가 나기에 잠결에 화살 한 대를 날리긴 했는데…… 어찌 됐는지. 꽃밭에 가서 찾아보시지요."

자청비는 옷을 발가벗고 잡았다는 소리는 아예 하지도 않고 능청맞게 시침 뚝 떼고 거짓말을 했다. 꽃밭지기가 화살을 맞고 죽은 부엉새를 주워서 달려왔다.

자청비가 서천꽃밭에 온 이유는 정수남을 살릴 생명꽃을 얻기 위함이지. 하지만 살려야 하는 정수남은 사냥의 상징인 정수남이가 아니라 가축으로서의 정수남이야. 그러기 위해서는 어둠 속에서 사냥으로 회귀하려는 정수남의 욕망을 죽여야 해. 부엉이는 밤에 활동하며 산토끼, 노루 등을 잡는 사냥의 상징이라 한다면, 자청비의 벌거벗은 몸은 원초적인 땅의 상징이라고 할 수 있어.

"허어. 이거 도령 덕택에 골칫덩어리 부엉새를 모두 잡게 되었소. 우리 막내딸 덕분에 좋은 사위 얻은 것 같소."

그렇게 해서 자청비는 막내딸과 혼인을 하였다.

꽃감관의 사위가 되어서 하루가 가고, 이틀이 가고, 일주일이 지나서였다. 막내딸이 울며불며 아버지를 찾았다.

"아버지, 우리가 너무 잘난 사위를 둔 것 같습니다."

"그게 무슨 말이냐?"

"그동안 이레가 지났는데도 손목 한 번 잡아주지 않습니다. 한 이불 속에 자면서도 풋사랑 한 번을 못 해보았습니다."

꽃감관은 자청비를 불러다 따졌다.

"내 딸의 얼굴이 못생겼소? 심보가 나쁘오? 무엇이 부족해서 그리 박대하는 거요?"

"그런 말씀 하시니 제 사정을 말씀드리겠습니다. 저는 서울에 과거 보러 가던 길입니다. 몇 년 동안 공부한 것을 헛되이 할 수가 있습니까? 과거시험이 닥쳐서 정성을 하느라 따님을 가까이하지 않은 것뿐입니다."

"허어. 그런 사정을 몰랐구려."

자청비 머릿속은 한시바삐 환생꽃을 얻어서 떠날 생각뿐이었다. 막내딸에게는 과거시험 볼 날이 닥쳐 더 이상 머물 수가 없다고 말했다.

"우리가 이렇게 부부의 인연을 맺은 것도 다 저 꽃밭 덕분이오. 그런데 나는 꽃밭이 어떻게 생겼는지 무슨 꽃이 있는지 알지도 못하오. 떠나기 전에 그대와 꽃밭이나 한번 거닐어보는 게 소원이오."

막내딸은 첫눈에 반해버린 아름다운 도령과 혼인을 하게 된 것이 너무나 기뻤다. 그러나 이렇게 잘생긴 낭군과 하룻밤도 지내보지 못하고 생이별을 하는 게 너무나 안타까웠다. 어떻게 해서든 소원을 들어주고 싶었다. 막내딸은 아버지에게로 달려가 꽃밭 구경을 허락해달라고 졸랐다.

"애야, 저 꽃밭은 인간세상의 생명들이 꽃으로 피어 있는 곳이다. 사람은 아무도 들어갈 수가 없다. 아무리 내 사위라도 그렇다."

"아버지 제 낭군이 어떤 사람이기에 사위로 삼으셨습니까? 나쁜 사람입니까, 좋은 사람입니까?"

"허어. 그거야 좋은 사람이지."

"그런데 왜 아니 된다 하십니까?"

"막내야, 꽃밭 구경시키다가 꽃 한 송이라도 없어지면 어찌하느냐?"

"아버지, 제 낭군이 꽃밭을 해치는 부엉새를 잡아준 사람인 걸 잊으셨습니까? 그리고 제가 옆에 있을 건데 꽃 한 송이인들 어찌할 수가 있겠습니까?"

"그건 그렇다만……."

막내딸은 기어코 꽃감관의 허락을 받아냈다. 서천꽃밭으로 들어가는 문은 높고 높아서 하늘에 닿아 있었다. 담장에는 은빛 바늘이 촘촘히 박혀 있고 사람이 가까이 다가서면 작은 종들이 저절로 날카로운 휘파람 소리로 울었다. 꽃밭 문을 들어서보니 오색찬란한 꽃들로 뒤덮인 언덕과 계곡이 끝없이 구불구불 펼쳐져 있었다. 막내딸은 자청비의 손을 잡고 온갖 꽃이 만발해 있는 서천꽃밭을 하나하나 설명하기 시작했다.

"저기 보이는 꽃밭에는 인간세상 사람의 숫자만큼 꽃이 피어 있답니다. 꽃송이마다 사람의 이름이 붙어 있지요. 찾아보면 틀림없이 낭군님 꽃도 있을 겁니다. 그리고 여기, 이 꽃밭에 있는 꽃들은 특별히 가꾸고 있는 꽃들이랍니다. 옥황상제의 명령을 받고 선녀들이 인간세상에 가지고 내려가 잠자는 사람의 가슴에 얹어준다고 합니다."

"이 꽃은 죽은 사람을 살려내는 환생꽃입니다."

"이 꽃은 무성하게 가지 뻗는 번성꽃입니다."

"이 꽃은 시들다가 죽게 되는 검뉴울꽃입니다."

"이 꽃은 방실방실 웃음 짓게 하는 웃음꽃입니다."

"이 꽃은 백골에 살 오르는 살살이꽃입니다."

"이 꽃은 오장육부 끊어지는 눈물꽃입니다."

"이 꽃은 죽음 주는 수레멸망악심꽃입니다."

자청비는 막내딸이 가리키며 설명해주는 꽃들을 몰래 똑똑 따서 널찍한 도포 소매에 슬쩍슬쩍 집어넣었다.

꽃밭을 나와 길을 떠나려고 하니 막내딸이 이별을 서러워하며 본메라도 주고 가라고 졸랐다. 자청비는 얼레빗을 반으로 쪼개어 주었다.

"이것을 간직했다가 우리 다시 만나는 그날엔 짝을 맞추어봅시다."

환생꽃을 얻어낸 자청비는 은빛 두레박을 타고 내려와 밤낮을 쉬지 않고 정수남이가 죽은 산으로 말을 달렸다. 가시덤불이 무성하게 우거진 곳을 헤쳐보니 뼈만 살그랑하니 있었다. 잡초와 가시덤불을 깨끗이 치워두고 뼈를 조근조근 주워놓았다. 주머니에 서천꽃밭에서 가져온 꽃들을 꺼냈다. 살 오르는 꽃, 숨쉬게 하는 꽃, 말하게 하는 꽃, 번성꽃, 환생꽃을

뼈 위에 얹었다. 때죽나무 가지로 회초리를 만들어 한 번 두 번 세 번을 때리니

"아이쿠, 이거 봄잠을 너무 잤습니다그려."

하면서 정수남이가 우글렛기 일어났다. 환생한 정수남이는 한바탕 꿈을 꾸고 난 얼굴이었다.

정수남이를 살려냈어. 정수남의 부활은 사냥과 수렵의 회복을 상징하는 것이 아니야. 정수남의 죽음이 사냥과 수렵의 종언을 말한다면, 정수남의 부활은 사냥과 수렵의 힘이 농사와 결합하는 것을 의미해. 사냥과 수렵으로 확보한 짐승들의 힘과 노동력은 농경에도 유용해. 이것이 콩 석 섬 가는 종이 필요한 이유이고, 좁씨 석 섬 가는 종이 필요한 이유인 거지. 이는 제주 사회가 짐승을 이용한 농경 사회로 진입했음을 의미하는 거야. 농경 사회로 진입했다고 해서 생산성이 고도화된 것이 아니고 사람이 하던 일을 말이나 소가 대신 하는 정도야. 이것이 죽은 정수남이를 살려야 하는 이유인 거지.

자청비는 되살아난 머슴을 데리고 집으로 갔다. 어머니가 반갑게 딸을 맞았다.

"아이고, 설운 내 딸아, 너를 내쫓아놓고 우리가 이날 이때까지 잠 한번을 곱게 못 잤구나. 그땐 왜 그리 화가 솟구치던지 모를 일이더라. 아무리 머슴이 잘나도 내 딸만 하겠느냐. 어떻게 해서 얻은 딸인데……. 내 딸 자청비는 남의 집 열 아들 안 부러운 딸이여."

자청비는 머슴 정수남이를 불렀다.

"어머니, 아버지. 그렇게 아끼는 정수남이를 살려서 여기 이렇게 데려왔습니다."

"아니, 네가 지금 사람이냐, 귀신이냐. 아이고, 나기도 잘났구나. 사람을 어떻게 죽었다 살렸다 하느냐? 무섭구나, 무서워!"

다정하던 아버지 어머니가 순식간에 만정이 떨어져서 바락바락 소리를 쳐댔다.

"꼴도 보기 싫다. 어린 때 입던 옷, 신던 신발 모두 가지고 이 집을 나가라. 어서 빨리 나가라."

부모님 눈에 벗어난 자청비는 다시 집을 나올 수밖에 없었다. 시름에 겨워 가다가 주천강 연화못에 이르자 문도령을 처음 만나던 일, 서울로 공부하러 가던 일, 목욕하며 버들잎에 글을 써서 띄워 보내던 일, 꿈같은 하룻밤을 순식간에 보내고 이별하던 일, 그런 일들이 눈앞에 선하게 떠올랐다. 자기도 모르는 새에 그만 설움이 복받쳤다.

그때 마침 청태국 마구할망이 빨래를 하러 왔다가 애간장이 끊어지게 흐느끼는 울음소리를 들었다.

"너는 누구기에 무슨 일로 그리 서럽게 울고 있느냐?"

"제 이름은 자청비라 합니다. 어머니 아버지 눈에 밉보여서 쫓겨났습니다."

"난 청태국 마구할망이다. 듣고 보니 사정이 딱하구나. 난 자식도 없고 식구도 없으니 내 수양딸이 되어서 우리 집에서 사는 게 어떠냐?"

마구할망을 따라 가보니 베틀이 있는데 비단을 짜다가 중단해 있었다.

"이건 무엇입니까?"

"으응, 그건 주문한 비단을 짜고 있는 거란다. 하늘나라 문도령이 서수왕의 막내딸에게 장가가는 데 입을 옷감을 부탁받았지."

"어머님, 제가 한번 짜볼까요?"

"그래, 어디 네 솜씨 한번 보자."

자청비는 베틀에 앉아 문도령과의 사연을 아름다운 무늬로 비단에 짜

넣었다.

옷감이 완성되자 마구할망은 하늘나라로 가서 문곡성 부인에게 비단을 보였다. 은은한 오색 비단에 글씨 무늬가 있어 문곡성의 부인은 아들 문도령을 불렀다.

"내 아들아, 이 비단의 글들은 뭐라는 뜻이냐?"

비단에 무늬 놓은 글을 보자마자 문도령은 그것이 자청비의 글이라는 걸 단박에 알아보았다.

"아주 좋은 글귀들이군요. 이거, 누가 짰습니까?"

"우리 집의 수양딸!"

"수양딸이라뇨?"

"자청비라고, 부모 눈에 밉보여 쫓겨났답니다. 지금 나랑 같이 살고 있답니다."

"제가 아는 아기씨 같소. 한번 대면시켜주오."

마구할망은 집으로 돌아와 자청비에게 비단을 가져간 이야기, 문도령이 그 비단을 보더니 찾아오겠다는 이야기를 해주었다.

"오늘 밤에 귀한 손님이 오니 대문을 열어두어라."

자청비는 정수남을 살리고 햇볕과 비를 가지고 돌아왔어. 그렇다고 풍요로운 수확을 만들어낼 수는 없지. 가장 중요한 씨가 없어. 이것이 자청비가 집을 떠나야 하는 이유야.

씨의 상징, 문도령을 찾아 떠나야 해. 그리고 씨를 잘 받아들일 수 있도록 준비도 해야 해. 적기에 씨를 받을 수 있도록 기다려야 하고, 씨가 잘 스며들 수 있도록 밭을 비단같이 만들어야 하는 거지.

그날 밤 자정이 되자 문도령이 마구할망 집으로 찾아와 가슴을 설레며

자청비의 비단 짜기?

● 자청비는 문도령을 향한 자신의 마음을 담아 비단을 짠다. 땅이 씨를 잘 받아들일 수 있도록 씨뿌리기 전 땅을 비단처럼 곱게 만들어주는 과정으로 땅을 갈아엎고 손질하는 것을 상징한다. 논농사 대신 밭농사가 주(主)였던 제주에서 밭 가는 일은 중요하고도 큰 일이었다. 1968년 경운기가 도입되어 소 대신 경운기로 밭을 가는 시대가 왔다. 하지만 여전히 농촌 곳곳에서는 70년대 후반까지도 소를 이용하여 밭을 갈았다. 밭갈쇠가 있는 집은 그나마도 부농에 속했고, 4·3사건으로 남자를 모두 잃은 집에서는 밭갈쇠 수눌음(품앗이)을 하여 밭을 갈았다. 그런데 경운기의 출현으로 소가 필요 없는 시대가 오면서 제주의 땅 풍경 또한 다른 모습을 띠기 시작하였다.

자청비 방문을 두드렸다.

"이 밤중에 누구신가요?"

"하늘나라 문도령이오."

낭군의 목소리가 틀림없었다. 자청비 가슴에 문득 원망하는 마음이 일었다.

'나는 도련님이 주고 간 박씨를 심어놓고 기다리고 기다리다가 정수남이의 꾐에 빠져 한라산에 올라갔다가 정수남이를 그만 죽이지 않았던가.

그 벌로 집을 쫓겨나지 않았던가. 정수남이를 살리려고 서천꽃밭까지 가서 환생꽃을 구해다 살렸더니 더욱더 부모님 눈에 밉보여서 집에서 쫓겨나 떠돌아다니는 신세가 되지 않았는가. 이 모든 고생이 도련님으로 해서 생겼는데 도련님은 서수왕 따님아기에게 장가갈 준비나 하고 있다고?

"정녕 내가 찾는 도련님이라면 이 창 구멍으로 손가락이나 내보세요."

손가락을 보니 함께 공부하며 붓글씨를 쓰던 그 가늘고 하얀 손가락이 맞았다. 문득 자청비 가슴속에 원망하는 마음과 장난을 치고 싶은 마음이 솟았다. 바늘로 그 고운 손가락 끝을 콕 질렀다. 새빨간 피가 불끈 솟으며 손가락이 구멍에서 사라졌다.

문밖에 서서 설레던 문도령은 화가 치밀었다. 피가 나는 손가락을 움켜쥐고 하늘나라로 올라가고 말았다. 아침이 되자 마구할망은 자청비가 문도령과 밤을 지냈을 거라 생각하고 씨암탉까지 잡아서 정성껏 겸상을 차려 가져왔다. 그런데 자청비 혼자 우두커니 앉아 있는게 아닌가.

"어째 너 혼자냐?"

"어머님, 어젯밤 도련님이 왔기에 귀신인가 하여 바늘로 손가락을 찔러 봤더니 그만 화를 내며 하늘나라로 올라가버렸습니다."

"에구, 에구. 못나기는……. 쯧쯧. 그러니 네가 어머니 눈엣가시가 되고 아버지 눈에도 밉보이는 거여. 네 주제에 어디 가서 문도령 같은 낭군을 다시 얻을 수 있을 것 같으냐? 들어오는 복을 방망이로 쫓아버리는 년, 에구, 꼴도 보기 싫다. 내 앞에서 당장 나가라."

"어머님, 나도 내가 바보라는 생각이 듭니다. 이 삼단 같은 머리카락이나 잘라주세요. 중이나 되렵니다."

머리 깎아 중의 행색을 하고 연화못 가에 시름겨워 앉아 있는데 하늘나라 신녀들이 두레박을 타고 내려왔다.

"신녀님아, 무슨 일로 하늘나라에서 내려오십니까?"

"우리 하늘나라 문도령이 자청비란 아기씨를 만나러 갔다가 만나지 못하고 와서 그만 병이 났답니다. 그 병에는 자청비가 먹는 물이 약이라고 해서 그 물을 뜨러 왔지요. 그러나 저러나 어디 가서 그 물을 찾아야 할지 감감하네요."

"자청비가 먹는 물을 내가 가르쳐드릴 테니, 하늘나라에 날 데려가주면 안 될까요?"

비단을 보낸 자청비를 찾아 문도령이 왔어. 그런데 문도령은 자청비의 방문을 열지 못하고 돌아갔어. 비단같이 밭을 만들었는데도 왜 씨를 뿌리지 못하는 걸까? 아직도 문도령을 받아들이기 위해 준비해야 할 것이 더 있다는 거야.

그게 뭘까?

하도 애절하게 부탁을 하니 신녀가 자청비를 하늘나라 문도령네 집 대문 근처에 데려다주었다. 울타리에 아름드리 팽나무가 있어 그 위에 올라가서 보니 문도령이 책을 읽는 모습이 훤히 보였다. 밤이 되어 보름달이 떠오르자 자청비 입에서 절로 탄식의 노래가 흘러나왔다.

> 달도 곱긴 곱다마는
> 초승달이 반달이라
> 아버지는 김진국이요
> 어머니는 조진국이라
> 이몸의 이름은
> 가령나다 가령비
> 자청나다 자청비
> 주천강 연화못에서
> 문도령을 만났다네

내 사랑을 만났다네

문도령이 그 소리를 들어보니 귀에 익은 그리운 목소리였다. 얼른 화답하는 노래를 불렀다.

달도 곱긴 곱다마는
저 달이 아무리 고운들
내 사랑하는 아기씨
자청비만큼 고우랴!

자청비는 팽나무에서 내려와 그립고 그립던 문도령의 품에 안겼다.

"네가 정녕 자청비냐? 어쩌다 요 모양 요 꼴이 되었느냐?"

자청비의 모습을 보니 검은 공단같이 윤이 자르르 흐르던 머리카락은 박박 밀어서 맨들맨들한 중대가리가 되어버린 데다, 거무칙칙하고 헐렁펄렁한 회색 장삼을 입은 행색은 영락없는 동냥중 행색이었다.

"도련님 덕분에 제가 고생을 좀 하였습니다."

자청비는 문도령과 헤어진 후의 이야기를 쭉 풀어놓았다.

그날부터 문도령은 방 안 병풍 뒤에 자청비를 숨겨놓고 살았다. 그러자 세숫물도 예전에는 맑더니 텁텁하게 되어 나왔다. 밥상도 그릇마다 말끔히 비어서 나왔다. 하녀가 의심이 들어 밥상을 들여놓고 살그머니 방 안을 엿보았다. 문도령이 병풍 뒤에서 어여쁜 아기씨를 불러내더니 무릎 위에 앉혀놓고 밥을 먹는데 정이 쏟아지고 깨가 쏟아지는 게 아닌가. 하녀는 달려가 문도령 어머니께 고자질을 하였다.

"양반의 집에 망조가 들려니 아들놈이 어디서 길가의 계집을 데려다가 쌍놈의 짓을 하는구나."

한편 자청비도 이런 눈치를 알고 문도령에게 말하였다.

"도련님, 어머님께 내가 미움을 받으면 안 되겠지요?"

"그렇지, 안 되고말고."

"그럼 제가 살 길을 마련해주세요. 언제까지나 이렇게 지낼 순 없지 않습니까?"

"난들 이러고 싶어 이러나. 방법을 모르니 이러고 있지."

"제가 방법을 말씀드려볼까요?"

자청비는 귓속말로 소곤소곤 방법을 말해주었다. 이튿날 문도령은 어머니의 방을 찾아갔다.

"어머니, 밥 좀 주세요. 배가 고픈데요."

"아이고 어쩌나, 지금은 식은 밥뿐이구나. 조금만 기다려라. 곧 따스운 밥 해주마."

"식은 밥도 괜찮습니다. 저 때문에 새로 하지는 마세요."

"반찬이 없구나, 된장밖에는……."

문도령은 밥을 한 입 맛있게 떠먹고는 어머니께 물었다.

문도령을 받아들이지 못한 이유? 씨를 뿌릴 수 있도록 자청비가 해야 할 일이 남아 있기 때문이지. 남아 있는 일을 위해 자청비는 문도령을 만나러 하늘나라로 갔어. 하늘나라에서 자청비가 해야 할 일, 부모의 허락을 받는 일이야.

자청비와 문도령이 짝짓기 허락을 받기 위해서는 두 가지 심사를 거쳐야 돼. 하나는 묵은 여자인지를 확인받아야 하고 다른 하나는 불길을 건너는 심사를 받아야 한다는 것이야.

"어머니, 묵은 장이 좋습니까, 새 장이 좋습니까?"

문도령 어머니는 하나뿐인 아들이 새 것만 탐하는 심성이 될까 봐 생각 끝에 대답한다.

"새 장도 좋지만 묵은 장이 깊은 맛이 있지."

"밥은 갓 지은 밥이 좋습니까, 식은 밥이 좋습니까?"

"그거야 맨도롱 코시롱한 갓 지은 밥이 좋지만, 급할 땐 가슴만 바삭바삭 데이고 식은 밥이 좋지."

"어머니, 그럼 묵은 옷이 좋습니까, 새 옷이 좋습니까?"

"그거야 곱드락한 새 옷이 좋긴 하지만 편안하고 수수하긴 묵은 옷이지."

"어머니, 그럼 사람은 묵은 사람이 좋습니까, 새 사람이 좋습니까?"

"새 사람이 반질반질하게 곱긴 곱지만 묵은 사람이 수수하니 점점 정들어서 좋아져간다."

"어머니, 정말 그렇죠! 저도 그렇게 생각합니다. 그러니 서수왕 막내딸한테 장가 안 갈래요. 묵은 사람하고 살래요."

첫 번째 심사, 묵은 여자가 좋은가, 새 여자가 좋은가? 자청비와 결합을 인정받기 위해 문도령과 어머니 사이에 이루어지는 문답이야. 문도령의 어머니는 묵은 여자가 좋다는 대답을 해. 묵은 여자는 다른 남자와 결합했던 여자이거나, 출산의 경험을 가진 여자를 말해. 미개간된 땅이 새 여자라면 개간되었던 땅은 묵은 여자가 되는 거지. 자청비는 정수남과 결합했던 여자야. 그래서 자청비는 묵은 여자가 되는 거지.

"이놈, 어디서 근본도 없는 계집애 데려다 놓고 집

새 여자보다 묵은 여자가 더 좋은 이유?

● 토지는 미개간된 땅보다 개간된 땅에서 더 많은 생산물이 생긴다. 사람도 마찬가지다. 자청비는 토지의 다른 이름이다. 그래서 문도령은 묵은 여자 자청비와 혼인하는 것이 더 좋다는 대답을 어머니로부터 얻어낼 수 있었다. 주지하다시피 제주 토양 대부분은 화산 활동으로 인하여 표토층이 암반에 깔려 있고, 토질은 척박하며 크고 작은 돌멩이가 깔려 있어 경작 여건이 매우 열악하다. 제주 속담 중에 '밧 검질 이틀 매민 논 검질 ᄒ루민 맨다'라는 말이 있다. 이는 밭농사가 논농사보다 고되고 인력이 더 들며 고단하다는 것을 말해주고 있다. 그러기에 문도령의 선택은 생활이며, 현실이었다.

안 망신시키려고 하느냐?"

"어머니, 그런 여자가 아닙니다. 인간세상에서 저하고 삼 년 글공부, 활
공부를 같이 했는데요, 글도 나보다 잘하고 활도 저보다 잘 쏩니다. 게다
가 슬기롭고 총명해요. 재주가 뛰어난 좋은 아기씨랍니다."

문도령 어머니는 어처구니가 없었다. 당장 머슴을 불러 문도령과 정혼
한 아기씨 집으로 심부름을 보냈다.

"서수왕의 막내딸을 이리로 데려오라!"

그리고 마당에 아홉 자 구덩이를 파고 참숯 한 섬을 와랑와랑 불을 피
웠다. 그 위에 길고 시퍼런 장검의 칼날을 하늘로 향하게 얹어 칼선다리
를 만들어놓았다.

"자, 너희 둘 중에 누구라도 이 칼선다리를 맨발로 타고 넘으면 내 며느
리로 인정하겠다."

문도령 어머니의 목소리는 얼음처럼 차가웠다. 서수왕 막내딸이 겁에
질려 와들와들 떨며 뒤로 물러섰다.

"난 죽으면 죽었지, 이 시뻘건 칼선다리를 탈 수가 없습니다."

자청비는 하늘님께 속으로 간절한 기도를 올렸다.

"하늘님아, 명천 같은 하늘님아. 저는 아무 죄도 없습니다. 정수남이의
행실이 하도 괘씸하여 죽였다가 살려낸 죄밖에 없습니다. 저를 죽이시겠
거든 이 불붙는 구덩이에 뜨거운 햇볕을 더해주시고, 저를 살리시려거든
가는 빗줄기, 굵은 빗줄기, 가랑비, 소낙비를 내려 불붙는 칼날을 식혀주
소서!"

그러자 어디서 손바닥만 한 검은 구름 한 덩이가 둥실둥실 떠와서 벼락
같이 소나기를 갈기고 뚝 그쳤다. 그러자 활활 타오르는 숯불 위의 시뻘
겋던 칼날이 잠시 식었다. 그 틈을 타서 자청비는 얼른 칼선다리를 타고
하늘나라로 내려섰다.

불길 건너기?

● 자청비가 불길을 건너는 모습에서 밭에 불을 놓는 화전농업의 흔적을 찾아볼 수 있다. 나무와 자왈에 둘러싸인 잡초 우거진 밭을 이용하여 농사를 지어야 했던 제주 사람들은 우선 땅에 불을 놓는 화전 경작을 시작하였을 것이다. 불을 넣으면 재(灰)가 생겨 그것이 땅의 비료가 되고, 밭의 산성화를 막아주었기에 수확량이 많아졌음이다. 그러다 밭의 기력이 떨어지면 몇 해 쉬면서 다시 회복될 때까지 다른 곳을 경작하는 윤작의 방식을 취하였다. 한편, 소나 말을 키우는 방목지에서는 진드기를 없애기 위하여 초지(草地)에 불을 놓았다. 그렇다면 불길을 건너는 자청비의 모습은 제주 사람들에게는 흔한 영상의 한 장면이면서, 힘들고 고된 시련의 몸부림으로 각인되었을 것이다. 밭 불 놓기, 화전의 상징인 불길 건너기는 현재 제주도 농업에서 완전히 사라졌지만 그 흔적이 축제로 남아 매년 3월 제주도 새별오름에서 행해진다.

마지막 순간에 긴장이 풀려서인지 그만 발뒤꿈치를 살짝 베이고 말았다. 붉은 피가 불끈 솟았다. 그러나 자청비는 아픈 내색은 전혀 하지도 않고 흐르는 피를 속치마 끝으로 얼른 씻었다. 문도령의 아버지는 자청비의 용감하고 당찬 모습을 보고 흐뭇하였다.

"내 며느리가 분명하구나. 그런데 네 치마 끝에 웬 피가 묻었느냐?"

"인간세상에서 여자는 한 달에 한 번 여자 구실을 하느라 달거리라는 걸 한답니다."

"오! 그러냐! 내 며느리 대답도 시원시원하고 거 참말 기특하다."

한편 칼선다리를 건너지 못한 서수왕의 막내딸은 그날부터 방문을 걸어 잠그고 물 한 모금, 쌀 한 톨 먹지 않더니 기어이 죽고 말았다. 그 죽은 몸에서 새가 날아올랐다. 머리로는 두통새, 눈으로는 흘굿새, 코로는 악숨새, 입으로는 헤말림새가 나와 서수왕 막내딸은 원한을 지닌 채, 이곳 저곳을 다니며 흉험을 주고 얻어먹는 새가 되었다.

두 번째 심사, 불길 건너기야. 자청비가 문도령과 결합하기 위한 또 하나의 시험인 거지. 자청비는 건넜지만 서수왕 막내딸은 건너지 못했어. 자청비가 시험을 통과한 거야.

자청비의 불길 건너기는 토지가 불길을 건너야 한다는 뜻이야. 풀도 없애고, 재를 비료로 사용할 수 있는 화전이지. 그렇게 되면 땅이 좋아져 풍요로운 수확을 얻을 수 있지. 이것이 자청비가 불길을 건너야 하는 이유인 거야.

이런 시련을 거쳐서 문도령과 자청비는 혼인을 하고 살림을 차렸다. 그들은 자청비의 소원대로 시부모의 허락을 받아 인간세상에 내려와서 명주 비단을 짜서 팔면서 살았다. 서로 아끼고 사랑하며 살아가는 그들을 사람들이 모두 부러워하였다.

그러나 자청비의 미모를 탐하고 문도령을 시기 질투하는 남자들이 많았다. 어떻게 저 문도령을 죽여 없애고 자청비를 데려다가 한번 놀아볼까 하는 궁리들을 하다가, 하루는 잔치에 오라고 초대를 하였다.

"아랫동네 잔치에 다녀오리다. 동네 청년들이 꼭 오라고 다짐을 두는구려."

"잔칫집에 가거든 권하는 술을 마시는 척만 해서 옷 앞섶에 살짝 흘려버리세요. 솜을 두툼히 넣어 옷을 지었으니 꼭 그리하세요."

문도령은 잔칫집에서 술을 주는 족족 받아서 마시는 척하고 앞섶에 흘려버렸다. 독주를 죽을 만큼 먹었다고 생각한 동네 청년들은 머리를 맞대고 소곤소곤 말하였다.

"어서 저놈을 보내버려. 여기서 죽으면 송장을 누가 치울 거야?"

문도령이 잔칫집을 나와 말짱한 정신으로 말을 타고 가는데 절뚝발이 남자가 절뚝절뚝 다가와서 말했다.

"이보게 문도령, 내 술 한잔 받고 가라."

문도령은 생각하기를

'저런 순박한 사람이 주는 술에사 아무럼 독이 들었으랴?'

하고는 그 술을 반가이 받아 마셨다. 순간 정신이 아득해지면서 말 위에서 숨이 끊어지고 말았다. 말은 영물의 짐승인지라 문도령의 시체를 싣고 끄덕끄덕 집으로 돌아왔다.

문도령을 보내놓고 자청비는 불안하여 대문을 서성이며 기다리고 있었다. 말등에 엎드려 오는 문도령의 모습을 본 순간 어떤 일이 벌어졌는지 한눈에 상황이 파악되었다. 자청비는 말없이 문도령을 얼른 말에서 안아 내려 방 안에 눕혔다. 밖으로 내달아 등에를 여러 마리 잡아다가 방 안에 달아매고 황급히 문을 걸어 잠갔다.

'낭군님이 죽었다고 내가 지금 울어선 안 된다. 원수 놈들이 곧 들이닥칠 텐데. 그놈들에게 내 눈물을 보이면 결코 안 되지. 그놈들은 나를 욕보이러 지금 오고 있으리라.'

억장이 무너지고 치가 떨렸지만 자청비는 시침을 뚝 떼고 여느 때와 다름없는 자세로 베틀에 앉아 달가닥달가닥 태연하게 명주를 짰다. 아니나 다를까 동네 청년 여럿이 능글거리며 들이닥쳤다. 독주를 먹여놓고 넌지시 죽음을 확인하러 온 것이었다.

묵은 여자 자청비, 불길도 건넌 자청비, 화전 휴경의 자격을 가진 거야. 이제 씨를 받을 수 있어. 모두가 부러워하는 짝짓기가 이루어졌어. 자청비가 씨를 받은 땅이 된 거지.

그러나 밭에 씨를 뿌렸다고 풍요로운 수확이 보장되는 것이 아니야. 넘어야 할 또 하나의 산. 문도령을 죽이려는 동네 청년들로부터 문도령을 지켜야 해. 문도령이 선택된 좋은 씨라면 동네 청년들은 선택되지 않은 잡초의 씨인 거야. 문도령을 지키는 일, 밭에 있는 잡초로부터 뿌려진 씨를 지키는 일이지.

"문도령은 어디 갔습니까?"

"잔칫집에 가서 술이 과했는지 지금 자고 있습니다."

방 안에서 부르릉 붕붕 코고는 소리가 났다. 창호지에 등에의 날개 부딪치는 소리가 밖에서는 코고는 소리로 들렸다. 청년들은 서로 눈짓을 하며 자청비가 명주를 짜고 있는 방으로 한 사람 두 사람 슬금슬금 모여들었다.

"저 선반에 무쇠방석이 있으니 그거나 깔고 앉으세요."

청년 몇 명이 힘을 합쳐 방석을 내리려 했으나 무쇠로 만든 쇳덩어리 방석이라 무거워서 도저히 내리질 못했다.

"동네에서 소문난 장정들이 그렇게도 힘이 없습니까? 저리 비키세요. 내려드리리다."

자청비가 툭 건드리니 그 무거운 무쇠방석이 절로 내려졌다.

"이왕 오셨으니 우리가 점심으로 먹는 수제비나 먹고 가십서."

자청비는 무쇠 수제비를 만들면서 슬쩍 메밀 수제비도 몇 개 만들어 넣었다. 무쇠 수제비와 메밀 수제비는 빛깔이 비슷해서 분간하기가 어려웠다. 무쇠 수제비를 함지박 가득 떠다 놓고

▶ **검질 매기** 밭에는 파종한 씨만 있는 게 아니다. 문도령처럼 좋은 열매를 가져다줄 씨도 있지만, 문도령을 죽이려는 잡초의 씨도 많다. 동네 청년들은 바로 잡초의 상징으로 이 대목은 밭에서 이루어지는 씨들의 전쟁을 보여주고 있다. 제주 속담에 '유월 발창 사을 지저우민 누엉 먹나(유월 발바닥 사흘 뜨거우면 누워서 먹는다)'는 말이 있다. 6월 복더위에 밭에 나가 김을 매면 발바닥조차 뜨거울 정도인데, 그렇게 일하면 곡식 수확이 좋아져 식량 걱정이 없어진다는 의미이다. 사진 속 김매는 삼촌들도 이런 생각으로 이 긴 시간을 견뎌내었을 것이다.

"이거 우리 서방님 먹는 음식이우다. 한번 먹어들 보세요."

청년들은 수제비를 씹다가 이가 부러지는 놈, 잇몸이 밀려져 피가 나는 놈, 가지각색으로 울상이었다.

"거 음식 먹는 모양새가 보아하니 틀렸습니다. 저리 비키세요. 나 먹는 걸 한번 보고 먹으세요."

자청비는 수제비 함지박을 확 잡아당겨선 무쇠 수제비는 슬슬 밀쳐내면서 메밀 수제비를 떠서 맛있게 먹어 보였다. 그들의 눈에는 자청비가 무쇠로 만든 수제비를 먹는 걸로 보였다.

"아이고, 이거 보통 여자 아니네. 천하의 괴력이구나!"

청년들이 질겁하고 꽁무니를 빼서 도망치기 시작했다.

"저 따위 것들이 날 어떻게 해보겠다고, 홍?"

동네 청년들을 모두 내쫓고 비로소 혼자가 되자 자청비의 눈에서 참았던 눈물이 하염없이 흘러내렸다. 그러나 이미 목숨이 끊어진 문도령의 몸은 차갑게 식어가고 있었다.

동네 청년들에게 죽임을 당한 문도령, 자청비는 동네 청년들을 물리치고 문도령을 살려내야 해. 밭의 힘으로 선택된 씨를 살려내고 선택하지 않은 씨, 잡초를 물리쳐야 하는 일이 생겨난 거지. 자청비는 지혜롭게 동네 청년들을 물리쳤어. 하지만 문도령의 몸은 차갑게 식어가고 있었어.

밭에 잡초는 제거했지만 선택한 씨가 돋아나지 않았음을 말하는 거야.

이러고 있을 때가 아니다. 낭군님을 살려내야 한다. 자청비는 집 안과 바깥을 돌아가며 문이란 문은 모두 꼭꼭 잠갔다. 남자 옷차림으로 갈아입고 말을 잡아타고 서천꽃밭을 향하여 길을 달렸다. 꽃밭에 다다르자 우선 장인인 꽃감관을 찾아가 인사를 드린 후 막내딸 방으로 들어갔다.

"여보, 과거를 보고 왔소."

"서방님, 시험은 잘 보셨습니까?"

"그게 그러니까…… 꽃밭을 거닐며 이야기하면 안 되겠소?"

막내딸은 기다리던 서방님이 돌아왔기에 방실방실 웃으며 꽃구경을 시키러 꽃밭으로 앞장섰다.

"나는 과거 시험에 그만 낙방이 되고 말았소. 그러니 나 같은 놈 믿지도 말고 앞으로 기다리지도 말도록 하오."

"어머나, 서방님. 그게 무슨 말씀입니까? 한 달에 한 번만 보아도 좋으니 제발 그런 말씀은 하지 말아주세요. 서방님이 과거 급제 하는 날까지 저는 아무 소리 하지 않고 기다리고 있겠습니다."

과거시험에 낙방해서 다시는 만나지 말자는 말에 막내딸은 허둥지둥 당황해하다가 간곡한 정으로 위로하는 것이었다. 그러는 동안 자청비는 꽃들을 몰래 따 소매에 감추었다. 꽃밭을 나오자마자 자청비는 작별을 서둘렀다. 꽃감관 막내딸의 눈물 어린 전송을 받으며 부리나케 서천꽃밭을 떠나 말을 달렸다.

집에 돌아와보니 그사이에 풀이 높다랗게 우거져 지붕을 가리고 있었다. 방문마다 잠가두고 간 자물쇠도 모두 녹이 슬고 삭아 있었다. 방문을 열고 보니 문도령은 육신의 살은 모두 녹아버리고 하얀 뼈만 살그랑하였다. 자청비는 가만히 다가앉아 뼈를 조근조근 주워 제자리에 가지런하게 맞추어놓았다. 그리곤 서천꽃밭에서 가져온 살 오르는 꽃, 피가 도는 꽃, 숨을 쉬는 꽃, 환생꽃을 놓았다. 꽃송이들의 싱싱한 꽃잎에서 영롱한 오색 빛이 아른대고 향기가 그윽하게 퍼져나갔다. 자청비가 때죽나무 회초리를 들어 한 번 때리니 꽃이 오색 빛을 발하며 뼈와 뼈 속으로 스며들어 살이 되고 피가 되고 숨결이 되었다. 문도령이 와들랑 일어나며 소리쳤다.

"아이고, 난 당신 덕분에 살아났소!"

목숨이 끊어진 문도령을 살려내는 방법이 필요해. 생명의 관할권은 서천꽃밭에 있지. 하늘나라 서천꽃밭으로 달려간 자청비가 생명꽃을 가지고 돌아왔어. 가지고 온 생명꽃은 비와 햇볕이야. 문도령이 살아나듯 죽은 듯이 땅속에 있던 씨가 생명의 기운을 받아 발아했어.

자청비는 문도령의 생명을 되살린 환생꽃을 얻게 된 사연을 털어놨다.

"당신을 살리려고 서천꽃밭 꽃감관의 막내딸과 혼인을 했습니다."

● 일 년 동안 문도령이 자청비를 떠나 꽃감관 막내딸과 살림을 차리는 행위, 휴작의 상징이다. 남녀 관계로만 보면 일부다처제를 나타내는 것처럼 보이지만 여기서는 일 년 농사를 지은 땅은 다음 해에 농사를 짓지 않도록 하여 지력을 회복하는 농사법인 휴작을 말한다.

"그게 무슨 뚱딴지같은 말이요? 자세히 말해보구려."

자청비는 자초지종을 말하였다.

"그러니, 지금부터 당신은 한 달에 보름 동안은 나와 살고, 보름 동안은 거기서 사세요. 일 년을 나와 살면 다시 일 년은 거기서 살도록 하세요. 당신과 헤어져 사는 고통은 참을 수 없는 고통이지만 참아야 하겠지요. 서천꽃밭 꽃감관 막내딸은 이런 사정, 저런 사정 아무것도 모르는 그야말로 순진한 아기씨랍니다. 그 아기씨 덕분에 환생꽃을 얻을 수 있었고, 당신을 살릴 수 있었으니 난 그 은혜를 절대로 배신할 수가 없습니다. 가세요. 그 아기씨가 눈이 빠지게 기다리고 있을 테니 여기 이 본메를 가지고 어서 가세요."

문도령은 자청비가 시키는 대로 얼레빗을 가지고 서천꽃밭으로 갔다. 꽃감관 막내딸과 살림을 사는데 날이 갈수록 새록새록 정이 들어 자청비 생각을 깜빡 잊었다.

약속한 기한이 다 되었다. 이날이나 올까 저날이나 올까 아무리 기다려도 문도령으로부터는 소식 한 장이 없었다. 기다리다 지친 자청비는 괘씸하여 편지를 써서 까마귀 날개에 끼워 보냈다. 문도령이 아침에 일어나 세수를 하는데 까마귀가 편지를 툭 떨구고 날아갔다. 열어보니 자청비 편지였다.

'아차, 깜빡했네! 이거 큰일 났군.'

다급한 김에 문도령은 막내딸에게는 온다간다 한마디 말할 겨를도 없이 황급히 집을 향해 말을 달렸다. 경황이 없다 보니 모자를 쓴다는 게 발목을 감는 행전을 머리에 둘러쓰고 도포는 한쪽 소매만 팔에 끼운 채인데다 말안장도 거꾸로 놓은 채였다.

귀에 익은 말발굽 소리가 먼 올레에서 들려오는 그때, 자청비는 마침

▶ **휴작 중인 토지** 문도령은 자청비의 편지를 받고 어떤 마음이 들었을까. 서천꽃밭에서 꽃감관 막내딸과 살림을 사는 일이 재미났으니 시간 가는 줄 몰랐을 것이다. 농사를 짓지 않고 현재 휴작 중인 토지 역시 문도령 같은 마음은 아니었을까 상상해본다. 휴작의 시간은 짧게 끝이 났을 것이고, 제멋대로 자란 풀이며 뒹구는 돌멩이들이 씨 뿌리는 시기를 놓칠 구실을 마련해주었음이다. 하지만 때를 놓쳐서는 안 되기에 눈썹에 불붙어도 끌 겨를 없이 일을 처리해야 했다.

삼단 같은 머리를 풀어 빗던 중이었다. 반가운 마음으로 밖으로 내달으며 얼결에 가까이에 있는 짚으로 머리를 대충 묶고 마중하였다. 두 사람은 자신들의 꼴을 보며 서로 멋쩍은 웃음을 웃었다.

"낭군님아, 이거 우리 차림새가 제정신이 아닙니다."

자청비가 문도령에게 살려낸 사연을 말하지. 그리고 서천꽃밭 꽃감관의 막내딸과 혼인할 것을 문도령에게 요구해. 그렇게 되면 문도령은 두명의 여자랑 혼인을 하게 돼. 일 년은 자청비랑, 일 년은 막내딸이랑 사는거지. 일 년씩 돌아가면서 짓는 농사, 윤작하라는 거야. 윤작을 하면서 조심해야 할 점. 때를 놓치지 말고 돌아와 씨를 뿌려야 해.

이때 하늘나라에는 큰 난리가 일어났다. 문도령에게도 전장에 출전하여 난리를 평정하라는 소식이 왔다. 난리를 평정한 자에게는 상금으로 하늘나라의 영토를 나눠준다는 방도 붙었다.

"제가 다녀오겠습니다."

자청비는 여자 옷을 벗어던지고 장군의 복색을 차려입고 말을 타고 씩씩하게 전장으로 달려나갔다. 높은 언덕에 올라 싸움터를 내려다보니 몇십만의 병사들이 개미떼처럼 몰려오고 있었다. 자청비가 서천꽃밭에서 가져온 꽃 중에서 수레멸망악심꽃을 꺼내어 확 뿌리니 난리를 일으킨 수수만만 병사가 소곡소곡 쓰러지며 죽어갔다.

하늘나라 상제님은 자청비를 불러내어 난리를 평정한 무공을 입에 침이 마르도록 칭찬하고 약속대로 영토를 나눠주려고 했다. 그러자 자청비는 사양하며 말했다.

"하늘나라의 땅과 물은 저에게 너무 과분합니다. 꼭 저에게 상을 주시려거든 오곡의 씨앗을 내려주십시오. 저 세경 넓고 넓은 들녘을 풍요롭게 만들어 인간세상을 위하고 싶습니다."

"오호, 기특한지고! 오곡 씨앗을 내려줄 테니 이것을 가지고 내려가라. 대지는 씨를 뿌린 만큼 거두게 하고 땀을 흘린 만큼 열매 맺게 하느니, 너는 그런 법으로 인간세상의 농사를 보살펴주는 세경할망이 되도록 하라."

자청비와 문도령은 오곡의 씨앗을 받아 인간세상으로 내려왔다.

자청비가 오곡의 씨앗을 받아 인간세상에 내려오다 보니 씨앗 하나가 모자랐다. 도로 올라가 메밀 씨를 받았는데 담을 그릇이 없었다. 할 수 없이 속에 입었던 소중이를 벗어 거기에 담아가지고 내려왔다.

풍요로운 수확을 위해 자청비가 해야 할 일은 끝났어. 하지만 마지막으로 문도령이 어떤 씨인지 밝혀야 돼. 그래야 사람들에게 밭에 어떤 씨를 뿌릴지 알려줄 수 있어. 자청비에게 뿌릴 씨, 즉 땅에 뿌려야 할 씨의 정체. 자청비가 하늘나라의 난리를 평정하고 가져온 오곡, 이것이 문도령의 정체인 거야. 세상에는 선택되어 밭에 뿌려지기를 희망하는 수많은 씨들이 있어. 나를 선택해달라는 씨들의 아우성, 이게 하늘나라의 난리야. 자청비는 수많은 씨 중 오곡을 선택해. 이 오곡이 자청비의 남자 문도령의 이름인 거야.

그렇게 자청비는 오곡을 받아와 농사를 관장하는 세경할망이 된 거지.

자청비가 '세경 너른 땅'을 가다 보니 정수남이가 초라한 모습으로 길가에 앉아 있었다.

"정수남아, 여기서 뭐 하고 있느냐?"

"아기씨, 아기씨 찾으러 다니던 길입니다. 주인님들은 한참 전에 돌아가셨고, 전 밥 꼴 본 지도 하도 오래되고…… 오갈 데 없는 신세라 이렇게 길가에 앉아 졸고 있습니다."

"그래? 이리 오너라, 어디 밥 빌어먹을 데가 있나 찾아보자."

마침 어떤 두 늙은 부부가 아홉이나 되는 머슴들을 데리고 소 아홉 마리로 세경 넓은 밭을 갈고 있었다. 농사를 크게 짓는 부농인 게 분명했다.

"정수남아, 가서 점심이나 좀 얻어 오너라. 얻어먹은 값으로 씨나 좀 뿌려드리자."

정수남이가 가서 그 말을 하니 욕만 바가지로 해댔다.

"뭐라. 점심밥 나눠달라고? 길 가는 놈 줄 점심이 어디 있냐? 우리 머슴들 줄 점심도 모자란 판에."

오곡은 왜 도령으로 표현하지 않았을까?

● 오곡을 모두 도령으로 표현하면 자청비가 같이 살아야 할 남자가 다섯 명이나 된다. 그렇게 되면 자청비의 부도덕성이 강화되어 신격에 부정적 영향을 끼칠 수밖에 없다. 그래서 오곡을 남자로 표현하지 않고 원래의 씨로 표현한 것으로 여겨진다.

척박한 땅에서도 잘 자라는 메밀

● 메밀은 다른 씨앗들보다 늦게 뿌리거나 거칠고 조악한 땅에 뿌려도 수확을 할 수 있는 생명력 강한 곡식이다. 여름 장마나 태풍으로 농사를 망쳤을 때 메밀을 뿌리면 짧은 기간에 열매를 맺어 흉년에도 사람들에게 먹거리를 줄 수 있다.

그 말을 전해들은 자청비가 조화를 부리기 시작했다. 밭을 갈던 머슴 아홉 명이 갑자기 미치광이 증세로 날뛰기 시작하더니 히히거리며 들녘으로 내달아 순식간에 사라져버렸다.

소 아홉 마리도 귀에 등에가 들어가 붕붕거리니 놀라 날뛰며 밭 갈던 쟁기를 다 들러 엎고 삽시간에 밭을 엉망진창으로 만들어 버렸다.

세경할망이 된 자청비, 가축의 상징인 정수남이를 데리고 다니면서 자청비를 잘 모시지 않으면 농사를 망칠 수 있다는 무속의 권능을 보여주지.

그곳을 벗어나 길을 가다 보니 어떤 하르방과 할망이 사이좋게 돌랭이 밭에서 일을 하고 있었다.

"하르바님, 지나가다가 배가 고파서 왔습니다. 점심이나 있건 조금만

▶ **세경 너른 밭과 돌랭이 밭** 농사와 목축을 관장하는 신격인 자청비와 정수남이는 아무리 넓은 땅을 경작하는 부농이라도 농사를 망치게 할 수 있고, 작은 밭인 돌랭이 밭을 일구는 농사꾼이라도 복을 쌓으면 천석꾼 만석꾼 부자로 만들어줄 수 있음을 보여준다. 제주어 '돌랭이'는 '작다' 또는 '짧다'의 의미를 지닌 '돌랑하다'에서 온 말로 작은 땅이나 밭을 가리키는 말로 쓰인다.

주세요."

"그러게나. 우리 두 늙은인 늙어서 얼마 먹질 못하니, 걱정 말고 좋지 않은 밥이지만 배불리 먹고 가게."

자청비와 정수남이는 밥을 맛있게 먹었다. 그런데 이상하게도 밥은 하나도 줄어들지 않고 그냥 그대로였다.

"자, 이제 밥도 얻어먹었으니 먹은 값을 하게 해주십시오. 우리가 좀 도와드리겠습니다."

정수남이는 밭을 씽씽 갈고 자청비는 씨앗을 뿌렸다. 할망이 그들이 일하는 걸 보다가 졸락 주책없이 말을 하였다.

"검질 씨를 하나씩 내려줍서. 우리 심심 소일이나 하게."

그때 잡초 씨를 내려버리니 그 후로부터 농사지을 때 밭에 잡초가 생기게 된 것이다.

자청비와 정수남이를 잘 대접하지 않으면?

● 짐승들이 집에 들어와 농사와 결합하게 되면 가축이 되고, 그렇지 않고 산에 있게 되면 사냥감이 된다. 농사를 지으면서 가축을 잘 관리하지 않으면 이 가축들은 산이나 들로 도망가 사냥감이 되고 머슴들은 다시 사냥감을 찾아 정착하지 않고 떠나버리게 된다. 점심을 얻으러 온 정수남이를 푸대접하는 것은 가축을 잘 관리하지 않았다는 의미이며, 동시에 세경할망의 권능을 무시한 것으로 소가 산으로 도망가 농사를 망치게 할 수 있다는 권능을 보이는 것이다.

> 한 말 나는 밭에 천 말 나게 해주시고
> 두 말 거두는 밭에 만 말 거두게 해주시고
> 곡식 줄기는 튼실하게 잎사귀는 너풀너풀
> 열매들은 무쇠 열매 농사지어 땀 흘리면
> 천석꾼 부자로 만들어주소서
> 만석꾼 부자로 만들어주소서

자청비가 씨를 뿌리며 하늘에다 풍년 농사를 기원하는 축원을 드려가니 할망이 다시 졸락하게 말을 하였다.

"아이고, 그렇게 많이 해서 어찌 다 먹습니까. 그냥 검은 암쇠에 싣거든

농사가 잘 안 되면 누구 탓?
● 씨 뿌리면서 주책없는 말을
한 농사꾼 탓! 잘되면 신을 잘 모
신 탓!

상세경, 중세경, 하세경
● 오곡의 상징이었던 상세경 문
도령은 그 의미가 강화 확대되면
서 일월성수 사계절의 운행 및
풍수재해 등의 자연현상을 관장
하는 하늘을 상징으로 자리잡았
다. 중세경 자청비는 인간세상을
풍요롭게 하는 오곡과 열매를 생
산하는 신비한 생명력의 대지를
상징한다. 하세경 정수남이는 상
세경과 중세경을 돕고 섬기며 가
축을 돌보고 번성시키는 목축신
이다. 사람들은 이 목축신을 손
에는 항상 마소를 몰 때 사용하
는 막대기와 고삐로 사용하는 밧
줄을 들고 있는 더벅머리 총각으
로 인식한다.

등이 툭하게 오그라질 정도만 되면 먹을 만합니다."

그 주책없는 소리 때문에 부지런히 농사를 지으면
부자 소리를 들을 만큼 수확을 걷을 수 있었는데도 불
구하고 겨우 먹을 만큼의 소출만 나게 되었다. 그래서
그 후부터 씨 뿌리는 데 가서, 씨앗을 잦게 뿌려라 또
는 굵게 뿌려라 하는 주책바가지 소리를 하게 되면 그
해 농사를 그르치게 된다는 말이 생기게 되었다.

이렇게 해서 하늘나라의 문도령은 농사일 전체를 관
장하는 상세경, 자청비는 중세경, 정수남이는 가축을
돌보는 하세경으로 들어서게 되었다.

그래서 농사일 전체를 관장하는 상세경은 문도령,
그다음 자청비는 중세경, 마지막으로 정수남이는 하
세경이 됐어. 문도령의 씨, 자청비의 토지, 정수남이의
가축이 결합된 농업 질서가 만들어진 거야.

이렇게 농업 질서를 만들었는데도 농사가 잘 되지
않으면 어떻게 하지? 신도 도망갈 길 하나쯤은 있어야 했나 봐. '농사가
잘되지 않을 수도 있어. 그건 농사꾼이 쓸데없는 말을 했기……'

농업 생산성은 풍요로운 정착 생활의 중요한 척도가 되었다. 어떻게 문
전옥답이 되어 풍요로운 생산성을 이룰 수 있을까? 제주 섬의 삶의 질서
를 규정해오던 무속은 신의 이름으로 이에 대한 답을 해야 했다. 농사를

잘 짓기 위해 어떤 일을 해야 할지를 규정한 신화, 이것이 세경 신화다.

세경 신화가 규정한 농사질서는 첫째, 문도령처럼 잘생기고 오랫동안 견딜 수 있는 좋은 씨를 고르는 일이 중요하다.

둘째, 밭은 정수남이에 의해 이미 사용된 묵은 여자처럼 이미 개간된 땅을 준비해야 한다.

셋째, 사냥 짐승이 아니라 농사일을 도와줄 가축을 준비해야 한다.

넷째, 문도령과 결합하기 전에 비단 같은 토지가 되도록 먼저 토지를 갈아야 한다.

다섯째, 자청비가 불길을 건너듯, '밭불놓기'를 해야 한다.

여섯째, 문도령의 씨를 받았으면, 동네 청년들이 넘보지 못하도록 잡초를 제거해야 한다.

일곱째, 죽은 문도령처럼 땅속에 있는 씨들을 살리려면, 서천꽃밭의 생명꽃인 햇볕과 비를 뿌려주어야 한다. 여기에 심방의 권능이 필요하다.

여덟째, 일 년 동안 자청비와 살았으면 다음 일 년은 다른 여자와 살듯이 한 해 농사를 지었으면 그다음에는 그 땅에서 농사를 짓지 말고 윤작해야 한다.

아홉째, 일 년을 윤작했으면 그 다음 해는 때를 놓치지 말고 농사를 지어야 한다.

열 번째, 씨는 오곡이 좋으며, 그중 메밀은 척박한 땅에도 잘 된다.

열한 번째, 씨를 뿌렸으면 밭밟기를 잘해야 한다.

제주 사람들에게 풍요로운 수확을 얻을 수 있도록 만든 농사법의 교본이며, 척박한 땅에서 농사를 잘 지어 자식들을 키우고자 했던 제주인의 치열한 노력의 결정체, 이것이 세경 신화이다.

사람이 사는 곳에

신이 깃들고.

칠당가람을 지어라

칠성 신화

신의 깃든 곳에 사람이 산다.

불타면서

사람들이 떠나버린 제주목관아지.

다시 지어 사람들이 사는데.

원래 깃들었던 당우의 신들도

다시 깃들었을까?

당우의 신

사람과 집.

이동 생활을 하던 사람들에게 집은 중요하지 않아. 오늘 머물렀다고 내일도 머물 것은 아니기 때문이야. 그러니 특별할 필요가 없었지.

정착이 시작되자 집은 사람들의 생활 공간으로 변했어. 삶이 시작되는 공간이면서 동시에 삶이 끝나는 공간이 된 거야. 집이 중요해진 거지. 집을 지키는 것은 안전을 지키는 것이며 동시에 가족을 지키는 것이기도 했어. 그렇다고 집과 관련된 질서를 굳이 규정할 필요까지는 없었지.

그런데 집과 관련된 신들이 제주에 나타났어. 외부에서 들어온 거야. 이 신들은 제주도에 왜 왔으며 어떻게 집을 지키는 신이 되었을까?

장나라 장설룡과 송나라 송설룡이 부부의 연을 맺고 살았다. 집안은 풍족했으나 쉰 살이 넘도록 자식이 없어 걱정이었다. 부부는 수덕이 좋다는 절에 음식을 차리고 가서 자식을 점지해달라고 정성껏 빌었다. 송낙지 구만 장, 가사지 구만 장, 상백미 일천 석, 중백미 일천 석 등 갖가지 제물을 차려 절로 올라갔다.

아침저녁으로 불공 드리기를 석 달 열흘 백일 동안 계속하였다. 불공을 마치는 날 스님은 공양이 백 근이 차지 않아 딸자식을 낳을 것이라고 일러주었다.

집으로 돌아와 합궁일을 골라 천정배필을 맺었더니 과연 태기가 있었다. 그리고 월궁의 선녀 같은 여자 아기가 태어났다.

아기씨가 무럭무럭 자라 일곱 살이 되던 해, 아버지 장설룡은 천하공사, 어머니 송설룡은 지하공사 벼슬을 떠나게 되었다. 이때 부모는 딸자식이 걱정이었다. 딸을 데려갈 수 없으니 문을 단단히 걸어 잠가 가두어 놓고 가기로 했다. 그리고 늦인덕정하님더러 구멍으로 밥을 주고 구멍으로 옷을 주며 잘 키우고 있으면 벼슬살이를 마치고 와서 종 문서를 돌려주겠다고 신신당부하고 길을 떠났다.

장나라 장설룡과 송나라 송설룡 부부의 딸로 태어난 아기씨. 불교의 점지로 태어났어. 집을 지키는 신의 이야기, 아가씨에서 시작되지

늦인덕정하님은 주인의 당부대로 구멍으로 밥을 주고 구멍으로 옷을 주며 아기씨를 돌보았다. 하루가 가고, 이틀이 가고 날이 점점 흘러갔다. 이레째 되는 날이었다. 늦인덕정하님이 구멍으로 밥을 주려고 들여다보니 아기씨가 온데간데없이 사라져 찾을 수가 없었다.

상전이 알게 되면 목을 베게 마련이니 늦인덕정하님의 탄식은 이루 말할 수 없었다. 늦인덕정하님은 사흘 내내 아기씨를 찾으러 동서로 돌아다녔다. 하지만 아기씨 소문은 요만큼도 들을 수 없자 하는 수 없이 상전에게 편지를 띄웠다.

'아기씨가 온데간데없이 사라졌으니 어서 바삐 돌아오소서.'

그때 아기씨는 부모님이 그리운 나머지 살창 밖으로 살짝 빠져나와 산

길을 달려 부모님을 찾아 나섰다. 길은 끝이 없고 해는 저물었는데 질펀한 띠밭에서 오도 가도 못해 주저앉아 울기 시작했다. 두이레 열나흘을 울다 보니 아기씨는 기진맥진하여 죽을 지경이었다.

이때 스님 셋이 아기씨 곁을 지나게 되었다.

"앞에 가는 대사님아, 나를 우리 어머니가 있는데 데려다주옵소서."

"당초 여자는 아니 데리고 다닌다."

첫 번째 스님은 거들떠보지도 않았고 두 번째 스님도 그대로 지나갔다. 세 번째 스님이 지나가자 엉엉 울면서 사력을 다해 말했다.

"대사님아, 어머니한테 나를 데려다주옵소서."

"너는 누구냐."

"장나라 장설룡의 딸이 되옵니다."

"하하, 우리 법당에 와서 불공 드려 탄생한 아기씨로구나."

세 번째 스님은 조용히 아기씨를 짐짝 위로 집어놓고 다녔다.

밤에는 데리고 누워 자면서 수작을 하고, 낮에는 데리고 다니면서 시주를 받았다.

아기씨는 부모가 보고 싶어 집을 나가지. 이 가출은 출가의 의미야. 그렇게 되면 섬기는 부모도 달라지지. 보고 싶은 부모는 아버지, 어머니가 아니라 부처가 되는 거야. 그래서 스님을 만나게 되는 거지.

여자 아기씨가 출가하여 비구니가 되는 일, 쉽지 않아. 여자가 출가하기 위해선 세 번의 간청이 필요해. 석가모니에게 세 번 간청한 끝에 최초의 비구니가 나왔듯이, 아기씨도 세 번의 간청 끝에 스님들을 따라갈 수 있게 됐어. 스님을 따라간 아기씨, 비구니가 된 거지. 비구니가 되었으면, 설법을 들으며 공부

세 번의 간청으로 스님을 따라가게 된 아기씨

● 세 번의 간청으로 된 최초의 비구니, 석가모니 이모인 마하파자파티는 부처님께 출가를 요청했으나 허락되지 않다가 세 번의 간청 후에 비로소 비구니가 된다.

**스님의 행위를 부도덕하게
그리는 이유?**

● 무속의 입장에서 보면 스님이
나 불교는 경쟁자이다. 끊임없이
신앙민들에게 부정적 의식을 심
어줄 필요가 있다. 그래야 신앙
민을 지킬 수 있다. 이것이 설법
하는 행위를 데리고 누워 자는
수작으로 표현하는 이유이다.

도 해야 하고 시주를 받으러 다녀야 해.

이럴 즈음 장설룡 부부는 벼슬을 그만두고 급히 내
려와 동서로 순력하며 아기씨를 찾아다녔지만 찾지 못
해 허허 탄식하고 있었다. 부부는 절을 찾아 스님께 물
어보기로 하였다.

스님은 아기씨를 데리고 다니면서 희롱하다가 문밖
의 노둣돌 밑에 숨겨놓고 들어와서 장설룡 부부를 뵈
었다.

"일곱 살 난 아기가 없어졌는데 점이나 봐주시오. 절에 가 불공 드려 얻
은 아기가 없어졌으니 이게 어인 일입니까? 어디쯤 갔는지, 오행과 팔괘
단수육갑이나 짚어봐주시오."

장설룡이 부탁하자 스님은 손가락을 구부렸다, 폈다 하며 짚어보다가
말했다.

"오늘 사시가 되어 가면 딸의 얼굴을 볼 수가 있을 것입니다."

"요 중, 괘씸한 중. 요게 흉험을 들인 중이로구나."

장씨 부부는 스님의 멱살을 잡고 흔들어대며 당장 아기씨가 있는 곳을
말하라고 닦달했다.

"에, 아기씨는 부르면 들릴 듯, 외치면 알 듯 한 곳에 있는 듯합니다. 노
둣돌 밑에나 살펴보소서."

스님은 비구니가 된 아기씨에게 노둣돌을 보면서 집의 기초를 가르치
고 있어. 노둣돌은 원래 말에 올라타기 위해 대문 앞에 놓아두는 돌이기
도 하지만 집이나 기타 부속건물을 짓는 데 필요한 초석이기도 해. 부처
님은 외호하는 절의 부속건물을 짓기 위한 기초를 가르쳤다는 뜻이지. 비

구니를 가르치던 스님이 딸을 찾아달라는 장설룡 부부를 만났어. 스님은 사시가 되면 딸의 얼굴을 볼 수 있다고 해. 사시는 절에서 비구와 비구니가 아침 식사와 설법 참선 등의 일과를 하는 시간이야. 스님의 대답은 딸이 비구니가 되어 절에 머물고 있다는 것이었어.

▶ **노둣돌** 노둣돌은 집의 기초를 상징한다.

장설룡은 화가 났다.

"모든 화가 저 스님으로 인한 화로다. 저 스님을 가만 둘 수가 없다. 엎질러라."

야단을 치며 중을 잡아들이려 할 때 스님은 술법을 써서 천 리 길을 달아나 버렸다.

노둣돌을 찾아 살펴보니 과연 아기씨가 있었다. 얼굴엔 기미가 거멓게 끼고, 몸은 마치 뱀처럼 아리롱다리롱 하고, 배는 심상치 않게 불룩해져 있었다. 아기를 가졌음이 한눈에 드러났다. 배는 길이도 한 자, 모서리도 한 자가 되었다.

"설운 아기야, 형체가 왜 이리 되었느냐?"

"스님이 밥을 얻은 때는 많이 주고, 못 얻은 때는 조금 주니 이렇게 되었습니다."

"머리는 왜 맷방석이 되었느냐?"

"스님들은 얼레빗 참빗이 없으니 머리를 안 빗기니까 이리 되었습니다."

▶ **맷방석과 보살상의 머리** 아기씨의 머리가 맷방석이 되었다는 것은 보살이 되었음을 나타내는 이미지 상징이다.

아기가 그렇게 말하고 있지만 암만해도 의심스러워서 가슴을 확 헤쳐보니 젖꼭지가 거무스름했다.

"아이고, 이 노릇이여! 이런 일이 어디 있느냐?"

아기씨가 임신을 하고 있음이 확실했다.

비구니가 된 아기씨, 부모는 모든 것이 스님 때문이라며 화를 냈지. 환속시키려 했지만 아기씨는 이미 임신한 상태야. 임신을 했다는 것은 불교의 씨를 받아들였다는 뜻으로, 불교의 계율을 받아들인 비구니가 되어 버렸다는 거지. 되돌릴 수 없어.

임신한 사실을 안 장설룡은 크게 화를 내면서 아기씨를 죽이려고 마당에 형틀을 걸게 하고 뒷밭에 장검을 걸게 했다. 형 집행자를 부르게 하고 아기씨를 죽일 듯이 하였다. 그렇지만 어머니 송설룡은 차마 딸을 죽일 수 없으니 떠나보내자고 애원했다.

"말을 듣고 보니 그것도 옳은 말이오."

장설룡은 아기씨를 떠나보내기로 했다. 무쇠장이를 불러다 무쇠상자를 짜기 시작했다. 무쇠상자가 마련되자 아기씨는 울음으로 어머니, 아버지와 이별하고 상자 안에 톡 하니 놓여졌다. 그러고는 일흔여덟 큰 자물쇠를 채워 문을 꽉 잠근 후 바다에 띄워 보냈다.

되돌릴 수 없다면 이제 어떻게 해야 할까? 비구니로 살아가게 해야겠지. 그렇게 되면 부모 자식의 인연을 정리해야 해. 그렇다고 부모의 입장에서 자식과의 인연을 완전히 끊을 수는 없지. 장설룡 부부는 딸과의 인연을 완전히 끊고 싶었지만, 끊지는 못했어. 아기씨를 죽이고 싶었지만 죽이지 못했지. 그래서 어쩔 수 없이 떠나보내기로 했어. 이제 아기씨는 무쇠석함 같은 비구니의 계율에 갇혀 살아야 해. 그렇게 딸은 부모 곁을 떠났어.

무쇠석함은 물 위에도 궁글궁글, 물 아래도 공글공글, 밀물에도 흥당망당, 썰물에도 흥당망당 하면서 동해바다를 떠다녔다. 물마루를 넘어 제주바다로 밀려왔다.

무쇠석함에 담긴 아기씨는 토산으로 들어가려고 보니 토산바다 당할망신이 먼저 자리를 잡고 있었다. 토산바다 당할망신에게 자리를 내어달라고 사정했지만 대답은 단호했다.

"나 물이여, 나 포구여, 못 들어온다. 나가라!"

토산 할망신은 아무리 사정해도 들어주지 않았다. 할 수 없이 토산을 나왔다.

동해바다를 떠다니는 무쇠석함?
● 넓고 깊은 부처의 세계를 배우고 익히는 과정의 상징이다.

쉽게 제주도로 들어오지 못하는 아기씨?

● 부처를 모시는 비구니가 제주도에 들어와 집의 신으로 좌정할 때, 대부분의 무속신이 강력하게 저항한다. 이러한 저항은 비구니가 가지고 온 집의 신을 축출하고 새로운 집의 신을 세우는 문전 신화에도 나타난다. 문전 신화로 넘어가면 비구니인 칠성아기씨는 노일저대로 나타나고, 저항하는 무속신의 대표는 일곱째 아들 녹디셍이로 나타난다. 무속이 이렇게 강력하게 저항하는 이유는 칠성 신화에는 아기씨가 가지고 온 신의 자리에는 불교적 집의 신(일곱 뱀)의 자리만 있을 뿐, 기존 무속신들에게 신의 자리를 허용하지 않았기 때문으로 보인다.

대정 정월이로 들어가려고 보니 정월이 본향할망신이 있었다. 정월이 본향할망신도 단호했다.

"당초 여기로는 못 들어온다. 꿈에도 들어올 생각 말라."

정월이 본향할망신은 단번에 쫓아버렸다.

모슬포, 일과리, 당산봉, 두모리, 금릉리, 협재리, 한수리, 애월리, 제주성, 화북리, 삼양, 신촌, 조천, 신흥, 동복, 김녕, 세화 어느 곳으로도 들어가지 못했다.*

이젠 밀물을 타서 동쪽으로 머리를 돌려 함덕 서무오름 밑에 이르러보니 보던 중 제일 들어갈 만한 곳이었다. 무쇠석함은 서무오름 아래 썩은개로 들어갔다.

무쇠석함은 동해바다를 떠다니다 제주로 들어오지. 동해바다는 넓고 깊은 불법의 세계를 상징해. 불법을 익힌 비구니가 처음으로 제주도로 들어온 거야. 들

---

* 모슬포는 존지가 세어서, 일과리는 장밭할망신이 세어서, 차귀도 앞 당산봉은 법사 용궁 본향할망 개할망이 세어서, 두모리는 거머들 본향할망신이 세어서, 한림 금릉리는 수왕 물할망신이 세어서, 협재는 진도할망신이 세어서, 한수리는 영등할망신 세어서, 애월은 코지할망신이 세어서, 도두는 도들봉 본향신이 세어서 못 들어갔다.
제주성 산지포구는 칠머릿당신인 세변도원수가 세어서, 화북은 가릿당신이 세어서, 삼양일리 가물개는 시월도병서가 세어서, 삼양이리는 개로육섯도신이 세어서, 신촌은 큰물머리당신이 세어서, 조천은 새콧고망할망신이 세어서, 신흥은 볼레낭알 박씨할망이 세어서, 함덕은 사레물거리신이 세어서, 북촌은 해신국이 세어서, 동복은 고첨지 영감신이 세어서, 김녕은 안성세기 밧성세기가 세어서, 세화는 천자도 백줏도 금상님이 세어서 들어갈 수가 없었다.

▶ **서무오름(서우봉) 밑 썩은개** 신화 시대 최초의 비구니가 입도한 곳으로 추정되는 서무오름 썩은개. 함덕해수욕장 인근이다. 왜 썩은개인가? 여기서 '썩은'은 차갑다 의 제주어 '서근하다'에 개, 여, 빌레 등이 붙어 서근개(함덕리), 서근돌(한동리), 서 근빌레(서귀포시 위미리), 서근여(서귀포시 법환동)등에서 사용되고 있으며, '차가 운 용천수가 나는 바닷가(개, 돌, 빌레, 여)'라는 뜻을 지니고 있다. 썩은개, 썩은여 등으로 발음되면서 사람들은 부패의 의미를 생각하는 경우가 많다.

어왔지만 자리잡기가 쉽지 않았어. 각 마을마다 자리를 잡은 당신들이 있었기 때문이지. 제주의 무속신들과의 갈등 속에서 들어간 곳, 함덕 서무오름 썩은개야.

당시 함덕은 신흥과 합쳐 열네 가호에 일곱 잠수가 살던 때였다. 일곱 잠수가 테왁에 물망사리를 어깨에 메고 물질을 하러 바다에 들려고 썩은개에 갔다가 이상한 무쇠석함을 발견하였다.

"금궤여, 은궤여!"

"내가 주웠다."

"내가 먼저 주운 것이다!"

"내 먼저 봤으니 내가 임자다!"

일곱 잠수는 서로 자기 차지라고 머리를 뜯으며 범벅싸움을 하고 있었다.

이때, 송첨지 영감이 한 뼘 못 되는 볼락 낚싯대에다 작은 구덕을 어깨에 걸치고 으상으상 낚시질을 가고 있었다. 서무오름 밑에서 왁자지껄 소리가 들려 가보니 일곱 잠수가 머리채를 감아쥐고 크게 싸우고 있었다.

"이게 무슨 일이오? 대체 무엇 때문에 범벅이 돼서 싸우는고?"

잠수들이 저마다 한마디씩 떠들어댔다.

"하르바님아, 이런 일이 어디 있습니까?"

"사실이 이만저만하니 들어보십시오."

"요 공사를 조절해주십시오."

"저 무쇠석함을 내가 먼저 주웠는데 자기 거라고 억지를 부리지 뭡니까?"

"먼저 본 사람이 임자 아닙니까?"

송첨지 영감은 잠수들이 서로 자기 말이 맞다고 우겨대는 소리에 귀 눈이 왁왁했다.

"요년들, 그게 싸울 일이냐? 그 속에 은이 들었든지 금이 들었든지 간에 일곱이 똑같이 나눠 가지면 되지 싸울 일이 뭐가 있겠느냐?"

"아하! 그게 낫겠습니다."

"무쇠석함일랑 나를 주면 담배함으로 쓰겠다."

"어서 그걸랑 그리하십시오."

잠수 일곱이 궤짝 문을 두드려도 워낙 굳게 잠긴 문은 열리지 않았다. 송첨지 영감이 동솥 같은 주먹으로 무쇠석함을 삼세번 메어치니 뚜껑이 저절로 성강 열렸다. 잠수들이 일시에 석함 앞으로 모다들었다.

그것을 열었다. 혀는 멜록멜록, 눈은 펠롱펠롱, 몸뚱아리는 아리롱다리롱한 여덟 마리의 뱀이 소랑소랑 누워 있다가 오망오망 기어나오는 것이 아닌가. 임신한 아기씨가 뱀 일곱 마리를 낳고 뱀으로 환생한 것이다.

함덕 해녀들과 비구니와의 만남. 기대와 궁금증, 함덕 서무오름 밑 썩은개에 올라온 무쇠석함에 대한 사람들의 반응이야. 기대와 궁금증을 해결하기 위해 무쇠석함을 열었어. 비구니의 요구를 들은 거야. 나온 것은 임신한 아기씨가 낳은 일곱 마리 뱀이었어. 뱀은 부처님을 외호하는 존재이며 동시에 관음보살을 상징해. 쉽게 표현해 부처님을 외호하기 위한 일곱 개의 당우(집)를 지어달라는 요구를 받은 거지.

"요년들아, 요거 은이냐? 금이냐?"

송첨지 영감은 낚싯대로 이리저리 헤쳐 뱀을 여기저기 내던졌다.

"아따, 더럽고 재수 없는 게 보이는구나."

일곱 마리 뱀?

● 뱀은 부처님이나 사찰을 외호하는 존재이며 동시에 관음보살의 화신으로 가장 낮은 곳을 기어 다니며 중생의 세계를 체험하고, 능력과 성품에 맞게 교육하며 구제하는 의미를 가지고 있다. 일곱 마리 뱀은 부처님을 외호하기 위해 필요한 일곱 건물, 칠당가람의 상징이다

일곱 잠수들도 비창으로 이리저리 캐우리며 돌멩이를 던져 맞혔다. 사람도 놀라고 뱀들도 겁이 났다. 잠수들은 투투, 더럽다면서 물질하러 물속으로 풍당풍당 들어갔다.

기대와 궁금증은 실망으로 변했어. 함덕 해녀들에게 금, 은 같은 재물을 주는 것이 아니라. 부처를 모실 일곱 채의 집을 요구한 거지. 해녀들은 실망했어.

일곱 채의 집, 칠당가람을 짓는 일에는 많은 재물과 노동력이 필요해. 함덕리와 신흥리를 합쳐서 열네 가호밖에 살지 않는 곳에서 칠당을 지으라는 비구니의 요구는 수용 불가능한 요구였어. 해녀들은 거부할 수밖에 없었지.

그날따라 해녀들은 여느 때와 달리 솔치도 쏘악, 메역치도 쏘악해서 도저히 물질을 할 수 없었다. 해녀들은 바로 물에서 나와 아야, 아야 아파하면서 집으로 돌아갔다. 코피가 나는 해녀, 이마에 혹이 돋는 해녀, 입술이 언청이처럼 찢어지는 해녀, 볼살이 찢어지는 해녀, 귀에서 싯누런 고름이 줄줄 흘러나오는 해녀 등 고통이 이어졌다. 잠들 수도 없고 일을 할 수도 없었다. 송첨지 영감과 일곱 잠수는 시름시름 몸이 아파 드러누웠다. 입술이 부르트면서 몸이 부었다가 나았다가 부었다가 나았다가 반복하면서 죽을 지경에 이르렀다.

칠당을 세우라는 비구니의 요구를 거부하자 해녀들에게 엄청난 시련이 찾아왔어. 비구니가 해녀들에게 시련을 줄 현실적인 힘을 가지고 있다는 이야기야. 코피가 나고, 혹이 생기고, 입술이 찢어지고, 볼살이 찢어지고, 귀에서 고름이 나올 정도로 가혹 행위를 당했다는 뜻이지. 송첨지와 해녀들은 죽을 정도로 당했어.

근원을 알 수 없는 신병이 들자 답답하여 점을 쳐보기로 했다. 문점을 하였더니 남의 나라에서 들어온 신을 박대한 죄라고 하였다.

"어떻게 하면 좋습니까?"

"잠수 일곱이 돈을 모아 그 포구로 가서 두이레 열나흘 굿을 하시오."

"어떻게 차려서 굿을 합니까?"

"밥도 일곱, 떡도 일곱, 무명도 일곱, 종이도 일곱, 불도 일곱, 모두 일곱씩 차려서 하시오."

일곱 잠수와 송첨지 영감은 심방을 불러다 큰 굿을 했다. 두이레 열나흘 굿을 마쳐갈 즈음 심방이 말했다.

"이 조상은 어디 다른 데로 가지도 오지도 아니하여 석함을 주운 사람 뒤에 들어 얻어먹겠다고 합니다."

"병만 좋다면 그거야 어렵습니까?"

굿을 하고 나니 잠수들의 신병은 씻은 듯이 나았다.

뭔가 대책이 필요했어. 칠당가람을 짓는 일은 해녀들의 능력으론 불가능해. 평생 초가집이나 움막 하나를 지을 수 있을 정도의 능력밖에 되지 않았거든. 하지만 칠당의 신을 위한 밥이나 떡 등 재물을 일곱 개 더 준비할 수는 있다고 생각한 거야. 그래서 방법을 제시하지. 쉽게 말해 타협안을 제시한 거야. 칠당가람을 짓지는 못하지만 칠당에 해당하는 신으로 잘 모시기로 타협은 이루어졌어. 일곱 마리 뱀으로 상징된 칠당이 굿을 받을 수 있는 무속의 신격을 획득한 거야. 그래서 함덕 해녀들의 문제가 해결된 거지.

이후 물질을 나갈 때마다 전복, 소라, 미역 한 망사리 그득그득 하고 돌아왔다. 칠성을 조상으로 모시고 위하니 일곱 잠수에게는 재물이 물밀 듯이 들어오기 시작하고 일시에 거부가 되어갔다. 그래서 일곱 잠수와 송첨지 영감은 서무오름 앞에 칠성당을 만들고 신을 위하기 시작하였다. 이것을 본 마을 사람들도 그 조상 우리도 좀 나누어달라며 너도나도 위하고 섬기니, 함덕 마을은 부촌이 되어갔다.

부처를 잘 모시고 칠당의 신을 받아들이기 위해 칠성당을 만들었어. 그래서 송첨지와 해녀들은 일상으로 돌아갔지.

무쇠석함에 담겨 물에 떠 와 이 마을 당골들에게서 이만큼 얻어먹게 되니 칠성아기씨들은 무척 살기가 좋았다. 하지만 이 마을도 한도가 있어 오래 계속 머무를 만한 곳은 못 되었다.
'어디로 갈까?'
칠성들은 사람들이 많이 산다는 제주 성안을 찾아가면서 마을들을 살펴보기로 마음먹고 함덕을 떠나 제주 성안 쪽으로 향했다. 큰길로 가자 하니 개, 짐승이 무서워 낮에는 오솔길로, 밤에는 큰길로 함덕리 금성동산을 거쳐, 조천 만세동산으로, 신촌 열녀문 거리로, 화북 베릿내에 이르렀다.
긴 여로에 땀도 나고 몸도 더러워졌다. 일곱 아기들은 묵은 옷을 벗어 가시나무에 걸쳐두고 냇바닥으로 들어갔다. 냇바닥에는 밑바닥이 보일락 말락 베릿물이 괴어 있었다. 일곱 아기는 거기에 목욕을 했더니 몸이 한결 시원해졌다. 일곱 아기는 새 옷으로 갈아입었다.

잘 대접받았지만 비구니 입장에서 이 마을은 오래 머무를 곳이 못 되었어. 경제력도 노동력도 부족해서 칠당을 지을 수 없기 때문이야. 사람들이 많이 사는 제주시로 가면서 칠당을 지을 수 있는 곳을 찾아보기로 했어. 조천, 신촌, 화북을 살펴보았지. 마을마다 형편이 비슷했어. 결론은 칠당 짓기 어렵다는 거야. 그래서 허물을 벗고 새 옷을 입었어. 지금과는 다른 새로운 방법이 필요하다는 것을 깨달은 거지.

새 옷으로 갈아입은 칠성?
● 뱀이 옷을 갈아입는 것은 기존의 허물을 벗어나는 깨달음의 상징이다. 제주 마을에서 가난한 여러 사람의 힘으로 부처님을 외호하는 칠당을 짓기 어렵다는 깨달음이다. 가난한 여럿이 못하면 엄청 큰 부자가 칠당을 지으면 되지 않을까 하는 깨달음?

목욕재계하고 새 옷으로 갈아입은 칠성들은 제주성 동문의 높은 언덕으로 올라갔다. 오르려면 숨이 고웃고웃 넘어갈 듯하다고 해서 고으니마루로 불리는 언덕이었다. 언덕을 지나 칠성들은 이 담 구멍 저 담 구멍을 지나 이 마루 저 마루를 넘어 가락쿳물에 당도하였다. 오고 보니 물길 내려가는 구멍이 뚫려 있었다. 이 구멍으로 살살 기어 성안으로 들어서 산지물에 가서 한숨 쉬고 있었다.

송대정집 부인이 아침 물을 길러 허벅을 지고 가다가 산지물 입구에 소랑소랑 누워 있는 뱀들을 발견하였다. 치마를 벗어놓고 물을 길어 허벅을 지고 나와보니 벗어둔 치맛자락에 뱀들이 오골랑오골랑 누워 있는 것이 아닌가.

"우릴 살릴 조상님이거든 어서 오시옵소서."

송대정 부인은 뱀을 치맛자락에 싸다가 고팡에 갖다 모셨다. 그로부터 송대정 집은 우마가 번성하고 자손이 창성하고 오곡이 풍성하게 되어 삽시에 부자가 되어갔다.

어느 날 칠성들은 장마의 곰팡이나 기운을 풀기 위해 여기저기 돌아다녔다.

송대정이 부자인 이유?
● 칠성을 잘 모셔서 부자가 되
었다기보다, 칠당을 짓기 위해
원래 부자인 송대정 집을 찾아갔
다는 것이 타당한 것으로 보임.
그럼에도 잘 모셔서 부자가 되었
다고 표현한 이유는, 그래야 신
의 권능이 더 살아나기 때문이다

칠당을 짓기 위한 새로운 방법, 큰 부자를 찾아간
거야. 제주성의 부자는 송대정집이지. 송대정은 부처
와 칠당의 신을 받아들이고 잘 모셔주었지. 그렇지만
칠당을 짓기에는 역부족이었어.

다른 곳을 찾기 위해 송대정집을 나와 제주시 여기
저기를 돌아다녔어.

하루는 건입동 동산에 칠성이 소랑소랑 누워 있었다. 때마침 어떤 관원
이 지나가다 이를 보고는 '에이, 추잡하고 더럽다. 퉤퉤' 하며 침을 뱉었다.

그날부터 이 관원은 입안이 헐어 터지고 온몸이 아파 곧 죽게 되어갔
다.

또 다른 방법이 필요했어. 그래서 찾아간 곳이 관청이야. 관청은 개인
보다 재물과 사람들을 많이 부릴 수 있는 곳이지. 관청으로 가서 부처님
을 외호할 칠당을 지어달라고 요구했어.

칠당을 지어달라는 비구니의 요구를 관원이 거부했어. 비구니의 요구
를 거부하자 관원에게 시련이 닥쳤어. 당시 불교의 힘은 관청을 넘어서고
있었던 시대였던 거야. 당시 관원들은 제주의 신들을 믿는 제주 사람들로
채워져 있었나 봐. 절의 힘을 제대로 파악하지 못한 대가를 관원들도 해
녀들처럼 혹독하게 치러야 했지.

하도 황당하여 잘 안다는 심방을 불러 점을 쳐보니 다른 나라에서 들어
온 신을 보고 속절없는 입담을 한 죄목이니 굿을 해야 한다고 했다. 관원
의 집에서는 그날로 제물을 차리고 굿을 하여 칠성을 위했다. 칠성들은
잘 얻어먹어 배가 부르니 등짓닥 배짓닥 하며 놀았다. 그래서 이 동산을

배부른 동산이라 부르게 되었다.

칠성들이 이렇게 여기저기서 얻어먹으며 얼마 동안을 잘 지냈다. 그러나 언제까지나 이렇게 다니며 얻어먹을 수도 없는 노릇이었다.

하루는 어머니가 일곱 아기들을 불러놓고 말했다.

"아기들아, 우리가 이렇게 한가히 다니면서 언제까지나 얻어먹을 수도 없는 노릇이니, 너희들이 각기 갈 곳을 찾아 들어가도록 해라."

그러고는 각자 좌정처를 물었다.

"큰딸아기는 어디로 가겠느냐?"

"예, 저는 동헌 안으로 가겠습니다."

"무엇이 좋아서 그리 가려느냐?"

"사또가 들어서면 도임상도 받고 일만 관속 모두 내 차지 하겠습니다."

"둘째딸아기는 어디로 가겠느냐?"

"저는 환상곡 창고로 가겠습니다. 일만 백성들이 빌려갔던 환상 곡물을 바치면 동창고, 서창고에 쌓인 곡식 모두 내 차지 하겠습니다."

"너는 부자가 되겠구나. 셋째딸아기는 어디로 가겠느냐?"

"예, 난 알록달록 오색 물감이 좋아서 염색 창고로 가겠습니다."

"넷째딸아기는 어디로 가겠느냐?"

"예, 저는 죄에 걸어진 사람들이 풀려나려고 돈이며 돼지 다리며 가져오는 형방으로 가겠습니다."

"다섯째 딸아기는 어디로 가겠느냐?"

"저는 억울하게 죄를 쓰고 갇힌 사람들을 도와줄 수 있는 옥방으로 가겠습니다."

"여섯째딸아기는 어디로 가겠느냐?"

"과원으로 가겠습니다."

마지막으로 막내 일곱째 딸을 불렀다.

"일곱째 아기는 어디로 가겠느냐?"

"어머님아, 저는 집 우영팟의 감귤나무 밑에 빗물이 들지 않도록 이엉을 엮어 만든 주젱이를 덮고 그 밑에 청기와 흑기와 속으로 억대 부군 칠성이 되어 들어가서 구시월이 되면 귤을 진상받겠습니다. 어머님아, 우리 일곱 딸 기르려고 하니 가슴인들 답답하지 않았겠습니까. 시원한 귤을 받아 올리거든 답답한 가슴이나 시원 석석히 가라앉히십시오."

"설운 내 아기, 효심이 많구나."

일곱째 딸은 집 뒤 눌 굽으로 들어서면서 물었다.

"어머님은 어디로 가시겠습니까?"

"난 고팡으로 들어가 큰 항아리, 작은 항아리, 큰 뒤주, 작은 뒤주 아래서 곡식을 지키겠노라. 곡식을 섬으로 지키는 이, 말로 지키는 이, 되로 지키는 이 다 거느려서 고팡할망으로 얻어먹겠노라."

이리하여 똑똑하고 야무진 막내딸은 밧칠성이 되고 어머니는 고팡할망 안칠성이 되어 곡식을 거두어 지켜주는 관청의 신이 되었다.

칠성아기들은 각자 관청의 좌정처를 정해 떠나가기에 앞서 물었다.

"어머니와는 어느 날에 만날 수 있겠습니까?"

"바늘 간 데 실 아니 가며, 어머니 간 데 아기 아니 가랴? 좋은 날에 고사 할 때는 모두 모여들어 연물 소리 들으며 나누어 먹도록 하자."

관청에서도 비구니의 요구를 해결하기가 쉽지 않았어. 부처님과 칠당의 신을 잘 모셔 대접하는 것으로 화를 모면했으나 칠당을 짓는 문제를 쉽게 해결하지 못했지.

그런데 해결할 방법이 하나 있었어. 이미 지어져 있는 관청의 건물을 칠당으로 지정하는 방법이야. 동헌, 환상곡 창고, 염색 창고, 형방, 옥방, 과원 등을 칠당으로 정해서 부처님을 외호하도록 했지. 그리고 부처님을

▶ **제주도 관음사 전경과 제주목 관아(濟州牧 官衙)** 지금의 관음사는 칠당보다 더 많은 당우를 가지고 있다. 한편, 고려 시대에도 관청의 역할을 했던 곳으로 추정되는 제주목 관아에는 칠당으로 지정될 수 있을 정도의 여러 부속건물이 있었을 것으로 보인다.

모시는 곳은 중요한 재물을 보관하는 고팡은 부처님을 모시는 비구니가 좌정하기로 했지.

이 좌정한 비구니와 칠당의 신들이 무속의 신이 되었어.

그때 낸 법으로 칠성고사를 할 때는 메 한 기에 떡도 일곱, 젓가락도 일곱 개를 꽂아서 비는 법이 생겼다.

그 후, 경제적으로 어려웠던 제주 사람들은 집신을 모실 때, 메 한 기에 떡도 일곱, 젓가락도 일곱 개를 꽂아서 집의 안녕을 기원하게 되었지.

칠성 신화는 비구니가 들어와 부처님을 외호하는 칠당을 짓기 위한 과정에서 제주 사람들과 외래신인 불교 사이에서 일어났던 갈등과 수용의 과정을 보여주는 신화이다.

비구니에 의해 유입된 부처님을 외호하기 위한 칠당, 일곱 채의 건물을 지으라는 요구를 수용하기 힘들었던 제주 사람들은 일곱 채에 해당하는 각각의 신을 만들어 위하고 모심으로써 집을 지키는 무속신을 탄생시켰다.

그렇지만 불교의 입장에서는 칠당을 건립하고자 하는 시도를 지속했다. 그럼에도 불구하고 칠당을 짓는 것은 불가능했다. 사회 경제적으로 제주 사회는 칠당을 건립할 수 있는 여력이 없었기 때문이다. 이를 해결하는 방법으로 관청의 부속 건물을 칠당으로 지정한 것이다. 이렇게 신의 좌정처가 관청으로 정해지면서 칠성아기씨는 관청의 신이 된 것이다.

이 신화에 등장하는 신은 무속에 의해 수용된 불교적 무속신이다. 그렇지만 불교가 유교에 밀려 현실의 정치권력을 상실하면서 영향력이 축소되었다. 그 결과 이 불교적 무속신들을 밀어내려는 새로운 신들이 나타나는데 그것이 문전 신화이다.

신도

훔칠 수 있을까?

모든 것이

자본화되어 있는 시대.

신을 훔쳐서 팔면

가격은

얼마일까?

동자석(童子石)을 위하여

문전 신화

문전의 신

당신은 왜 여기 서 있습니까?

동일한 권능을 가진 신이 다시 나타나면 어떻게 될까? 서로 자기가 진짜라고 싸우겠지. 정통성을 차지하기 위한 싸움이 벌어지는 거지.

집과 관련된 불교적 무속신이 사람들 사이에 퍼져 있는데 다른 신이 나타난 거야. 새로 나타난 신인지, 아니면 숨어 있다가 나타났는지는 몰라도 이 둘은 싸울 수밖에 없지. 내가 원래 주인이라고, 저 가짜가 속임수로 차지한 거라고 주장하면서 싸우겠지. 싸움에서 지면 쫓겨나거나 죽는 거지. 이 싸움이 일어나는 장소는 무속이지만 배경에는 불교와 유교가 있어. 원래 자리를 잡고 살던 진짜라고 주장하는 신, 그들은 누구일까?

할아버지는 해만국, 할머니는 달만국이었던 시절, 제주도 남선고을 남선비와 여산고을 여산부인이 혼인을 하여 부부가 되었다. 하지만 집안은 몹시 가난했고 살림은 빈궁하였다.

원래 자리를 잡고 살던 사람은 남선비와 여산부인이야. 이름에서부터 유학을 받아들인 시대를 말하고 있지.

● 남선비는 유학적 이름이다. 유
학은 생활의 자각을 통해 만들어
지는 생활철학이라는 생각이 강
하다. 이는 유교적 질서가 원래
부터 제주 사회에 존재하고 있었
다는 인식의 결과로 제주 사회가
유교 사회로 진입했음을 알려주
는 것이다.

한 해 두 해 흘러 남선비와 여산부인에게서는 차례
로 아들 일곱 형제가 태어났다. 하지만 살림살이는 나
아지지 않았다. 아이들이 대여섯 살이 될 때까지는 그
럭저럭 먹이고 입히기만 하면 되었지만 아이들이 커가
기 시작하자 여산부인의 시름은 날로 깊어지기 시작했
다. 남의 집 아이들은 글공부를 하는데 자기 자식들은
겨우 연명이나 하면서 한평생 무지렁이로 살아갈 생각
을 하니 눈앞이 캄캄했던 것이다.

하루는 여산부인이 남편에게 진지하게 말했다.

"이렇게 살다가는 아이들을 제대로 키울 수가 없으니 어찌하면 좋겠습
니까?"

"아이들은 제대로 키워야지요."

"무슨 방도가 있어야 하지 않겠습니까?"

"글쎄, 난들 뾰족한 수가 있겠소?"

"쌀장사나 해보는 게 어떻습니까?"

"쌀을 살 만한 밑천이 없는데 어찌하리오?"

"그것일랑 걱정 마십시오. 망건과 양태를 짜서 모아둔 금전이 있습니
다."

여산부인은 서둘러 남선비가 타고 갈 배를 한 척 마련하였다. 남선비가
물 밖에 나가 쌀장사를 하고 올 때 책도 일곱 통, 붓도 일곱 통, 먹도 일곱
통 마련하여 돌아오면 일곱 아들들에게 글공부를 시킬 수 있으니 얼마나
좋은 일인가.

남선비와 여산부인은 일곱 아들을 낳았어. 그리고 아이들을 제대로
키우기 위해 교육을 시키려고 하지. 부모와 자식 각각의 도리를 다하는

것이 유학에서는 중요해. 부모의 도리는 자식들이 제 역할을 할 수 있도록 잘 키우고 교육시키는 거야.

남선비는 식구들과 이별하고 여산부인이 마련해준 배를 타고 남선고을을 떠났다. 남선비가 탄 배는 바람 부는 대로 물결 이는 대로 궁글궁글 흘러 오동나무 오동고을에 닿았다.

오동고을에는 노일저대귀일의 딸이 살고 있었다. 이 딸은 일은 하지 않고 간들간들 놀고먹으면서 남의 것을 가로채거나 훼방 놓는 등 못된 짓을 골라 하는 간악한 여인이었다. 사람들은 그녀를 노일저대라고 불렀으며 또한 행실이 바르지 못하고 악덕을 행하는 여자가 있을 때는 누구나 노일저대 닮은 년이라고 욕을 했다. 누구든 노일저대에 비유되는 것은 최대의 치욕스러운 일이었다.

남선비는 돈을 벌어 자식을 교육시키려고 제주를 떠나 오동나무 오동고을로 갔어. 거기서 노일저대를 만난 거야.

이 노일저대는 불교적 무속신의 기원인 비구니의 상징이기도 하지.

원래 노일저대는 일하지 않고 놀고먹는 기생이란 뜻으로 말과 춤으로 살아가는 비구니를 부정적으로 표현한 말이야. 칠성 신화의 아기씨의 변용으로 보여.

남선비가 혼자서 배를 타고 쌀장사를 왔다는 소문을 들은 노일저대는 부리나케 포구로 달려왔다. 그러고는 있는 아양, 없는 아양 다 부려가며 남선비를 꾀기 시작했다.

"남선비님, 남선비님. 오동나라에 처음 왔으니 우리 집으로 가시지요?"

"아, 고맙소. 임시로 거처할 데가 있었으면 하던 중이오."

● 염불과 수행을 하는 비구와
비구니의 행위를 상징한다.

노일저대에게 돈, 배, 갓 등을
빼앗기는 남선비?
● 돈과 배를 빼앗기는 것이 절
에 바치는 공양물의 의미를 상징
한다면 삼백도리와 갓을 뺏기는
것은 불교에 빠져 유학의 정신을
뺏기는 것을 상징한다.

소맷부리를 끌어당기다시피 하여 남선비를 자기 집
으로 인도한 노일저대는 다시 살랑살랑 꼬리를 쳤다.

"우리, 심심풀이 소일로 장기 바둑이나 두며 놀음놀
이나 해보는 게 어떻습니까?"

"아, 어서 그럽시다."

남선비와 노일저대가 장기판을 벌여 이리 두고 저리
두고 하는데 신선놀음이 따로 없었다.

며칠이 흐르는 사이 승부는 뻔한 일이 되어갔다. 간
악한 노일저대의 꾐에 빠진 남선비는 내기 바둑에서 한 번도 이겨보지 못
한 채 쌀 살 돈을 모조리 빼앗기더니 입고 간 물명주 두루마기를 팔아야
했다. 나중에는 양반의 상징인 삼백도리 긴 갓도 모두 팔고, 타고 간 배도
팔아야 했다.

남선비는 노일저대의 꾐에 빠져 돈도 뺏기고, 배도 뺏기고, 양반의 상
징인 갓도 뺏겼어. 이는 불교의 꾐에 빠져 유학이 갖고 있던 것을 빼앗기
게 되었다는 내용이야. 다 뺏기게 되면 문제가 생기지. 부모의 역할을 못
한다는 거야.

불교적 무속신의 행위는 희화화될 수밖에 없지. 노일저대의 행위는
불교가 순진한 사람들을 홀려 사람들의 재물과 재산을 뺏어가면서 지속
적으로 신도로 묶어두는 일로 희화화된 거야.

가도 오도 못하는 가련한 신세가 되고 만 남선비는 어쩔 수 없이 노일
저대에게 의탁하여 끼니라도 얻어먹을 수밖에 없게 되었다. 남선비는 노
일저대를 첩으로 맞아 나무 돌쩌귀에 거적문을 단 수수깡 외기둥 움막집
에서 새살림을 시작하였다. 노일저대는 남선비를 남편으로 잘 모실 리가

없었다. 남선비에게서 모든 것을 빼앗아 빈털터리로 만들었으며 오히려 귀찮은 애물단지로 여길 정도였다. 그래서 자신은 좋은 음식 먹고 간들거리며 놀러 다니면서 남선비에게는 겨죽을 끓여주기가 일쑤였다.

"요 개 저 개, 훠이 저 개!"

남선비는 겨죽 단지로 달려드는 개에게 먹이를 뺏기지 않으려고 겨죽 단지를 끼고 앉아 졸음을 조는 게 태반이었다. 영양이 부실하다 보니 남선비는 점점 눈까지 어두워져버렸다.

남선비는 노일저대에게 모든 것을 빼앗기고 구박을 당하며 살았어. 여필종부를 따르지 않는 불교를 비판하는 것이기도 해. 유교적 관념에서 보면 잘못된 관계야. 부부간의 인륜이 무너진 거지.

한편 여산부인은 이제나 저제나 남편이 돈을 벌어 돌아오기를 기다렸다. 하지만 연 삼 년을 기다려도 끝내 남선비는 소식조차 없었다.

어느 날 여산부인은 일곱 아들들을 불렀다.

"너희 아버지가 쌀장사를 갔는데 여태 소식이 없는 것을 보니 무슨 곡절이 있는 것 같지 않느냐?"

"저희도 그렇게 생각하고 있습니다."

"무슨 봉변을 당한 게 틀림없다. 너희들은 깊은 산중에 올라가서 곧은 나무를 베어 오거라."

"나무는 무엇에 쓸 것이옵니까?"

"그 나무로 배를 하나 지어다오. 내 너희 아버지를 찾아오겠다."

"아닙니다. 어머니, 저희가 가겠습니다."

"아니다. 내가 가마. 너희들이 가다가 바다에 빠지기라도 하면 자손만대 제사며 벌초를 누가 하겠느냐? 나 하나 빠진 건 큰 탈 없으니 내가 가

는 게 낫다.“

　일곱 아들은 하는 수 없이 깊은 산중에 올라가 곧은 나무를 베어다가 배 한 척을 지어놓았다. 여산부인은 일곱 아들과 이별하고 남선고을을 떠났다. 배는 바람 부는 대로 물결 이는 대로 궁글궁글 흘러 어느덧 오동나라 오동고을에 닿았다. 오동고을에 당도한 여산부인은 이리저리 남편을 찾았으나 행방이 묘연했다. 정처 없이 남선비를 찾아다니던 여산부인은 어떤 여남은 살 된 아이가 수수밭에서 새 쫓는 소리하는 것을 듣고 걸음을 멈추었다.

　　　새야, 새야 약은 체 마라
　　　남선비 약은 딴에도
　　　가난하게 살아지난
　　　책 일곱 통, 붓 일곱 통
　　　먹 일곱 통 사려왔다가
　　　노일저대 유혹에 빠져
　　　배도 팔아먹고 갓도 팔아먹고
　　　물명주도 팔아먹고
　　　수수깡 외기둥 움막에 앉아
　　　이 개, 저 개, 훠이 저 개
　　　겨죽 단지 옆에 끼고 앉아
　　　숟가락 걸치고 쫓고 있더라.
　　　요 새, 저 새, 훠이 훠이

　여산 부인은 정신이 번쩍 들었다.
　“애야, 넌 누구니?”
　“난 밭에서 새 쫓는 일을 하는 아이우다.”
　“아까 뭐라고 노래 불렀느냐? 한 번 더 불러주면 고운 댕기, 고운 구슬,

고운 주머니 주마."

"요 새 저 새, 너무 약은 체 말라 남선비 약은 깐에도 노일저대 홀림에 들었다고 한 거요?"

"설운 아기야, 남선비 어디 사느냐? 남선비 사는 데 가르쳐다오."

"요 재 넘고 저 재 넘어 가다 보면 나무 돌쩌귀에 거적문을 단 오막살이 가 있는데, 거기 가면 남선비 앉아 있는 게 보입니다."

고운 댕기와 고운 구슬과 고운 주머니를 아이에게 쥐어준 여산부인은 요 재 넘고 저 재를 넘어갔다. 재를 넘어가다 보니 일천 한량들이 놀고 있었다. 어떤 여자가 대홍대단 홑치마, 구슬동이 저고리에 고운 주머니를 차고 왼손에는 은가락지 오른손에는 놋가락지를 끼고 한량들과 어우러져 웃어젖히며, 오금춤을 추면서 놀고 있었다.

"저 여자 팔자는 무슨 팔자인고?"

남들은 다 일할 시간에 한가하게 노는 모습을 보니 속으로 보통 팔자는 아니라고 생각하며 슬쩍 놀이판을 비껴 넘어갔다.

놀이판을 넘어서니 과연 아까 만났던 아이가 말해준 오막살이가 나타났다. 나무 돌쩌귀에 거적문을 달고 수숫대에 꽃가마귀를 두른 집이었다.

"지나가는 외방 사람인데, 날 저물어 하룻밤 묵어가게 해주십시오."

"아이고, 난 몰라. 노일저대 오면 마음대로 했다고 막 욕할 거요."

"조금 빌려주십시오. 부엌 구석이라도……."

겨죽 단지를 끼고 앉은 남자는 분명 남선비였다. 하지만 눈이 어두워진 남선비는 여산부인을 알아보지 못하는 것이었다.

"외방 나다니는 사람이 집을 등에 져서 다닙니까, 밭을 등에 져서 다닙니까? 좀 빌려주십시오. 밥이나 해먹게."

여산부인이 간절히 부탁하는 바람에 남선비는 마지못해 밥이나 해서 먹고 가라고 허락하였다.

여산부인이 밥을 하려고 솥을 열어보니 솥바닥에 겨죽이 바짝 눌어붙어 있었다. 여산부인은 날카로운 조개껍데기로 두 번 세 번 바닥을 박박 긁어 밀어낸 다음 앞동산의 수세미, 뒷동산의 수세미를 걷어다가 깨끗이 솥을 씻어냈다. 그러고는 은같이 희고 옥같이 고운 쌀을 씻어 밥을 지었다. 여산부인이 흰 쌀밥에 신 김치, 옥돔, 미역국을 한 상 가득 차려 남선비에게 들여갔다.

"이 밥상 좀 받으소서."

"아! 어떤 손님이 나 같은 사람한테 이런 귀 갖춘 음식을 들여놓는가?"

"무슨 말씀을 그리하십니까?"

남선비는 첫술을 들고 나서 눈물을 주르륵 흘리는 것이었다.

"아니, 무슨 일로 첫술에 눈물수제비를 하십니까?"

"아! 이건 전에 먹던 밥 닮다. 나 받아먹던 숟가락도 닮다, 나 받아먹던 밥상도 닮다, 나 받아먹던 죽사발도 닮다, 나 받아먹던 젓가락도 닮다마는……."

남선비는 콧등에 차오는 서러움도 잠시 잊은 채 '밥아, 너 본지 오래구나.' 하며 허기진 속을 달래기 바빴다.

밥 한 상을 깨끗이 비우고 나서야 남선비는 하소연을 하기 시작했다. 쌀장사를 왔다가 모든 것을 빼앗기고 죽지도 살지도 못하는 처량한 신세가 된 사연을 말했다. 그동안의 쓰린 날들을 토로하려니 눈물이 앞을 가렸다.

한참 동안 자기의 과거 역사를 닦아가던 남선비가 불쑥 말했다.

"요거, 한 입은 남겼다가 우리 노일저대나 주었으면……."

"노일저대가 누구입니까?"

"나 여기 와서 맞아들인 작은각시우다."

"아따, 헛걱정 말고 어서 드십서. 나 이녁 큰각시우다."

"아이고! 뭐라고 했소."

남선비는 깜짝 놀라 자기도 모르는 사이에 부인의 팔목을 덥석 잡았다.

"우리 큰부인이라고? 큰부인이 왔다고?"

"알아볼 수나 있겠습니까?"

남선비는 반가움이 말할 수 없이 컸지만 어둑시니가 되어 볼 수 없게 되었으니 마음이 타고 애가 달았다.

"아이고, 참 …… 여기 어디라고 찾아왔는고?"

"이젠 집으로 갑시다."

여산부인은 남선비를 목욕시키고 남방사주 저고리에 북방사주 붕어바지 한산모시 벌집 같은 행경 물명주 도폭을 잘 차려입히고 어서 집으로 가자며 행장을 차리기 시작했다.

이때 오는 길에 본 한량들과 오금춤을 추고 있던 여자가 마당으로 들어섰다. 하지만 아까와는 전혀 다른 행색을 하고 있었다. 머리는 흩뜨리고 닳아 떨어진 치마통을 붙잡고 홍글홍글 흔들며 들어오고 있었다. 바로 노일저대였다. 노일저대는 어디 가서 겨 한 되를 얻어 치맛자락에 싸고 조르륵 들어오다가 남선비와 여산부인이 함께 있는 광경을 목격하더니 마구 욕을 해대는 것이었다.

"이놈, 저놈! 죽일놈아. 어떻게 곱게 말하리. 나는 죽을 듯 살 듯 겨 한 되라도 빌어다가 죽 쒀 먹이다 보니 지나가는 년 끌어들여 만단정회가 웬 말이냐?"

"만단정회라니 그게 무슨 말이오?"

"이놈의 남선비야, 목전에서 들키고도 둘러댈 참이냐?"

"아! 무슨 그런 말을……. 전에 날 위해 밥을 해주던 사람이오! 큰부인이 찾아왔소."

노일저대는 별안간에 몸을 바싹 추스르곤 언제 그랬냐는 듯 손을 홰홰

저으며 방으로 들어왔다.

"아이고! 그러니까, 형님이로구나. 우리 형님이로구나."

돌아오지 않는 남선비를 찾으러 아들들이 가려고 해. 자식의 도리를 하겠다는 거야. 하지만 제사와 벌초를 이유로 여산부인이 가겠다고 하지. 유교에서는 자식의 도리로 제사와 성묘를 중시하지. 그리고 남편이 갔으면 아내도 따라가야지. 여필종부의 아내 도리를 하겠다는 거지.

여산부인은 배를 타고 오동고을로 가서 남선비를 만났어. 그리고 노일저대도 만났지. 큰부인과 작은부인의 관계가 정해진 거야, 유교가 본래 있었던 본처라면 불교는 나중에 생긴 첩이라는 것을 상징하고 있어.

"그동안 자네가 남선비를 잘 거두어주었다니 고맙네."

"오뉴월 한더위에 여길 찾아오느라 얼마나 고생이 많으셨습니까?"

노일저대는 한껏 코 맹맹 소리를 섞어가며 갖은 어리광을 부려댔다. 묵묵히 앉아 지켜보기만 하던 남선비가 말했다.

"큰부인이 왔으니 나는 이제 전에 살던 집으로 가겠네."

"나도 함께 가겠습니다. 나도 같이 가겠습니다."

남선비는 여산부인의 얼굴을 쳐다보았다. 여산부인은 잠시 진지한 얼굴빛이 되더니 금세 온화한 모습을 찾으며 말했다.

"그렇게 가고 싶거든 그럼 같이 가세."

"아이고, 형님. 고맙습니다."

연신 허리를 구부리며 고맙다고 말하던 노일저대가 득의연한 표정을 지으며 말했다.

"형님, 모처럼 먼 길을 오셨으니, 우선 시원히 목욕이나 하고 놀음놀이 하는 것이 어떻습니까?"

여산부인은 노일저대가 깍듯이 큰부인 대접을 하니 기특하게 여겨졌다. 순진한 여산부인은 노일저대가 하자는 대로 주천강 연못으로 목욕을 나갔다.

"형님, 어서 옷을 벗으세요. 제가 먼저 등에 물을 놓아드리리다."

여산부인은 적삼을 벗어 엎드려 굽혔다. 노일저대는 물을 한 줌 쥐어 등을 미는 척하다가 여산부인을 물속으로 와락 밀어 넣어버렸다. 큰부인이 물 위로 나오려고 하면 꼭 눌러버리고, 다시 나오려고 하면 또 꾹 눌러버리니 얼마 후 여산 부인은 물속으로 가라앉아버렸다. 물속에 점점 잠겨 들어간 여산부인은 마침내 죽어 주천강 연못의 수중고혼이 되고 말았다.

노일저대는 여산부인의 옷으로 갈아입고 큰부인으로 차린 다음 남선비에게 돌아갔다. 그러고는 여산부인 행세를 하기 시작했다.

"낭군님아, 노일저대 행실이 괘씸하여 등을 미는 척하다가 주천강 연못에 가서 죽여두고 왔습니다."

"어! 잘하였소. 나에게 겨죽이나 쑤어줘서 눈멀게 한 심보 고얀 년, 잘 죽였소."

"그럼 이젠 우리 고향으로 돌아가는 게 어떠합니까?"

나중에 생긴 첩이 원래의 본처를 위하는 척하면서 죽이고. 남선비에게 자신이 여산부인인 것처럼 행세해. 가짜가 진짜 행세를 하며 제주로 가려고 하는 거야.

이렇게 하여 남선비와 노일저대는 배를 놓아 남선 고을로 향했다.

배가 남선고을 먼 바다 물마루를 넘어서니 남선비의 일곱 아들이 부모를 마중하여 바닷가에 나와 있었다. 일곱 아들들은 정성으로 제 만큼씩 다리를 놓아갔다. 큰아들은 망건을 벗어 다리를 놓고, 둘째는 두루마리를

녹디셍이와 칼선다리

● 노일저대가 남선비의 본처 행세를 하며 제주로 들어오려는 것은 칠성 신화의 아기씨가 무쇠석함을 타고 제주로 들어오는 것을 상징하고 있다. 이때 칠성아기씨가 제주로 들어오는 것을 각 마을의 당할망이 거부했던 것처럼 녹디셍이도 칼선다리를 놓아 노일저대가 들어오지 못하도록 하고 있다. 이는 녹디셍이가 제주의 무속을 대변하는 신격임을 말하는 것이다. 이 녹디셍이가 남선비와 여산부인의 아들로 자리매김함으로써 유교와 무속이 결합하여 유교 속에 무속신의 자리를 잡게 된 것을 말한다.

벗어 다리를 놓고, 셋째는 적삼을 벗어 다리를 놓고, 넷째는 고의를 벗어 다리를 놓고, 다섯째는 행전을 벗어 다리를 놓고, 여섯째는 버선을 벗어 다리를 놓았다. 그런데 막내아들 녹디셍이만은 칼날을 위로 세워 다리를 놓는 것이 아닌가? 막내가 칼선다리를 놓으니 이상하게 배가 들어오려다가 매암을 돌고, 돌아 들어오려고 하다가 매암을 돌고 하는 것이었다. 이상히 여긴 큰형이 말했다.

"어째서 부모님이 오시는데 칼날을 세워 다리를 놓느냐? 칼선다리를 거둬라."

"형님. 아버지는 우리 아버지가 틀림없는데, 어머니는 우리 어머니가 아닙니다."

"어찌하여 우리 어머니가 아니란 말이냐?"

"우리 어머니 아버지가 틀림없다."

녹디셍이의 여섯 형들은 모두 어머니 아버지가 맞다고 우기는 것이었다.

"형님들이 진정 옳다고 생각하십니까? 그렇다면 좋습니다. 차차 하는 행동거지를 보면 알 것입니다."

남선비와 노일저대가 배를 타고 돌아오는 과정에서 녹디셍이가 의심을 해. 불교적 무속신이 제주에 들어오는 과정에 저항이 있었음을 상징하는 거야. 그렇지만 여섯 형이 우기는 바람에 할 수 없이 받아들이게 됐어.

배가 포구 아래 들어오고 남선비와 노일저대가 내리자 일곱 형제는 공손히 안부를 여쭙고 부모와 자식 간에 밀린 정회를 나누었다. 남선비는 자식들에 대한 미안함에 민망해하는 눈치였으나, 노일저대는 그간 고생한 사연을 과장된 몸짓을 해가며 표현하느라 여념이 없었다. 일곱 아들은 부모를 앞세우고 뒤를 따라 걷기 시작했다. 그런데 눈이 어두운 남선비가 길을 찾지 못하는 것은 일리가 있는데, 노일저대 역시 길을 찾지 못하는 것이었다. 가름 안에 들어서자 이 올레 저 올레 기웃거리는가 하면, 이 올레로 쑥 들어갔다 나오고 저 올레로 쑥 들어갔다 나오곤 하는 것이었다.

'우리 어머니가 아니로구나, 우리 어머니라면 어찌 길을 모를 수 있는가?'

일곱 형제들이 각자 속으로 의심을 품고 있을 때 노일저대가 큰 소리로 외쳤다.

"큰놈아, 길 가리켜라."

"어머닌 어째서 벌써 길을 잊었습니까?"

"말도 말라. 너의 아버지 찾아 오느라 속이 확 뒤섞이는 바람에 정신이 어질어질한 탓이니라."

형제들은 뭔가 석연치 않은 데가 있다고 생각하면서도 겉으로는 내색하지 않았다. 노일저대는 아들들한테 물어가면서 겨우 집을 찾아 들어갔다.

집에 도착한 아들들은 마당 구석에 서서 아무래도 자신의 어머니가 아닌 듯하다며 고개를 갸우뚱거리며 소근닥소근닥하기 시작했다. 노일저대는 그런 일곱 형제들을 못 본 척하고 화르륵 집 안으로 들어섰다. 여기저기 두리번거리면서 무엇인가 열심히 찾는 것이었다. 방석 밑을 들쳐보고 베개를 들어보고 이것도 홰홰, 저것도 홰홰, 마루며 방을 허둥지둥 왔다 갔다 하며 들춰내고 마구 들쑤시던 노일저대가 큰 소리로 외쳤다.

"큰놈아, 열쇠 꺼내어라!"

"어디 열쇠 말입니까?"

"어딘 어디야? 고팡 열쇠지."

"고팡 열쇠는 무슨 일입니까?"

"고팡 문을 열어야 보리쌀을 꺼내 밥할 거 아니냐?"

"제가 어찌 압니까? 어머니가 놔둔 데를 보십시오."

"아, 너의 아버지 찾으러 갔다 오니 셈 섞어져서 생각이 안 나 그러지."

노일저대는 일곱 형제한테 일일이 물어보며 겨우 열쇠를 찾았다. 고팡 안으로 들어간 노일저대는 이 항아리도 열어보고 저 항아리도 열어본 뒤에야 겨우 보리쌀을 찾아내어 저녁밥을 짓기 시작했다.

"큰놈아, 간장 어디 있지?"

"어머님 놔둔 데 있을 겁니다."

"야아, 너의 아버지 찾아갔다 오니 셈 섞어져서 그러지."

노일저대는 겨우 간장을 찾아 저녁상을 차려 내었다.

그런데 아버지 밥상은 자식에게, 자식 밥상은 아버지에게 차리는가 하면 아버지 숟가락은 아들들의 밥상에, 아들 숟가락은 아버지 밥상에 차리는 등 뒤죽박죽이었다.

"어머닌 어째서 밥상을 벌써 잊었습니까?"

"아이고, 얘들아. 말도 말고 이르지도 말라. 너네 아버지 찾아 오느라 혼이 다 나가서 그런 것이니라."

이제 일곱 형제들은 노일저대의 정체를 더욱 의심하게 되었다. 그리고 자신들의 진짜 어머니는 어느 고을에 가서 무슨 고생을 하고 있을까 생각하니 하염없이 눈물이 흘렀다. 어머니 여산부인에 대한 일곱 아들의 그리움은 날로 깊어갔다.

노일저대가 들어왔어. 노일저대는 여산부인의 행세를 했어. 사람들을 속이고 칠형제의 어머니가 된 거야. 그리고 경제권의 상징, 고팡을 차지했어. 가짜인 불교적 무속신에게 중요한 곡식과 재산을 억울하게 빼앗겼음을 말하는 거지.

노일저대는 눈치가 빨랐다. 남선비의 일곱 아들들이 자신의 정체를 알면서도 가만히 있는 것이 도리어 두려웠다. 이들이 사실을 알고 불처럼 화르륵 일어서는 날에는 무슨 화를 당할지 하루하루가 노심초사 걱정이 되었다. 이 아들들을 없애 화근을 미리 예방하는 것이 상책이라고 생각했다.

어느 날이었다. 노일저대는 배가 아프다고 꽥꽥 소리를 지르며 방 네 귀를 데굴데굴 구르기 시작했다.

"아야! 배여. 아야! 배여! 나 살려줍서."

"아이고, 어찌하면 좋으리."

"요 답답한 어른아. 이렇게도 갑갑해서 어찌 살리오?"

일곱 아들들이 없는 것을 확인한 노일저대는 남편을 심히 책망하며 말했다.

"사람이 다 죽어가는데 어디 가서 문복이라도 해줍서."

"그런 말 말게. 이 사방엔 심방이 없소."

"저기 웃녘에 잘 아는 심방이 왔다고 합디다."

"나를 조금이라도 살릴 마음이 있거든 거길 가봅서. 대로변에 망텡이를 쓰고 앉아 있는 점쟁이가 있을 거우다."

남선비는 점쟁이를 찾아 떠듬떠듬 길을 나섰다. 남선비가 올레를 벗어나자 노일저대는 얼른 일어나 옷을 갈아입었다. 노일저대는 울담을 뛰어넘어 지름길을 휘휘 가로질러 웃녘 한길에 망텡이를 쓰고 점쟁이인 양 앉았다.

남선비가 허우적허우적 앞으로 엎어질 듯한 모습으로 나타났다.

"우리 집사람이 삽시에 병이 나 죽을 지경에 이르렀습니다."

"아이고, 저런. 어디가 병이 들었습니까?"

"아야 배여! 아야 배여!"

남선비는 노일저대의 하는 시늉을 그대로 선보였다.

"오죽 아팠으면 방을 데굴데굴 구르겠습니까? 그러니 어느 신 앞에 죄를 지었는지 짚어봐 주십시오."

노일저대는 손가락을 오므렸다 폈다 하면서 점을 치는 시늉을 했다.

"선비님아, 아들 일곱 형제 있으오리까?"

"예, 그러합니다만⋯⋯."

"딱하긴 하나 아들 일곱 형제의 간을 내어 먹는 방법밖엔 달리 도리가 없습니다."

말을 들은 남선비는 풀이 죽었다.

'청천하늘에 날벼락이라더니 이런 법도 있단 말인가? 이 일을 어찌하면 좋을꼬?'

남선비는 웃상웃상 집으로 돌아오면서도 내내 깊은 생각에 잠겨 있어 주위를 살필 겨를이 없었다. 어느새 노일저대는 지름길로 내달아 남선비보다 먼저 마을 안으로 들어왔다. 올레로 급히 뛰어 들어온 노일저대는 훌쩍 울담을 넘어 방에 들어와 누워서 밖의 인기척을 살폈다.

"아야! 배여, 아야 배여."

남선비를 본 노일저대는 아주 죽는 시늉을 다해가는 것이었다.

"아야! 배여. 문점 하러 가니 뭐라고 합디까?"

"에⋯⋯ 그게."

"무슨 뜸을 그리 오래 들이십니까? 숨 넘어 간 다음 말할 요량입니까?"

"그게⋯⋯ 그게 말이오. 아들 일곱 형제의 간을 내어 먹으면 낫겠다고 하더군."

"아이고, 서방님아. 그게 무슨 말입니까? 어찌 그럴 수 있습니까? 애기 간을 어떻게 먹습니까?"

"그럼 어떻게 한단 말이오?"

남선비는 노일저대가 시키는 대로 두 번, 세 번 다시 문점을 해도 점괘는 똑같았다.

"아이고, 세 점쟁이가 한 괘를 말했으니 이를 어찌한단 말입니까?"

남선비는 아무 말도 하지 않고 물끄러미 앉아 있었다.

"설운 낭군님아, 도리가 없습니다. 나 죽어버리면 살림을 못 살 것 아닙니까? 일곱 형제의 간을 내어주십시오. 내 살아나서 한꺼번에 세 쌍둥이씩 세 번만 낳으면 아홉 형제가 될 게 아닙니까?"

남선비는 그 말을 듣는 순간 솔깃했다. 부인의 말이 그럴싸했던 것이다.

"그럼, 그렇게 하세."

남선비는 장두칼을 꺼내 쓱싹쓱싹 갈기 시작했다.

이때 마침 뒷집에 사는 청태산 마구할망이 불을 빌리러 들어왔다.

"남선비야, 칼을 왜 가느냐?

"우리 부인이 삽시에 병이 나서 죽을 지경이 되어가니 문복을 했습니다. 점쟁이 하는 말이 아들 일곱 형제 간을 내어 먹어야만 낫는다 하여 간을 내려고 칼을 갈고 있습니다."

할망은 혼이 나간 듯 밖으로 내달았다. 네거리에 가보니 아들 일곱 형제가 있었다.

"설운 아기들아, 너희 집에 가보니 너의 아버지가 너희들 일곱 형제의 간을 내려고 칼을 갈암서라."

일곱 형제는 눈앞이 캄캄했다. 어쩔 줄을 몰라 서로 엉엉 울기만 했다. 비 오듯 하던 울음이 지쳐갈 즈음 막내 녹디셍이가 의견을 내놓았다.

"형님들아, 그리 울지 말고 여기 계십시오. 제가 어떻게 하든 간에 아버님이 가는 칼을 뺏어 오겠습니다."

형들을 네거리에 기다리게 하고 녹디셍이는 집으로 갔다. 남선비가 슬겅슬겅 칼을 갈고 있었다.

"아버지, 그 칼 갈아서 무엇 할 겁니까? 땔감 하러 갈 겁니까?"

"아니다. 너희들 간 내어서 너희 어머니 먹일 거다."

"그건 무슨 말씀이옵니까?"

"다름 아니라, 너희 어머니가 병이 나 사경에 이르렀기에 어디 가서 문복을 하였더니 너희 일곱 형제의 간을 내어 먹여야 낫겠다고 하는구나."

"아버님아, 그거 대단히 좋은 일입니다. 어머니 병을 고치는 데 저희들 간을 어찌 아끼겠습니까?"

"그리 생각해주니 고맙구나."

"그런데 아버님, 아버님 손으로 일곱 아들의 간을 내면 송장 일곱을 묻어야 할 게 아닙니까? 흙 한 삼태기씩만 덮어주려 해도 일곱 삼태기 아닙니까?"

"네 말을 듣고 보니 그렇구나."

"그 칼 이리 주십시오. 제가 형님들을 굴미굴산 깊숙한 곳에 데리고 가서 여섯 형님들의 간을 내어 오겠습니다. 그런 연후에 저 하나만 아버지 손으로 간을 내옵소서."

"옳지, 그렇구나. 그럼 어서 이 칼을 갖고 가거라."

아버지의 장두칼을 빼앗아 온 녹디셍이는 형님들을 데리고 눈물로 다리를 놓으며 굴미굴산으로 향했다.

산중으로 올라가다 보니 널따란 잔디밭이 나왔다. 불볕이 쨍쨍 내리쬐는데 몸도 지치고 배도 고픈 일곱 형제는 길섶 나무그늘에 잠시 자리를 잡고 서로 등을 기대었다. 형제들은 지슥지슥 졸다가 무정한 눈에 까무룩

잠이 들었는데 꿈에 어머니가 나타났다.

'설운 내 아기들아, 어서 눈을 떠보아라. 산중에서 노루 한 마리가 내려오거든 그 노루를 잡아서 죽일 판으로 따져 물으라. 그러면 알 도리가 있으리라.'

퍼뜩 눈을 떠보니 꿈이었다. 과연 저 산에서 노루 한 마리가 뛰어 내려오고 있었다. 일곱 형제는 와르르 달려들어 죽일 판으로 노루를 둘러쌌다.

"설운 도령들아, 나를 죽이지 말고 내 뒤를 보라. 멧돼지 일곱 마리가 내려오고 있으니 그걸 잡으라. 씨를 보존해야 하므로 어미는 남겨두고 새끼 여섯 마리를 잡아 간을 내어 가도록 해라."

"이놈 거짓말 아니야? 만일 거짓말이면 용서하지 않는다!"

일곱 형제들은 이놈의 말이 사실이 아니면 혼내줄 요량으로 식별을 뚜렷이 하기 위해 노루의 꼬리를 짤막하게 잘라 엉덩이에 백지 한 장을 붙여놓았다.

노루가 사라지고 나서 잠시 있으니 소만 한 멧돼지가 새끼들을 데리고 저 산 쪽에서 내려오는 것이었다. 일곱 형제는 노루의 말대로 어미는 살려주고 새끼 여섯 마리를 잡아 간을 내었다. 그리고 간을 둘둘 싸 가지고 마을로 돌아왔다.

불교적 무속신인 노일저대는 자신이 가짜라는 사실이 탄로날 것이 두려웠어. 자신이 병을 고치기 위해서는 일곱 형제의 간을 먹어야 한다고 거짓말을 해. 일곱 형제를 죽이려 든거지.

영리한 녹디셍이가 형님들 간이라고 하면서 멧돼지 간을 가져왔어.

일곱 형제 중 막내 녹디셍이는 형님들을 불러놓고 단단히 일러두었다.

일곱형제를 죽이려는 노일저대

● 일곱 형제의 자리가 없다는 뜻이다. 칠성 신화에서 관청 신으로 자리 잡은 신들은 모두 불교에서 온 신이다. 하지만 관청 신의 자리에는 원래 제주에 자리 잡았던 무속신의 자리를 허용하지 않았고, 불교의 신을 수용하도록 강제하기만 했다. 무속신의 자리를 만들어주지 않는 불교, 무속의 관점에서 보면 노일저대가 일곱 아들을 죽이려는 행위인 것이다.

"형님들은 올레 밖에 서 있다가 내가 부르거든 달려 들어 오십시오."

녹디셍이가 멧돼지 간을 들고 마당으로 들어서자 가만히 있던 노일저대가 갑자기 배를 잡고 아야 배여! 하며 죽어가는 시늉을 하기 시작했다.

"어머님아, 여섯 형님들 간을 내어 왔습니다. 요거 드십시오."

"에이구, 설운 애기들 간을 내어왔구나."

"어머님아, 어머님이 살아나야 합주. 우린 죽어도 어머님이 한 배에 셋씩 세 번만 낳으면 아홉 형제 아닙니까?"

"아이고, 설운 아기야. 효자로다. 내 어떻게 이 간을 먹을꼬?"

"어서 드십시오. 걱정 말고 드십시오, 어머님."

"그럼 너는 한쪽으로 자리를 비키거라. 중병 든 데 약 먹는 거 보는 법 아니니 저기 문 밖에 나가 있어라."

"예. 그럼 제가 비켜서면 드십시오."

녹디셍이는 마루로 물러나와 손가락에 침을 발라 창구멍을 뚫고 거동을 살폈다. 노일저대는 여섯 개의 간을 먹는 체하여 입술에 바르고는 돗자리 밑으로 묻고, 묻고 하는 것이었다.

녹디셍이가 문을 열고 방 안으로 들어갔다.

"어머님아, 간은 다 드셨습니까?"

"아! 좋다. 아! 좋음도."

"어머님 약 드시고 나니 병은 좀 어떻습니까?"

"조금 나아 뵈긴 하다마는, 하나만 더 먹으면 사뭇 좋을 듯하구나."

"어머님, 그리하십시오."

"내 어찌 하나 남은 너마저 다치게 할 수 있겠느냐?"

"이렇게 하십시오. 제가 마지막으로 어머님 머리에 이나 잡아드리고 나서 아버지에게 절 잡아서 간을 내십사 여쭙겠습니다."

"그 효심 고맙다마는 중병 든 데 이 잡는 법 아니다."

"그러면 자리나 치워드리리다."

"중병 든 데 자리 치우는 법 아니다."

그제는 녹디셍이가 노일저대를 안아서 구석에 꾹 처박아두고서 돗자리를 확 들쳐보니 자리 아래엔 멧돼지 간이 수두룩 깔려 있었다. 피가 빠지고 붉은 점 흰 점 모두 박혀 있었다.

"요건 큰형님 간이고, 요건 샛성님 간이로구나."

녹디셍이는 와락 달려들어 노일저대의 쉰댓 자 머리를 좌우로 펑펑 감아 한쪽으로 메다치고 자리 밑에 숨겨놓은 간 여섯 개를 들고 용마루 높은 곳에 올라가 소리쳤다.

"요 동네 어른들아, 저 동네 어른들아. 의붓어머니 있는 사람들아. 의붓자식 있는 사람들아. 요거 보고 조심하십시오!"

이때 녹디셍이의 형들은 작대기를 들고 집 안으로 달려들었다. 순식간에 집이 왈칵 뒤집혀 쑥대밭이 되었다.

노일저대는 바깥으로 미처 도망가기 전에 아들들이 달려들자 얼떨결에 변소로 도망쳐 디딜팡에 가 쉰댓 자 머리털로 목매어 죽었다. 그래서 변소의 신인 측도부인이 되었다.

일곱 형제는 분함을 이기지 못하여 노일저대에게 달려들었다. 두 다리를 찢어발겨 용변 볼 때 디디고 앉아 일을 보는 납작한 디딜팡을 마련하고 대가리는 끊어서 돼지먹이 통인 돗도고리를 마련하고 머리털을 끊어 던지니 바다에 가 해조류가 되었다. 입은 끊어 던지니 바다의 솔치가 되고, 손톱과 발톱은 끊어 던지니 딱지조개의 일종인 쇠굼벗, 돌굼벗이 되고, 항문을 끊어 던지니 전복이 되고, 육신은 푹푹 빻아 바람에 날려 버리니 각다귀, 모기가 되었다.

남선비는 멍하니 서서 바라보기만 하다가 달아날 길을 잃어 겁결에 올레로 내달았다. 허둥대며 달리다 올레에 걸쳐 있는 정낭에 목이 걸려 죽었다. 그래서 정주목신이 되었다.

막내아들 녹디생이의 지혜로 노일저대의 정체가 탄로났어. 모든 형제들이 달려들자 노일저대는 도망가다 변소에서 죽었어. 집의 고팡을 장악했던 가짜 어머니가 쫓겨났음을 말하는 거야. 그래서 측간의 신, 더러운 신이 된 거야. 아버지 남선비도 허둥대다 올레 정낭에 목이 걸려 죽었어. 정주목신이 되었어.

분풀이를 하고 난 일곱 형제는 이만하면 시원하다고 서 있었는데, 그때 올레로 까마귀가 각~ 각~ 각~ 우는 것이었다. 녹디생이가 형에게 물어보았다.

"형님, 저 까마귀 뭐라고 말하고 있습니까?"

"뭐라고 하긴, 각각 우는 거지."

"어머니 죽은 데 가보라고 하는 것 아닙니까?"

"그럼 어서 가보자."

일곱 형제는 까마귀가 알려주는 대로 따라갔다. 어머니가 빠져 죽은 오동나라 오동고을 주천강 연못은 물이 가득 차 있었다.

일곱 형제는 서천꽃밭으로 갔다. 서천꽃밭은 뼈살이꽃, 살살이꽃, 도환생꽃 등 가지가지 꽃들을 가꾸는 곳이다. 일곱 형제는 서천꽃밭을 관리하는 황세곤간을 달래어 환생꽃을 몇 송이 얻어내 주천강 연못으로 달려갔다.

"하늘님아, 하늘님아. 주천강 연못이나 마르게 해주소서. 어머니 신체나 찾게 해주소서."

일곱 형제가 축수를 드리니 삽시에 연못의 물이 잦아들었다. 연못 바닥에는 어머니의 뼈가 살그랑이 남아 있었다. 일곱 형제는 이 뼈 저 뼈 도리도리 모아놓고 그 위에 도환생꽃을 얹어 금봉채로 한 번 후려쳤다.

"아이고, 내 아기들이구나! 봄잠이라 오래도 잤구나."

어머니 여산부인은 마치 어제 오늘 일인 듯 머리를 긁으며 살아났다. 얼굴은 소보록하니 곱고 살이 올랐으며, 예전의 단정했던 모습대로 옷매무새를 가다듬으며 몸을 일으켜 세웠다.

일곱 형제는 어머니가 누웠던 자리를 그냥 내버릴 수가 없었다. 그래서 뼈가 놓였던 자리의 흙을 주섬주섬 모아 시루를 만들었다. 여섯 형제가 돌아가며 한 번씩 주먹으로 찍으니 여섯 구멍이 터졌다. 녹디셍이가 발뒤꿈치로 한 번 탁 찍으니 가운데 큰 구멍이 터졌다.

어머니를 살려낸 일곱 형제는 집으로 돌아왔다.

"어머님아, 춘하추동 사시절을 물속에서만 살았으니 어찌 안 추울 리가 있겠습니까? 어머님이랑 하루 세 번 더운 불을 쬐면서 조왕할망으로 앉아 얻어먹기가 어떻습니까?"

그리하여 여산부인은 부엌의 조왕할망으로 들어섰다.

일곱 아들들은 각각 자기의 직분을 차지하여 신들이 되었다. 첫째는 동방청대장군 둘째는 서방백대장군 셋째는 남방적대장군 넷째는 북방흑대장군 다섯째는 중앙황대장군이 되어 오방토신이 되었다. 그리고 여섯째는 뒷문전신이 되고 영리한 녹디셍이는 앞쪽 문신인 일문전신이 되었다.

노일저대를 징치한 일곱 형제가 해야 할 일, 어머니 여산부인을 살리는 일이지. 사람을 살리기 위해서는 서천꽃밭의 꽃이 필요하지. 무속의

앞문의 신이 된 녹디셍이.

● 녹디셍이는 원래 무속신격이다. 이 무속신격이 유학과 결합하면서 문전(門前)신이 된 것이다. 칠성 신화에서는 원래의 무속신격들이 철저히 배제되었고, 불교에서 온 신 자체를 무속의 신으로 수용해야만 했다. 하지만 문전 신화에서는 유학적 질서 속에 무속신격이 자리를 허용함으로써 유학적 질서 속에 무속신도 자리를 잡게 된 것이다. 이것이 제주에서 제사를 지낼 때 녹디셍이를 위한 '문전제'를 지내는 이유다. 문 입구를 지키는 문전신 녹디셍이, 살아 있는 사람의 집을 지키는 것은 문전제로 의례화되었고, 죽은 사람의 집인 무덤의 문을 지키는 것은 동자석으로 형상화되었다.

권능이야. 그리고 어머니를 살려냈어. 살아난 어머니는 부엌의 신 조왕할망이 되었어. 그리고 아들 다섯은 오방토신이 되었고 여섯째는 뒷문의 신이 되었고 일곱째는 앞문의 신이 되었어. 문전신이 된 녹디셍이, 산 자의 집 문전도 지키지만, 죽은 자의 집, 무덤의 문도 지키지.

고팡과 부엌 어디가 더 중요할까?

여기에는 불교적 무속신과 유교적 무속신의 중요한 차이가 있다. 고팡은 집의 재산과 재물을 보관하는 공간으로 노일저대로 표현되는 불교적 무속신이 차지했던 공간이다. 부엌은 자식을 키우기 위해 어머니가 음식을 만드는 공간으로 유교적 무속신, 조왕할망이 차지한 공간이다. 어느 것을 중시하는 것이 더 진짜 어머니 같을까? 부엌을 중시하는 것이 더 진짜 어머니 같다는 것이 유교적 무속신의 대답이다.

제주의 신들 가운데에는 제주에서 태어나 정착한 신도 있고 외래에서 들어와 정착한 신들도 있다. 외래신은 제주 사람들의 필요에 의해 들어오기도 했지만 외부에서 이미 부여받은 현실적인 힘을 가지고 제주에 들어오기도 했다. 새로운 힘과 권능의 유입은 제주 사람들과 갈등을 일으켰으며 이 갈등의 해결 과정을 통해 새로운 신으로 정착할 수 있었다.

외부 세계의 막강한 힘이 교체되면 외래신은 심각한 위기를 겪게 된다. 불교를 기반으로 무속과 결합한 불교적 무속신도 마찬가지이다. 불교가

▶ **제주도 측간(화장실)** 제주도 측간의 신이 된 노일저대. 측간에 있는 돌 하나, 나무 막대기 하나도 집 안으로 들이지 말 것. 불교를 집 안으로 들이지 않으려는 무속 의식이 반영된 결과로 보인다.

들어오면서 새롭게 형성된 불교적 무속신인 칠성 신화의 아기씨는 제주 사람들과의 갈등을 극복하고 관청의 집신으로 정착했다. 하지만 유교가 들어오면서 불교가 가지고 있던 현실 정치적 힘은 사라져갔다. 이 과정에서 관청의 신과 일반의 집터 신으로 자리 잡았던 칠성 신화의 아기씨도 축출될 수밖에 없는 환경에 놓였다.

여기에 측간의 신으로 쫓겨난 노일저대가 있다. 측간의 신이라고 하더라도 신은 신이다. 다만 더러운 신으로 밀려났을 뿐이다.

쫓겨나거나 밀려난 신이 차지했던 자리, 새로운 신이 나타나 차지하는데. 부엌을 차지하면 고팡도 당연하게 차지하게 되는 제주의 현실을 반영하였는지 부엌의 신으로 살짝 자리를 옮겼다. 그리고 원래의 무속신격은 유학적 질서 속 문전신으로 자리잡았다.

　문전 신화는 기존에 있던 불교적 무속신이 유교의 힘에 의해 어떻게 교체되었는지를 보여주는 내력담이며, 동시에 무속신이 유학으로 확장되는 것을 보여주는 신화다. 칠성 신화가 외부에서 막강한 힘을 가지고 들어온 불교적 무속신인 칠당가람의 내력담이라고 한다면 문전 신화는 이 불교적 무속신을 밀어낸 유교적 무속신의 내력담이다.

▶ **문전신(동자석)** 제주도 무덤의 문을 지키던 아이 모양의 돌장승. 일곱 번째 막내 아들이어서 아이 모양으로 형상화되었다. 세월이 오래 지나면서 왜 무덤에 동자석이 세워졌는지도 잊어버린 채, 지금은 무슨 이유에서인지 여기저기 조경용 돌로 팔린다고 한다. 제주민속자연사 박물관에 서 있는 동자석, 어느 무덤의 문을 지키던 문전신이었을까? 박물관에 서 있는 동자석의 모습에서 오늘날 무속이 오버랩되는 이유는 무엇인가.

▶ **문전제** 제주도에서는 명절이나 제사 때 문전제를 지낸다. 제상의 제물을 조금씩 떠서 지붕 위에 올리면서 일곱 번째 막내 아들 문전신을 위한다. 유교 의례 속에 무속신의 자리를 허용한 결과로 보인다.

패랭이 쓰고,

곰방대 물고,

베 도포, 무명 저고리,

협수쾌자에 미투리 신들메.

저 손에, 저 어깨에.

번쩍 번쩍 도깨비같은.

위험한 방문객,

무기의 신이 있다.

무기여 안녕

영감 신화

무기의 신

절해고도의 섬, 제주도. 여기에도 외래문화나 문물은 들어오지. 누구에 의해 들어올까? 섬사람들에 의해 유입되는 경우도 있지만 외부 사람들에 의해 들어오기도 해. 문화나 문물을 가지고 들어오는 외부 사람들은 누구일까? 그리고 그들이 가지고 온 문물이나 문화는 제주 사람들에게 어떤 도움이나 피해를 줄까?

영감 신화는 어떤 외래 문물이 누구에 의해 들어왔는지, 그 결과로 제주 사람들이 어떤 아픔을 겪어야 했는지, 이를 극복하기 위해 어떤 노력을 했는지를 보여주고 있어. 제주도에 어떤 문화가 들어온 걸까?

옛날 옛적 서울 먹자골 논노물 수박골에서 아들 칠형제가 태어났다. 아버지는 허정승이었다.

허정승은 별도 지고 달도 지는 넓고 큰 밭에 많은 가축을 길렀으며 가재, 유기가 가득하고 전답이 많은 부자였다. 가을 농사에 수확이 많았고 처마가 높은 기와집 네 귀에 풍경을 단 고대광실 큰 집에 살았다. 동남풍이 불면 서문의 풍경 소리가 와랑지랑, 서남풍이 불면 동문에 풍경 소리가 왕강싱강 흔들리는 소리가 들렸다.

외래문화, 문화가 발달한 지역에서 발원하여 전파되면서 들어오지. 제주에 들어온 외래문화는 서울에서 왔어. 허정승의 아들 칠형제라고 불리는 문화야.

아버지 허정승은 아들들이 태어날 때마다 각각의 이름을 지어주었다. 큰아들은 멀리 세상을 보는 천리안을 가졌으므로 '먼산 허망댕이'라 했다.

이 문화의 정체는 칠형제의 이름에 나타나 있어. 먼산 허망댕이가 큰 아들 이름이지. 물건을 만들기 위해서는 가장 먼저 필요한 일, 택일이야. 택일은 하늘의 천기를 잘 짚어 물건을 만들기 좋은 날을 잡는 일이지. 천기를 잘 보려면 먼 산과 하늘을 보면서 구름이 몰려오는지, 바람은 어느 방향으로 부는지 등을 살펴야 돼. 그래서 큰아들은 멀리 세상을 보는 천리안을 가졌다고 해서 '먼 산 허망댕이'라 이름 지었어.

둘째는 복잡한 기계를 갖다놓아도 어렵잖게 푸는 '잔금 열쇠'라 했다.

잔금 열쇠가 둘째 아들 이름이지. 열쇠는 문을 열거나 문제를 해결하는 중요한 도구야. 여기서 잔금은 이 도구가 아직 잠겨 있어 사용되지 않았다는 거지. 이건 어떤 물건을 만들기에 필요한 본을 말해. 본은 만들 물건의 형태를 미리 뜨는 설계도와 같아. 본이 있어야 물건을 만들 수 있고, 일을 해결할 수 있어. 그래서 둘째의 이름을 '잔금 열쇠'라고 지은 거야.

셋째는 아무리 무거운 물건도 가볍게 지는 힘을 지녀서 '지어야 갸븐 쇠'라 했다.

셋째 이름 '지어야 갸븐 쇠'는 쇠에 뜨거운 불을 가해 쇠의 순도를 높여 불순물을 제거하는 풀무질을 말하는 거야. 쇠에 뜨거운 불을 가해 온도를 높이면 쇠가 녹아내리게 되지. 그렇게 되면 불순물을 제거할 수 있어. 불순물이 제거되면 가벼운 쇠가 되는 거야. 제주도에서는 '불을 때다'를 '불을 짓다'라 표현하거든.

넷째는 어떠한 매를 맞아도 가렵다, 가렵다 하며 거뜬히 참아내는 인내력을 가진 '때려야 가려운 쇠'라 했다.

네 번째로 필요한 과정이 뜨거워진 쇠를 망치로 수없이 때리는 단조질이야. 단조질은 망치질을 수없이 해도 가려운 듯, 쇠가 거뜬히 버텨낼수 있어야 해. 그래서 넷째 이름을 거뜬히 참아내는 인내력을 가진 '때려야 가려운 쇠'라고 지었어.

다섯째는 깊은 물도 발등에 안 찰 정도로 큰 키를 자랑하는 '깊어야 야튼 쇠'라 했다.

다섯 번째로 필요한 과정이 단조질을 거친 뜨거운 쇠를 물에 담그는 담금질이야. 물에 쇠를 담글 때는 발등에 안 찰 정도로 잠깐 담갔다가 꺼내야 해. 그래서 이름을 '깊어야 얕은 쇠'라고 지었어.

여섯째는 몸을 아무리 베어도 다시 붙는 생생한 힘을 지닌 '잡아야 붙은 쇠'라 했다.

● 한 부모에게서 차례차례 태어나는 사람을 형제라 하듯, 쇠를 다스려 물건을 만들어내는 차례차례 과정을 형제로 상징화했다. 칠형제는 쇠를 만드는 절차의 상징이다.

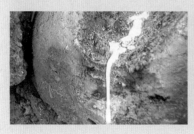

여섯 번째로 필요한 과정이 연삭질이야. 연삭질은 쇠의 표면에 무늬나 모양을 새겨 넣거나 표면을 갈아 반들반들하게 만드는 거야. 물건의 몸통에 수없이 칼질을 하여 다듬고 베어낸다고 해서, '잡아야 붙은 쇠'라고 지었어.

일곱째는 아무리 태워도 타지 않는 '구워야 언 쇠'라 했다.

일곱 번째로 필요한 과정은 본에다 쇳물을 넣어 물건을 만드는 일이야. 본에다 쇳물을 부어넣고 굽듯이 기다리면 쇳물이 얼어(굳어져) 차가워지면서 물건이 나오지. 그래서 일곱 번째 아들은 구운 다음에 얼린다 하여 '구워야 언 쇠'라고 이름 지었어.

이렇게 쇠로 만들어진 물건들은 어떻게 될까?

칠형제는 동에 번쩍 서에 번쩍 방방곡곡에 흩어져 제각각 한몫을 차지하였다. 큰아들은 서울을 차지했다. 서울 삼각산, 송악산, 인왕산과 남한산성, 남산 일대, 동대문, 서대문, 남대문, 종로 사거리, 을지로, 원효로,

충무로, 충정로를 거느리고 물로 가면 한강다리에 의지해 뻗어 나갔다.

둘째 아들은 함경도를 차지했다. 한만 국경선, 함경도 백두산을 차지하고 두만강, 압록강 물을 차지하였다. 셋째 아들은 강원도를 차지했다. 강원도 금강산 일만 이천 봉에서 놀고, 대엄산, 소엄산, 백설산에서 놀고 춘천 구만 리로 오락가락, 포천 일대, 화천 일대에서 놀고, 춘천 소양강 다리에서 놀았다. 넷째 아들은 충청도를 차지했다. 충청도 계룡산에서 놀고 노들강변에서 놀았다. 다섯째 아들은 경상도 태백산을 차지했다. 여섯째 아들은 전라도 지리산, 목포, 유달산, 삼학도에서 놀았다.

육형제는 흩어져 평안도 모란봉, 황해도 구월봉에서 놀고 경기도로 해서 연불에 신불에 맞추어 놀고, 광주로 내려서면 무등산에서 놀고, 경상도 낙동강에서 놀고, 대동강, 신의주 부두에 청진, 나진, 원산 부두에서 놀고, 속초 고을 연평 바다에서 놀고, 노들강변 임진강에서 놀았다.

그런데 일곱째 아들은 얼굴은 관옥이요, 몸은 풍채가 좋았으나 천하의 오사리잡놈이었다. 무엇보다도 놀기를 좋아했다. 그래서 제주도가 구경이 좋고 놀기가 좋다 하여 제주 바다로 들어왔다.

서울에서 만들어진 이 철기 문화는 전국 각지로 퍼져 나갔지. 서울, 함경도, 강원도, 충청도, 경상도, 전라도, 제주도까지. 칠형제는 온갖 모습으로 사람들에 의해 사용되었어. 칠형제는 사람들에게 환영을 받기도 하였지만 문제를 일으키기도 했어.

그런데 일곱째 아들은 쇠를 다스리는 마지막 과정인 본에 쇳물을 부어 만든 물건이지. 칼이 되기도 했고 쟁기의 모습이 되기도 했으며, 해녀들이 전복을 캐는 빗창이 되기도 했어. 사람들이 고대했던 물건인 까닭에 일곱째 아들을 가리켜 얼굴은 관옥이요, 몸은 풍채가 좋다고 말했어. 쇠로 만들어진 이 물건은 이곳저곳에 쓰임이 많았지. 그래서 일곱째 아들은

일곱째 아들의 복장
● 조선시대에 지방 관아로 내려
왔던 군병의 복색이다.

이곳저곳으로 팔려나갔고, 놀기를 좋아하는 천하의 오사리잡놈으로 불렸어. 이 '구워야 언 쇠'가 제주도에 들어왔어.

이 물건이 스스로 올 수는 없지. 이 '구워야 언 쇠'는 누가 들여왔을까?

일곱째 아들이 제주에 들어올 때 망만 붙은 패랭이에, 한 뼘 못한 곰방대 담배를 퍼삭퍼삭 피워 물고, 깃만 붙은 베 도포를 입고, 줄줄이 누빈 상목, 무명지 저고리에 통행전을 두르고, 협수쾌자에 미투리 신들메를 메었다. 영감은 한 손에는 연불, 한 손에는 신불을 들고 진도를 지나 제주 바다로 들어왔다.*

이 문화는 누구에 의해 제주로 들어왔을까? 철기 문물을 가지고 들어온 사람, 관원이야. 이 관원들은 매번 '영감, 영감' 하는 말을 연신 해댔고 제주 사람들은 그를 영감이라고 불렀어.

마른 데로 들어서 한라산, 올라서면 한라산 장군선앙에서 놀고, 선흘곶 애기씨선앙에서 놀고, 대정곶 각씨선앙, 위미곶 도령선앙에서 놀았다. 산으로 가면 어승생 단골머리 아흔아홉 골에서 놀고 일소장, 이소장, 삼소장, 십소장까지 모두 놀았다. 높은 것은 산이요, 얕은 것은 물이로다. 골짜기와 개울마다 연기와 불을 피우며 놀고 또 놀았다.

---

* 영감은 한 손에는 연불, 한 손에는 신불을 들었다. 연해변 들고 나올 때 진도 안섬, 진도 바깥섬, 추자도, 관탈도, 벽파진에서 놀다가 무인도로 하여 큰 갯골 사섯골로 들어섰다. 한골로 신모래 줄기 모퉁이밭으로 소곡 소곡 들어섰다. 썰물 중에는 동바다, 들물 중에는 서바다로 홍당망당 들어섰다. 썰물이면 강변에 놀고 밀물이면 수중에 놀면서 제주 바다로 들어왔다.

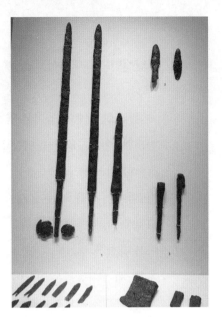

▶ **칼과 무기** 구워야 언 쇠이면서 동시에 영감 손에 들려온 칼과 무기들. 철광석이 나지 않는 제주에서 철기 문화는 완성된 물건으로, 제주도를 지배하기 위한 용도로 들어온 것으로 보인다.

허정승 일곱째 아들인 영감은 비 오는 날, 안개 낀 날, 이삼사월 풀이 돋을 때, 오뉴월 녹음장초승화시, 칠팔월, 구시월, 천고마비 계절에도 바람처럼 구름처럼 다니며 연불에, 신불에 맞추어 놀았다.

여름철이 되면 많은 제주 사람들이 성널오름 계곡으로 물 맞으러 가는데 영감은 성널오름 꼭대기에서 연기를 피우고 불을 피워 조화풍운을 부렸다. 제주 남자들에게는 사냥을 해 오라는 말을 따르라 했고, 제주 여자들에게는 '어서 같이 살자', '마음씨 좋다' 하면서 수작을 부렸고 말을 듣지 않으면 천변흉험을 불러주었다.

온갖 오름과 계곡에서 놀던 조상이었다.**

―――――
** 절물오름으로 가아오름, 지그레기오름, 작은지그레기, 바농벵디에 놀고 바농오름으로 돔베오름, 대천이오름, 노여오름, 거꾸리오름, 원오름에서 놀았다. 조천면 일대 내려서면, 웃바매기 알바매기에 놀았다. 웃구름에서 놀았다. 구좌면에 이르면 높은오름, 둔지오름, 다랑쉬, 돗오름에서 놀고 한쪽으로 내려 소섬 진질깍에서 놀았다. 성산 일출봉에서 놀고 대정 산방산에서 놀았다. 가파도 마라도 비양도에서

연해변으로 내려서도 놀았다.*

관리로 제주에 들어온 영감들, 자신들에게 주어진 임무를 수행했어. 하지만 제주 사람들 눈에는 노는 일로 비쳐졌지. 제주에 들어온 영감은 창이나 칼을 들고 이곳저곳 돌아다니면서 봉수대를 관리했어. 낮에는 연기, 밤에는 불을 피웠어. 사람들은 영감이 연불, 신불을 가지고 놀고 있다고 말했지. 이들은 말을 타고 제주 여기저기를 돌아다니면서 여자들을 잡아서 흉험을 주기도 했어. 이 영감의 손에는 일곱째 아들이 들려 있었던 거야. 제주 사람들은 영감이 곧 허정승의 일곱째 아들이라고 생각했지.

관원들은 기본적으로 제주를 방어하고 통치하기 위해 들어온 사람들이야. 바닷가에는 연대를 설치했지. 연대에서도 낮에는 연기가, 밤에는 불이 피어올랐어. 제주 사람들의 눈에 비친 그들은 연불, 신불을 가지고 노는 신들이었지.

함덕 바닷가에 이르렀을 때, 젊은 해녀가 바다에서 올라오는 것이 보였

놀고 섬마다 산골짝 물골짝에 곡선 능선 골짜기에 놀던 조상이었다.
* 연해변으로 내려서 하도리 별방 상굿에 놀고, 종달리 소금밭에서 놀았다. 어느 포구 여 끝, 돌 끝마다 놀고, 평대리 수데기도 아래 여 끝 돌 끝에서 놀았다. 함덕은 양산 통박이 넘어, 구한방 구셍기 아래 말퉁이, 큰사스미에서 놀았다. 샛사스미에 놀다가 심심하면 안 여, 바깥 여, 정살 여, 숨은 여, 도랑 여에 놀고, 함덕 해수욕장에서 놀았다. 강도이 아래 드르메깍, 한 개코지, 노릿질코지, 함덕 소여루코지, 지방여, 도릿대짐에 놀았다. 신흥리는 한곳머리 소금밭에 놀던 조상, 마농개로 어소곡질에 놀던 조상 조천리는 대섬코지에 놀았던 영감 참봉이었다. 삼양 원당봉 알 숨은 여에 놀고, 삼양 바닷가 모래밭에서 놀고, 그 뒤로 사라봉 등댓불 아래에서 놀았다. 화북 일대 갯가 연변에 놀고 영내읍중 들어서면 먹돌개에 놀고, 산지항에 들어오는 배위에서 놀았고 선흘 동백동산에서도 놀았다.

▲ 옛날 봉화를 올렸던 둔지오름(위)
봉화를 올렸었다는 이야기가 전해지는 구좌읍 한동리의 둔지오름, 지금 봉수대의 흔적은 남아 있지 않다.

▶ 봉수대 흔적을 엿볼 수 있는 달산봉(오른쪽)지금은 풀이 무성하다.

▶ 연대 정치 군사적인 소식을 전하던 통신 수단으로 주로 해변 지역에 설치된다. 낮에는 연기로 밤에는 횃불로 신호를 보내던 서귀포시 신천리 연대. 연불, 신불로 놀던 모습에서 제주 사람들은 신을 보았나 보다.

● 조선 중기 임제(1549~1587)가 쓴 『남명소승』에 관원과 제주 여성의 관계가 나타난다. "매년 3월 관원 관병들이 변경을 지키기 위해 들어오면 여자들은 곱게 단장하고 별도포구에 술을 들고 나와 서로 권하여 친해져서 자기 집으로 맞아간다. 8월에 임무가 끝나 떠날 때면 눈물을 흘리며 송별한다." 제주여성의 시각이 아닌 지배자의 시각에서 바라본 결과로 보인다.

다. 영감이 해녀의 뒤를 쫓아갔다. 해녀는 대문도 없는 초가집으로 들어갔다. 밤이 되자 영감은 해녀 이불 속으로 들어갔다.

"내가 가진 건 없어도 나쁜 놈은 아니오."

해녀는 그날부터 아파 눕게 됐다. 이 약 저 약을 써도 병은 도무지 나을 기미가 없고, 몸은 날이 갈수록 이울어갔다. 용하다는 의원을 청해보아도 아무 효험이 없었다. 할 수 없이 점쟁이를 찾아가 물었다.

바닷가에서는 해산물을 채취하는 제주 여자들을 쉽게 찾을 수 있었어. 창이나 칼을 가진 관원들을 여자들은 방어할 힘이 없었지. 해녀들은 영감에게 저항하는 것은 소용없는 일이라는 것을 알고 있었어. 저항하면 십중팔구 죽거나 다쳤지. 죽거나 다치지 않으려면 잘 먹이고 잘 대접해서 보내야 해. 영감이 지나가는 바닷가에서 여성들은 이런 일을 비일비재로 경험했지.

"어허, 이거 천하의 오사리잡놈 도깨비가 몸에 들러붙었소. 굿을 해서 쫓아내는 길밖에 없소."

해녀는 심방을 청해 몸에 들러붙은 도깨비를 쫓아내는 굿을 해달라고 부탁했다. 굿을 하는 심방이 말했다.

"이 도깨비 영감신은 감주에 네 발 달린 짐승의 내장, 피, 열두 뼈, 그리고 수수떡이나 수수범벅을 좋아하니, 그것들로 일곱 상 차려주시오."

며칠 후 해녀의 집 마당에 멍석이 깔리고 굿판이 마련되었다. 어둠이 슬금슬금 기어들자 굿이 시작되었다.

영감들을 내쫓거나 고향으로 돌려보낼 현실적인 힘이 제주 사람들에게는 없었어. 잘 먹이고 달래서 원래 고향으로 돌아가길 기원할 수밖에 없어. 기원, 심방의 굿이야.

심방은 시작하는 사설을 읊조리면서 도깨비 일곱 형제들을 하나하나 호명하여 불러들였다.

"서울 삼각산에서 노는 큰 영감님아, 함경도 백두산에서 노는 둘째 영감님아. 강원도 금강산에서 노는 셋째 영감님아, 전라도 지리산에서 노는 넷째 영감님아, 충청도 계룡산에서 노는 다섯째 영감님아, 경상도 태백산에서 노는 여섯째 영감님아, 좋은 술 맛있는 안주, 수수범벅 차려놓고 청하옵니다."

그러자 신들이 술에 취한 듯 비틀거리며 굿청으로 들어온다.

"으하하하, 우릴 불렀소?"

"어떻게 찾아오셨습니까?"

"서울 남산 먹자고을 허정승의 아들 일곱 형제로 팔도강산 유람하다 우리 막내 '천하 오사리잡놈'이 제주에 와 있다 하길래 찾아보려고 진도 벽파장 울돌목 지나, 추자도 지나, 큰 관탈섬 작은 관탈섬 지나, 제주 바다 물마루 넘어 제주섬을 한 바퀴 돌면서 갯가를 샅샅이 뒤졌지만 막내 동생을 찾지 못했지. 그래서 한라산으로 들어가 어승생, 아흔아홉 골, 백록담, 물장오리, 테역장오리, 이 곶자왈, 저 곶자왈, 곶자왈을 다 뒤져도 동생을 찾지 못했지. 이제 이 마을에 오고 보니 이 집에서 향냄새가 건듯하고 우리를 불러대는 소리가 들려 여기로 들어왔다네."

심방이 영감들을 맞이하며 말했다.

"영감은 무엇을 좋아하십니까?"

"바다 고기 좋아하고, 전복 따는 해녀들도 좋아하지."

"영감 막내동생도 여자를 좋아해서 이 집 해녀에게 달라붙어 있으니, 동생 얼굴이라도 보는 게 어떻습니까?"

심방은 비틀거리는 해녀를 부축하여 굿판 멍석에 앉혔다.

"으하하하, 내 동생이 맞소. 너, 이놈아, 널 찾으려고 일천 고생 다 하며 찾아왔는데 어찌 그리 무심하냐?

해녀 몸에 다가가 손가락으로 쿡쿡 찌르며 말했다.

"야, 그 몸에서 이제 그만 나와 이 형님들과 실컷 먹고 술 마시며 놀자."

심방이 말했다.

"영감님들, 음식은 어떤 음식을 좋아하십니까?"

"우린 돼지고기 좋아하지. 앞갈비, 뒷갈비, 앞다리, 뒷다리, 앞머리, 뒷머리, 다 좋아하고, 염통, 콩팥 좋아하고, 큰창자, 작은창자 좋아하고, 더운피 단피 그것도 좋아하지. 수수떡 수수밥 좋아하고, 감주도 좋아하지. 우린 잘 먹으면 잘 먹은 값, 못 먹으면 못 먹은 값 하지."

영감이 말했다.

"누가 우리 성질머리를 건드리면 열 배, 백 배로 갚아주지. 요놈 저놈 고약한 놈 배신한 놈 절대 못 봐줘."

"예, 알아서 잘 모시겠습니다."

심방이 차려진 굿상 앞으로 영감들을 손짓으로 불러 모았다. 영감들이 모여들었다.

"이거 우리가 좋아하는 것들이구나. 이건 돼지 앞다리, 이건 시원 석석한 간, 이건 더운 피! 잘 차렸구나."

심방이 썩 나서서 술병을 들고 잔을 잡아 술을 찰찰 넘치게 따랐다.

"자소주, 청감주, 탁주, 당기는 대로 골라잡아 술을 잡수시오."

굿에서 심방이 신을 초청하기 위해 하는 일. 신의 내력을 밝히는 것이지. 일곱 번째 아들인 '구워야 언 쇠'의 내력은 첫 번째에서 막내까지 칠형제를 다 불러야 돼. '먼 산 허망댕이', '잔금 열쇠', '지어야 갸븐 쇠', '때려야 가려운 쇠', '깊어야 얕은 쇠', '잡아야 붙은 쇠'를 거쳐야 '구워야 언 쇠'가 만들어지기 때문이지.

술을 마시던 영감이 소리쳤다.

"요건 무엇이오?"

짚으로 만든 배가 상 아래쪽에 마련되어 있었다.

"영감님들 태우고 제주 바다 건너서 육지로 데려갈 배입니다."

"어따, 그 배 이물도 좋다. 고물도 좋다. 상갑판도 좋고 중갑판도 좋고 하갑판도 좋다. 막내동생 데리고 도깨비 깃발 달고 바람에 풍운조화 부리면서 제주 바다 물마루 건너갈 배로구나."

"내 동생아, 이리 나와서 이 술 한잔 받아라!"

그러자 막내 도깨비가 나왔다. 그동안 들러붙어 있던 해녀의 몸속에서 빠져나온 것이었다. 가장자리만 겨우 붙은 대패랭이, 깃만 붙은 도포, 보릿짚으로 만든 짚신, 종이로 된 들메를 매고, 한 뼘도 안 되는 곰방대에 시름초를 피워 문 행색이었다.

"어, 목마르다! 이 잔은 작아서 감질나 못쓰겠소. 형님, 저 대접에 가득 채워 술 한잔 주시오."

일곱 형제는 한자리에 모여들어 술과 안주를 서로 주고받으며 어깨춤을 추어댔다. 심방이 소리쳤다.

"영감님들, 물때가 다 됐습니다. 이제 배를 띄워야 할 때가 됐소."

"자, 이별주를 들어라. 작별주를 들어라!"

심방은 짚으로 만든 배에 술과 안주를 싣고 바닷가로 갔다. 일곱 도깨비가 배에 올라 떠나니, 굿판에 있던 모든 사람들이 춤을 추었다.

제주의 여성들에겐 아픔을 주는 관원들을 무력으로 내쫓을 힘이 없었지. 그렇다고 피해를 감수할 수도 없었어.

술과 음식으로 잘 대접하고, 그들이 왔던 고향으로 배를 태워 돌려보낼 수 있기를 기원하는 것. 아픔에서 벗어나는 유일한 길이 아니었을까?

제주 사람들은 자신의 삶 속에서 이루어지는 모든 일은 신이 주관하는 것이라 여겼다. 생명의 탄생, 죽음, 꽃이 피고 열매를 맺는 일, 바람이 불고 파도가 치는 일. 이러한 일들은 모두 삶에 큰 영향을 주었고 이를 수용하여 처리하는 절차를 만들어 법이라 불렀다. 법은 살아가면서 만들어졌고, 그 법에 따라 살다 새로운 필요성에 의해 새로운 법을 만들었다.

제주의 고립된 삶. 그 속에서 경험하지 못한 일, 외부에서 들어오는 새로운 문화. 그중의 하나가 철이 생산되지 않는 제주에 관원들에 의한 철기 문물의 유입이다. 철기 문화는 강력한 군대, 농업 생산성의 증대 등 시대를 구분할 만큼 역사적으로 커다란 영향을 끼쳤다.

하지만 철기 문화 유입 과정은 혜택이 아닌 피해로 다가왔다. 관원들은 제주민을 통제하고 관리하기 위해 철기 문화인 무기를 들고 왔을 뿐, 농업 생산에 필요한 철제 농기구를 가지고 오지는 않았다. 제주 방어에 필요한 것이었지만 이것이 제주 여성들을 향해 사용되면서 위험한 문화가 되었다. 그리고 이 문화를 가지고 들어온 사람들은 위험한 신 같은 존재가 되었다.

제주에서는 이 철기 문화를 가지고 들어온 신을

봉화와 연대, 그리고 철기 문화
● 제주의 봉화, 연대는 일종의 군사 시설이다. 세종 20년 1438년 제주목사 한승순이 조정에 보낸 장계에 따르면 참역(站驛) 6개소, 바다 방어소 21개소, 봉화대 22개소, 기타 필요한 곳에 연대를 설치했다.

도깨비신 또는 영감이라 불렸다. 이들을 도깨비라고 부른 것은 제주의 방어를 위해 봉수대와 연대 등을 관리하면서 낮에는 연기로, 밤에는 불로 제주의 낮과 밤을 지배했기 때문이다. 제주에 들어온 관원들은 그들의 우두머리를 향하여 영감이라는 말을 연신 해댔다. 개가 멍멍 짖는다고 해서 개의 이름을 멍멍이라고 하듯, 영감이라는 소리를 끊임없이 외치는 그들을 사람들은 영감이라고 불렀다. 이들은 제주 곳곳 봉수대와 연대에서 연기와 불을 피우러 돌아다니면서 제주 사람들에게 세금이라는 명목으로 먹을 것을 요구했고 가져갔다.

제주 사람들의 눈에 이들은 오름과 바닷가에서 연불과 신불을 가지고 노는 신들이었다. 그리고 이 신들을 접대하기 위해 먹을 것을 내놓아야 했다. 먹을 것을 받아간 이 신들은 크게 해악을 끼치지 않았지만 먹을 것을 내놓지 않을 경우, 피해를 주기도 하였다. 그래서 그들은 먹으면 먹은 값, 못 먹으면 못 먹은 값을 한다고 말했다.

신들은 먹을 것만을 요구한 것이 아니었다. 그들에게 제주 여자들은 쉽게 취할 수 있는 성적 대상이기도 했다. 이들은 철기 문화라는 막강한 힘을 몸에 지니고 있어서 여자들이 거부할 수가 없었다. 거부하는 여자들도, 받아들이는 여자들도 피해를 받는 것은 마찬가지였다. 그래서 제주 여자들에게 이들은 한시바삐 떠나보내야 할 존재였다.

영감 신화는 철기 문물을 가지고 제주 방어를 위해 들어온 관원들을 신으로 인식하고, 이들이 주는 아픔에서 벗어나기 위해 그들을 원래 고향인 육지로 떠나보내고자 했던, 제주 여성의 대응을 보여주는 신화다. 제주의 지배계급으로 들어온 외부의 관리와 그들이 가지고 온 문물에 의해 아픔을 겪었던, 제주 여성들의 삶의 기록이 영감 신화다.

신화 시대 관원들은 무기를 들고 제주의 지배자로 왔는데. 오늘날 제주를 지배하려는 자들은 무엇을 들고 올까?

모든 권력은

국민으로부터 나오듯.

모든 신력(神力)은

인정에서 나온다.

인정은 아무리 힘들어도

심청이 공양하듯.

그래야 신력으로

소원성취 이뤄지니

그것이 인지상정.

인정

멩감 신화

공양의 신

어느 집에서 굿을 해달라는 요청을 받고 심방들이 그 집을 찾았어. 미리 굿에 필요한 제물과 물품을 알려주었는데도 물량은 빠듯하게 보여. 인정이 줄어들고 있었던 거지. 이 집만이 아니라 다른 집에서도 큰 굿을 하는데도 사람들이 인정을 거는 것이 영 시원치 않았어. 삶이 팍팍해서인지 선뜻 큰 제물을 내놓지 못해. 큰 제물이라야 어렵사리 마련한 곡식과 떡, 그리고 약간의 돈이었지. 무당이 말했어.

"인정이 부족합니다."

주인이 무당의 눈치를 살피며 물었지.

"얼마나 더 준비해야 할까요?"

주인을 바라보며 무당은 다음과 같은 이야기를 들려주었어.

옛날옛적에 사만이가 살았다. 사만이는 어렸을 적에 부모를 여의고 혼자서 동냥바치가 되어 이 집 저 집 다니며 얻어먹는 신세였다. 어느 날 동냥을 나갔다가 길에서 예쁘장하게 생긴 계집아이와 마주치게 되었다.

"너는 어디로 가는 아이냐?"

"난 아랫마을 조정승 딸인데 하루아침에 부모형제가 돌아가서 윗마을에 얻어먹으러 갑니다."

"내 신세와 같구나. 우리 오누이 하자꾸나."

둘은 오누이가 되어서 이 마을 저 마을 함께 다니며 얻어먹다 보니 어느새 열다섯 살이 되었다. 어느 날 사만이가 문득 계집애를 바라보더니 말을 했다.

"우리가 오누이해서 함께 다닌 지도 몇 해가 흘러 열다섯 성인이 되었구나. 내 속은 네가 알고 네 속은 내가 아니, 이제 우리 부부가 되는 게 어떠냐?"

"그러시지요."

둘이 의좋은 부부가 되어 살아가니 아기가 해마다 태어나는데 살림살이는 늘 쪼들렸다. 하루는 사만이 아내가 사만이를 불렀다.

"이 아기들하고 살아가려면 아무래도 무슨 장사라도 해야겠습니다."

"장사는 맨손으로 하는가? 본전이 있어야 하지."

"제가 천년장자 집에 가서 돈 백 냥을 꿔 올 테니, 그걸로 장사 밑천을 하십시오."

사만이 부인은 천년장자 집에 가서 사정 이야기를 하고 돈 백 냥을 꿔왔다. 사만이는 그 돈을 가지고 무슨 장사를 해볼까 궁리하며 장터로 향하였다. 동지섣달 찬바람에 눈발까지 퍼뜩이는 날이었다. 마침 길가에서 두 아이가 와들와들 떨며 비새같이 울고 있는 게 눈에 들어왔다. 그 거지 아이들을 보자 어린 시절이 눈앞에 떠올라 사만이는 자기도 모르게 눈물이 고였다.

"아이고, 요 불쌍한 아기들. 날 닮은 신세로구나!"

사만이는 그 아이들을 데리고 주막으로 들어가 우선 따뜻한 밥을 배가 든든하게 사 먹였다. 그런 후에 옷집에서 두툼한 솜옷을 사 입히고, 신발

집에 들어가 신발을 사 신겨 보내주었다.

아이들과 헤어져 다시 길을 가는데 두 노인 소경이 지팡이 하나를 같이 짚고 어틀비틀 걸어오는 게 아닌가. 노인네들은 배고픈 데다 추워서 눈물, 콧물이 어우러지고 당장이라도 쓰러지면 숨이 끊어질 듯한 행색이었다.

"아이고, 날 닮은 신세로구나!"

사만이는 그 노인들을 부축하여 주막에 들어가 밥을 사 먹이고 술을 사 먹였다. 고픈 배를 채우고 난 후에는 새 옷을 사 입히고, 새 신발을 사 신겼다. 그러고 나니 돈 백 냥이 어디로 갔는지 모르게 되고 말았다.

사만이로부터 돈 까먹은 이야기를 들은 부인은 기가 막혔다. 그렇다고 불쌍한 고아와 노인들을 도왔다는데 무슨 말을 할 것인가. 아이들이 배고파 보채는 소리가 들려왔다. 부인은 흑공단 같은 머리를 삭삭 베어 사만이에게 주었다.

"이 머리카락을 팔아서 쌀로 바꿔가지고 오세요. 아기들이 배고파서 울고 있습니다."

사만이는 장터에서 구름 같은 머리태래를 돈 석 냥을 받고 팔았다. 쌀을 사러 가는데, 사람들이 모여 웅성거리고 있었다. 들여다보니 부지깽이 같이 길쭉한 것을 팔고 있었다.

"그게 무슨 물건이요?"

"조총이라는 거요. 이거 하나면 먹고 입는 게 그냥 다 해결됩니다."

"그게 정말이오? 값이 얼마요?"

"여덟 냥 여덟 푼이요."

"가진 돈이라곤 우리 각시 머리카락 판 돈 석 냥 있소."

"좋소. 그 돈에 팔아드리리다."

사만이는 조총 사용하는 법을 가르쳐 받고 신이 나서 집으로 달려왔다. 부인은 쌀을 사가지고 이제나 올까 저제나 올까 기다리면서 사뭇 불안했다. 빌려온 돈 백 냥을 가뭇없이 써버린 지난번 같은 일이 또 생길까 해서였다. 아니나 다를까 이번에도 남편은 쌀은커녕 부지깽이 같은 물건을 사들고 오는 게 아닌가.

"낭군님아, 그것이 쌀입니까. 밥입니까?"

"이것이 이래 뵈도 쌀도 나오게 하고 밥도 나오게 허는 거라."

사만이는 이튿날부터 총을 둘러메고 사냥을 다니기 시작했다. 높은 산 낮은 산 이 골짜기 저 골짜기 헤매고 다녔다. 하지만 짐승 한 마리 잡지 못하고 돌아왔다. 그렇게 하염없이 몇 달이 지났다.

그날도 아무 소득 없이 터덜터덜 걸어오는데 무엇이 왼발에 툭 차이는 것이었다. 다시 걸음을 옮기려는데 또 뭔가가 왼발에 차였다. 이렇게 세 번이나 연거푸 발에 차이자,

"거 이상하다. 왼발에 차이면 재수가 좋다는데?"

사만이는 왼발에 차였던 풀숲을 막대기로 여기저기 들춰봤다. 무언가 두르륵! 소리가 나면서 굴렀다. 풀숲을 헤쳐보니 하얀 해골이 뒹굴고 있었다.

"에이, 이건 또 뭐야? 재수 없게."

사만이가 투덜대며 발걸음을 옮기는데 왼발이 다시 차였다. 그때 사만이를 부르는 소리가 들려왔다. 해골에서 나는 소리였다.

"사만아! 사만아! 사만아!"

"누구요? 나를 부르는 게."

"나는 서울 백정승의 아들인데 이제 해골이 되었고나. 네가 가진 총은 원래 내 것이었다. 서울에서 큰 돈 주고 사서 사냥을 왔다가 어느 도둑놈에게 총 한 발을 가슴에 맞아 죽었노라. 그게 열두 해 전 일이다. 네가 지금 내 총을 가지고 있는 걸 보니 도둑놈이 바로 너였구나? 이제 찾았으니 오늘이 바로 너 죽는 날이다."

"아니요, 아닙니다. 장터에서 돈 주고 산 총입니다. 죽다니 그 무슨 말이오? 모르고 산 것이니 살려주시오. 이 총도 가지시오."

"아니, 그러지 말고, 나를 조상으로 모셔서 위해주라. 그러면 날마다 산 노루, 꿩 잡게 해주고 너를 만석꾼 부자로 만들어주리라."

"조상으로 모신다는 게 어떻게 하는 겁니까?"

"나를 자소주에 목욕시킨 후 명주로 감싸서 너의 집으로 데려가라. 안 방에 비자나무로 선반을 만들고 거기에 나를 모셔라. 정월 명절, 오월 단오, 팔월 추석 삼명절 때, 집안에 기일 제사 돌아오게 되면 나에게도 맛있는 걸 대접해주면 된다."

사만이는 그날로 해골을 집에 가지고 와서 조상으로 위하기 시작했다. 그러자 이튿날부터 사냥을 나가서 총 한 방을 놓았다 하면 신기하게도 사슴 열 마리를 잡고 또 한 방을 놓았다 하면 산돼지 백 마리를 잡을 수 있었다. 잡히는 족족 시장에 내다 팔아 곡식도 사고, 집도 사고, 밭도 사서 삽시간에 부자가 되었다. 그렇게 몇 년이 지난 어느 날, 백발노인이 사만이 꿈에 나타났다. 사만이가 모시는 해골이었다.

"사만아, 지금 무심히 잠을 잘 때가 아니다. 너의 정해진 수명이 서른인데 이제 만기가 되어 저승에서 염라대왕이 너를 잡으러 삼차사를 내려 보낼 듯하다."

"아이고, 조상님아. 그 무슨 날벼락 같은 말입니까? 제가 죽을 날 아는 걸 보니 살릴 방법도 알 것 아닙니까? 조상님 살려주십시오. 시키는 대로 하겠습니다."

사만이 부부는 엎드려 빌었다.

"내가 이르는 대로 할 수 있겠느냐?"

"여부가 있겠습니까. 무엇이든 가져오라면 가져오고 가져가라면 가져가겠습니다. 살려만 주십시오."

"그럼 사만아, 어서 일어나 손톱 깎고 머리 다듬고 목욕재계하여 정성을 드려라. 차사들이 오는 삼거리에 병풍을 두르고 비자나무 겹상에다 맑은 음식을 단정히 차려놓고 향촉을 밝혀라. 네 성명 석 자를 써서 제상 밑에 붙여놓아라. 그래놓고 너는 백 보 밖에 엎드려 조용히 기다리되, 누가 불러도 대답을 하지 말고 있다가 세 번째 부르거든 머리를 들어 대답을 하거라."

백발노인은 사만이 부인에게도 명을 내렸다.

"부인은 날이 새거든 심방을 청하여 제물을 빠짐없이 정성껏 차리고 굿을 하라. 하늘 높이 염랏대를 세우고 염라대왕과 그 권속을 위한 시왕굿을 하라. 또 관복 세 벌, 관대 세 개, 신발 세 켤레를 준비하고 큰 놋동이에는 좋은 쌀을 가득 담아 올리라. 또 황소 사만세 필을 대령하여 액을 막고 있으면 무슨 방법이 있을 것이다."

깨고 보니 꿈이었다. 사만이 부부는 예사로운 꿈이 아닌 걸 알고 백발노인이 시킨 대로 심방을 청하여 시왕맞이 굿판을 벌였다. 그날 저녁이 깊어 인적이 끊기자 사만이는 마을 삼거리로 갔다. 병풍을 치고 비자나무 겹상에 흰 시루떡, 계란 안주, 청감주 등 갖가지 음식을 차려놓았다. 제상 밑에는 사만이 이름 석 자를 써서 붙여두었다. 이 모든 것이 준비되자 마지막으로 향을 피우고 촛불을 켜놓고 백 걸음 떨어진 곳에 자리 잡고 엎드렸다.

한편 사만이를 잡으러 오는 저승사자는 세 명이었다. 천황차사는 명을 담당했고 지황차사는 복을 담당했고 인황차사는 녹봉을 맡고 있었다. 저승 문을 나서서 걷기 시작하여 얼마 없어 천황차사가 볼멘소리를 하였다.

"이거 다리가 아파 걷기가 되게 힘드네. 누가 말 한 마리만 주면 앗을 목숨도 그만 놓아주고 싶으이."

지황차사가 그 말을 대뜸 받았다.

"형님, 그게 무슨 말씀이오? 그러다 누가 들으면 어쩌려고요. 밤 소리는 쥐가 듣고, 낮 소리는 새가 듣는 법인데. 그나저나 누가 이럴 때 신발이나 한 켤레 주면 없는 복도 있게 해주련만."

인황차사도 한 소리 하였다.

"형님들, 무슨 말을 그렇게들 하십니까. 허긴 저도 배고파서 허리가 꺾어질 판입니다. 누가 밥이나 한 상 차려주면 없는 녹봉도 지니게 해주고프네요."

이야기를 두런두런 나누며 오다 보니 어디서 솔솔 향내가 풍겨왔다. 삼차사는 저절로 그쪽으로 발길이 끌렸다. 상이 있는 곳에 도착해보니 촛불이 고요히 타오르는데 삼인분의 밥상이 잘 차려져 있는 게 아닌가. 지치고 배고팠던 저승의 삼차사는 생각할 겨를도 없이 상에 다가앉아 배부르게 퍼 먹었다.

"형님들, 여기 이거 좀 보세요."

밥을 먹어 눈이 배롱해진 인황차사가 제상 밑에 붙은 종이를 발견하고는 천황차사에게 건넸다.

"사만이라고 쓰여 있네."

"아니 그럼 우리가 잡으러 가는 사람?"

"하아, 이거 우리가 큰일 만들었네. 남의 음식을 공짜로 먹으면 목에 걸리는 법인데……."

"형님들, 그러지 말고 일단 당사자인 사만이를 불러봅시다."

천황차사가 불렀다.

"사만아!"

대답이 없었다. 이번에는 지황차사가 불렀다.

"사만아!"

대답이 없었다. 이번에는 인황차사가 불렀다.

"사만아!"

"예에!"

목소리가 나는 곳을 바라보니 저 멀리 백 걸음이나 떨어진 곳에 사만이가 공손히 엎드려 있었다. 삼차사는 머리를 맞대고 의논을 시작했다. 좋은 방법이 생각나지 않았다. 공짜 밥을 얻어먹었으니 사만이를 저승으로 잡아갈 수는 없는 노릇이고.

"우리 그러지 말고, 사만이 집으로 가봅시다."

집으로 가자는 말에 사만이는 기름기 자르르 흐르는 좋은 말 세 필을 얼른 가져다 바쳤다. 발이 아팠던 삼차사가 말에 올라타자 사만이는 고삐를 쥐고 앞장서서 집으로 인도했다.

한편, 백발노인은 사만이 부인에게 삼차사가 이리로 오고 있다고 알렸다. 마당에는 시왕맞이굿이 한창 벌어지고 있었다. 소미가 치는 연물 소리는 장단이 착착 맞았다. 부인은 다시 상차림을 확인하고 엎드려 절하기 시작하였다. 삼차사가 사만이 집에 들어서보니 굿판이 지극정성에다 성대하기 그지없었다. 시왕맞이 굿에다 삼차사를 위해서 새롭게 관복, 관대, 신발까지 마련해놓고 있었다.

사만이 부인이 울면서 빌었다.

"저승의 관장님아, 우리 낭군님은 삼대독자 외아들입니다. 우리 낭군 인정 많은 죄밖에 없습니다. 저를 대신 잡아가소서. 어찌 어린 자식들 애비 없는 자식으로 키우리까?"

큰절하며 눈물을 다르륵다르륵 염주처럼 떨구었다.

"이거야 원, 사만이가 인정 많은 죄밖에 없다고 하잖는가? 저 눈물 봐. 도저히 사만이를 잡아갈 수가 없겠네그려."

"형님들, 우리가 밥을 얻어먹은 것도 그렇고 저리 우는 것이 너무 불쌍하니 우리도 인정을 받고 무슨 방법을 찾읍시다."

삼차사는 권유하는 술도 받아먹고 안주도 받아먹었다. 놋동이에 산처럼 올린 쌀도 받고, 그 많은 황소도 주는 대로 다 받았다. 저승길 오가며 나달나달해진 관복도 새것으로 갈아입고, 관대도 새것으로 가슴에 차고, 터진 구멍으로 발가락이 삐죽이 나오던 헌 신발은 버리고 가뿐한 새 신으로 갈아 신었다.

　　삼차사는 모여 다시 머리를 쥐어짰다. 좋은 생각이 떠올랐다. 동자판관 실의 장적에 있는 사만이의 수명을 고쳐버리기로 했다. 시왕맞이 굿이 한창인 사만이네 집 마당을 둘러보았다. 염라대왕을 비롯해 저승의 동자판 관과 열두 판관들이 모두 굿판에 초대받아 와 있었다. 삼차사는 황급히 사만이의 집을 떠났다. 저승으로 돌아온 그들은 동자판관실로 숨어들었다. 장적을 펴 사만이 항목을 찾아보니 '정명삼십'으로 되어 있었다.

　　차사들은 벼루에 먹을 갈았다. 붓을 들어 삼십(三十)의 열십자 위에 눈을 딱 감고 한 획을 그으니 '삼십(三十)'은 '삼천(三千)'이 되었다. 사만이의 정명이 삼천 년이 된 것이다.

　　"자, 이만하면 감쪽같지!"

　　장적을 제자리에 돌려놓고 삼차사는 그 자리를 황급히 떴다.

　　그로부터 얼마 지나지 않아 염라대왕과 판관들이 저승으로 돌아왔다. 삼 차사가 불려갔다.

　　"사만이를 잡아오라 하지 않았더냐?"

　　"예, 갔었지요. 그런데 아직 정명도 되지 않았는데 잡아오라는 분부는 어찌 된 것입니까?"

　　"그게 무슨 말이냐?"

　　"동자판관을 불러 물어보십시오. 사만이는 정명이 삼십 년이 아니라 삼천 년이었습니다."

　　"동자판관은 장적을 가지고 들라. 사만이의 정명은 몇 살이냐?"

▶ **인정(人情)** 정명(定命)을 다하지 못하고 돌연히 죽는 일을 막는 것, 거친 절해고도의 제주 사람들에게는 더욱 절절한 소망이었을 것이다. 3천 년을 산 주인공 사만이의 행적을 보여주는 멩감 신화는 액막이를 할 때 불린다. 큰굿은 물론 각 가정의 신년 예축 의례에서도 불린다. 정명을 사는 것은 물론, 그를 기반으로 발복하여 부자가 될 수 있다는 심방의 무가를 들으면 신앙민들은 절로 인정을 걸고 싶어진다. '역졸들한테는 인정을 걸어야 한다'는 옛 표현처럼 저승차사에게 푸짐한 선물을 준다면 액을 막고 복을 받을 수 있다는 이 대목에서는 구경꾼들까지도 인정 걸기를 마다하지 않는다.

동자판관은 장적을 펄럭펄럭 걷으며 사만이 항목을 찾아냈다.

"대왕님, 사만이의 정명은 삼천 년이 맞습니다. 삼십 년 위에 한 획이 비껴있는 걸 제가 미처 못 봐서 이런 착오가 생겼사옵니다."

동자판관이 죄송한 표정으로 낭랑하게 아뢰었다. 이렇게 해서 사만이는 죽을 때가 닥쳤는데도 불구하고 저승차사의 액을 잘 막아 삼천 년을 살았다.

무당이 말을 마치면서 말했지.

"그때 난 법으로 인정을 잘 걸어야 천명이 보전되는 것입니다."

무당의 말을 들은 사람들은 어려움 속에서도 굿을 할 때 인정을 크게 걸었지.

삶과 죽음은 신이 만들어놓은 자연적 질서라고 제주 사람들은 여겼다. 하지만 어떤 이는 오래 살고 어떤 이는 일찍 죽었다. 신에게 청해도, 오래 살고 싶은 인간의 욕망은 뜻대로 이루어지지 않는 경우가 많았다. 그러다 보니 수명 연장과 관련한 무당의 권위가 곳곳에서 흔들리며 약해졌다.

동시에 이곳저곳에서 무당이 출현하여 마을마다 당이 자리를 차지했다. 당이 많아지면서 신앙민들이 바치는 제물로 유지되었던 심방들도 운영이 점점 어려워졌다. 요즘 말로 재정난이 심각해졌다. 뿐만 아니라 토지 생산성이 낮아 형편이 어려운 제주 섬사람들이 큰 제물을 선뜻 내어놓기도 힘들었다.

이 신화는 신에게 바치는 제물의 중요성을 설파하는 이야기이다. 형편이 어려우면 빚을 내서라도 인정을 걸라. 그러면 반드시 복으로 돌아온다. 그리고 수명을 연장하여 장수하려면 차사에게 필요한 제물, 즉 인정을 걸어야 한다.

이 신화의 주인공 사만은 신격을 가지고 있지 않다. 신격으로서의 주인공이 아니라 신앙민의 전형이다. 차사에게 인정을 걸어야 하는 주체가 바로 신앙민이기 때문이다. 인정을 거는 행위는 무당에게 기원과 축원의 비용을 제공하는 것이다. 지금도 무당의 굿판에 돈을 내는 행위를 '인정 건다'라고 한다. 인정을 거는 것이 얼마나 중요한지 이 신화는 큰 굿이 시작되자마자 신앙민들에게 전해진다.

하늘을

만들지 않는다.

땅을

만들지 않는다.

찢어진 이야기 지도

설문대 신화

하늘의 위치를 정해주고

땅의 위치를 정해준다.

제자리를 찾아

세상의 기준을 정한다.

방향을 정하고,

오른쪽과 왼쪽을 정한다.

이것이 창세의 신,

지도의 다른 이름이다.

창세의 신

학생이 선생님께 말했다. 선생님, 선생님의 그림은 엉터리에요.

왜?

어떻게 사람을 집보다 크게 그릴 수 있어요?

선생님은 사람의 가치가 집의 가치보다 훨씬 크다고 생각하는데.

음······

아직도 집을 크게 그려야 한다고 생각해?

수렵과 채집으로 살아가던 시대가 있었지. 나무와 풀이 우거져 길 자체가 거의 없던 시대야. 남자와 여자들은 서로 떠돌며 생활하다 만나지. 그리고 같이 살다가 헤어졌어. 그사이에 여자들은 임신을 했고, 임신한 여자들은 아이를 낳을 자리를 찾아 들었어. 여자들은 어머니로부터, 어머니는 어머니의 어머니로부터, 집을 떠날 때 아이를 설어 몸이 물게 되면 가야할 곳을 들으면서 컸어. 사람들은 아이를 설어(임신한) 몸이 문(부은) 여자들이 가는 듸(곳)를 설어문듸, 설문대라고 불렀지.

설문대엔 임신한 여자들이 모여들었고, 그곳에서 출산을 도와주는 여자가 설문대할망이야. 아이들은 모두 할망의 도움을 받아 태어났지. 그래서 제주 사람들은 대부분 설문대할망의 자손이라고 할 수 있지.

설문대할망은 아이만이 아니라 아이의 어머니 그리고 어머니의 어머니의 어머니도 태어나게 했어. 매우 높은 분이었지. 얼마나 높은지, 한라산만큼 높고 큰 분이라고 어머니는 말했어.

아이들에게 그곳은 고향이었으며, 동시에 어머니에 대한 기억의 공간이야. 아이들은 설문대 근처에서 어머니에 의해 자랐어.

▶ **제주삼읍도총지도** 18세기 제작된 것으로 보이는 이 지도는 제주도를 단독으로 그린 조선시대 가장 큰 대축적 지도(가로 119.5cm, 세로 122cm)라 한다. 제주도민 속자연사박물관에 소장되어 있다. 한라산을 중심으로 길게 뻗은 오름과 중산간의 우목장 등이 자세히 그려져 있다. 당시 제주인들에게 필요한 정보, 말을 키우는 목장과 물을 먹일 수 있는 수처(水處)가 지도에 표시되어 있다.

아이를 키우다 어머니는 또 새로운 남자와 만나 살게 되지. 그리고 헤어져 남자가 떠나갈 때 어머니는 어느 정도 자란 아이를 이 남자와 함께 떠나보내지. 아이가 새아버지를 따라 떠나가도록 한 거야.

떠나는 자식을 바라보는 어머니, 새아버지가 잘 보살펴줄지, 다시 볼 수 있을지, 아무것도 보장된 것이 없어. 식량도, 사냥 도구도 줄 것이 별로 없었어. 걱정이 많았지.

그래서 어머니들은 생존을 위해, 혹여 자신을 찾아올 때를 위해, 가장 중요한 이야기를 자식들에게 전해주었어. 내가 어디 있는지, 어느 쪽에 무엇이 있는지, 사냥감들은 어느 쪽에 많은지, 물을 찾을 수 없으면 어디로 가야 하는지, 물고기를 많이 잡을 수 있는 장소는 어디인지를 알려주는 이야기 지도야. 자식이 돌아다니면서 살아가는 세계가 어떻게 되어 있는지를 알려주는 이야기. 요즘말로 '내비게이션 음성 안내'라 할 수 있지.

이야기 지도에서 제일 먼저 가르칠 내용은 무엇일까?

하늘과 땅이 붙어 있었던 옛날, 아주 큰 설문대할망이 하늘은 위로 가도록 하고, 땅은 밑으로 가게 한 후 물바다로 사람이 살 수 없어, 가장자리로 돌아가면서 흙을 파 올려 제주도를 만들었다.

물바다 가운데 만들어진 섬. 우리가 살아가는 세계는 제주 섬이라는 사실을 알려준 거지. 그리고 이 세계를 보려면 기준을 가르쳐줄 필요가 있지. 섬의 기준을 어디로 이야기했을까?

설문대할망은 치마폭에 흙을 담아다 쏟아부어 한라산을 만들었고, 이때 치마폭 뚫어진 구멍으로 흘러 떨어진 흙들이 사방의 오름이 되었다.

그 기준은 한라산이야. 치마폭에 흙을 담아다 쏟아부은 것이 한라산이 되었고, 치마폭 뚫어진 구멍으로 흘러내린 흙들이 오름이 되었다는 이야기. 세상의 기준은 한라산임을 말해주는 거지. 한라산과 오름을 같이 말해준 이유는 가장 큰 것이 한라산임을 강조하는 거야.

섬의 기준을 정한 다음에 자식에게 무슨 이야기를 해줬을까?

섬을 만든 할망은 이쪽 저쪽으로 누워보았다. 한라산을 베고 누워 두 발을 쭉 뻗었더니 성산포 앞까지 닿았고, 반대로 누워 발을 뻗으니 비양도에 닿았다.

▶ **성산 일출봉** 성산 일출봉에서는 둥근 불덩이 같은 해가 바다 한가운데서 솟아난다. 사람들은 장엄한 이 광경을 보고 영주십경(瀛州十景) 중 제1경으로 꼽았다. 설문대할망이 등잔을 올려놓고 바느질을 하였다는 등경돌은 해가 뜨는 곳이라는 상징과 맞닿아 있다.

다른 쪽으로 한라산을 베고 누워 다리를 뻗었더니 두 다리는 서귀포 앞바다에 잠겼고 서귀포 법환리 앞 섶섬에 커다란 구멍 두 개가 생겼다. 다시 일어나 반대쪽으로 누웠더니 다리가 제주 앞바다 관탈섬에 걸쳐졌다.

방위를 알려주어야 해. 방위를 세우는 것은 한라산을 중심으로 동서남북을 정하는 거야. 이때 동서남북이라는 용어가 없었던지. 한라산을 베개로 해서 눕는 방위를 가르쳐. 그렇게 네 가지 방위를 정했어.

한라산-성산, 한라산-비양도, 한라산-서귀포 섶섬, 한라산-제주시 관탈섬, 지금의 동서남북 방향과 비슷해. 그래서 제주 사람들에게 한라산은 세상을 보는 기준이 된 것 같아.

떠나는 자식에게 기준과 방위 다음에 알려줄 이야기지도는 무엇일까?

할망은 한라산을 엉덩이로 깔고 앉아 한쪽 다리는 관탈섬에, 한쪽 다리
는 서귀포 지귀섬에 딛고 성산봉을 빨래통으로 삼고 우도를 빨래판으로
삼아 빨래를 했다. 서귀포에서 빨래를 할 때는 한라산을 깔고 앉아 왼발
은 성산일출봉에, 오른발은 마라도에 놓고, 서귀포쪽 지귀섬에서 빨래를
했다. 북쪽 바다에서 빨래를 할 때 추자도와 완도에 발을 딛고서 보길도
에서 빨래를 했다.

할망은 서서 빨래를 할 때, 한쪽 발은 한라산을 밟고 한쪽 발은 소섬을
밟고 빨래를 하거나, 왼쪽 발은 한라산을 딛고 오른쪽 발은 산방산을 딛
고 태평양 물에서 빨래를 했다. 그리고 할망은 제주 앞바다 관탈섬에 빨
래를 놓아 밟고 팔은 한라산 꼭대기를 짚고 서서 빨래를 했다.

내가 어디쯤 있는지 위치를 파악할 수 있게 해줘야겠지. 방위가 정해
졌다고 나의 위치를 파악할 수 있는 것은 아니거든. 내가 어디쯤에 있는
지를 알 수 있는 방법, 빨래 이야기야. 한라산을 등지고 앉아 다리를 벌리
고 빨래판을 다리 사이에 두게 되면 내가 어디와 어디 사이에 있는지를
짐작할 수 있지.

한라산을 기준으로 제주시 오른쪽으로 가면 성산이 나오고, 성산에
서 제주시에서 온 만큼 계속 오른쪽으로 가면 서귀포가 나오고, 서귀포에
서 오른쪽으로 가면 대정 마라도가 나오고, 그리고 추자도의 오른쪽에 보
길도가 있고, 보길도의 오른쪽에 완도가 있다는 지역 간 위치를 알려주는
이야기인 거지. 마라도에 왼발을 놓고 관탈섬에 오른발을 놓아 비양도에
서 빨래했다는 내용은 소실되었는지 지금은 찾을 수가 없어. 그리고 한라
산과 성산 사이의 거리는 한라산과 산방산 사이의 거리와 비슷하고. 한라

산과 제주시의 거리는 한라산과 성산 거리의 반(1/2) 정도라는 이야기도 해주고 있어.

더 구체적이고 더 자세한 위치도 알 필요가 있지 않았을까?

오라 한내 고지렛도에는 설문대할망이 썼던 감투가 벗어져 모자 모양의 바위가 되었고, 성산에는 할망이 길쌈할 때 등불을 높이기 위해 바위 위에 다시 바위를 얹혀놓고 그 위에 등잔을 놓았던 등경돌이 남아 있다. 그리고 섶섬에는 할망이 누울 때 발을 뻗다가 생긴 커다란 구멍이 두 개 남아 있다.

한라산에 걸터앉아 빨래를 하던 설문대할망이 한라산 꼭대기를 뽑아 집어 던진 것이 한라산의 숫산인 산방산이 되었다.

할망이 흙을 집어놓다 너무 많아 보여서 봉우리를 탁 쳐서 산봉우리가 움푹 파였는데 이것이 다랑쉬오름이 되었고, 할망이 수수범벅을 먹고 싼 똥이 '굿상망오름'이 되었다.

할망이 산짓물에서 빨래를 하다 꾸벅 하고 모자를 떨어뜨린 것이 바위가 되었는데 경주이원흠 족감석이라고 쓰여진 바위이다.

더 구체적이고 더 자세하게 위치를 알 수 있게 해주는 이야기. 지형지물과 관련된 이야기야. 모자 모양의 바위가 있는 곳이 한내라는 곳이고, 등경돌이 있는 곳이 성산이고, 한라산의 숫산처럼 보이는 것이 산방산이라는 것을 알려주는 거지. 이런 이야기는 지역별로 다양하게 있었을 것으로 추정되는데, 지금은 몇 개만 전해지고 있어.

그런데 이렇게 위치를 찾거나 이동을 위해 필요한 지도만으로는 자식들에게 크게 도움이 되지 않을 수도 있을 것 같아. 위치만이 아니라 생존을 위한 지도도 떠나는 자식에게 들려주지 않았을까?

어느 날 설문대하르방이 할망에게 말했다.

"바닷고기가 먹고 싶소."

"그럼, 우리 고기 잡으러 같이 바다에 나갑시다."

할망과 하르방이 바닷가에 이르자 하르방이 말했다.

"나는 저기 소섬 바다 쪽에서 고기를 몰아올 터이니, 할망은 표선 바다 쪽에서 음부를 열고 앉아 있으시오."

설문대할망이 표선 쪽에서 앉아 고기 떼가 몰려들기를 기다리는 동안 설문대하르방은 성산 쪽에서 고기 떼를 몰기 시작하였다. 설문대하르방이 고기 떼를 몰자 삽시에 고기들이 할망의 음부 속으로 들어갔다. 설문대할망은 고기들이 들어차자 음부를 잠그고 뭍으로 나와 신풍리 목장으로 가서 고기 떼를 풀어놓으니 열 섬이나 되었다.

생존을 위한 지도에서 제일 먼저 가르쳐야 하는 것은 사냥터와 사냥 기술일 거야. 사냥터와 사냥 기술이 어쩌면 자식들의 생존에 가장 중요할 지도 몰라. 우선 바다에서 물고기를 잡는 방법을 가르쳤어. 물고기 사냥은 혼자 하지 말고 두 사람 이상이 같이, 덫을 만들어 잡아야 한다는 거야. 여기서 설문대할망의 음부는 갯담과 원담의 상징으로, 물고기를 잡는 일종의 돌로 된 그물이라고 할 수 있어.

바다만이 아니라 산에서 짐승을 잡는 방법도 가르쳐야겠지.

설문대하르방이 설문대할망에게 짐승의 고기를 먹고 싶다고 했다. 그러자 설문대할망은 하르방에게 한라산 꼭대기에 올라가 남근으로 나무를 두들기면서 오줌을 힘차게 갈겨대라고 했다. 그 말대로 하니 산돼지와 노루가 도망을 가다가 할망의 음부로 모두 숨어 들어갔다. 할망이 그것을 잡아다 일 년 반찬을 해 먹었다.

▶ **구좌읍 행원리의 원담** 원담은 설문대할망의 하문으로 상징화되고 있다. 고기 잡는 기술이 발달하지 않았던 당시 사람들에게 원시적인 공동 어장, 원담의 위치를 아는 일은 중요했다. 돌로 만든 마을 공동의 그물, 원담. 제주 해안 마을에는 어디에나 고루 발달되어 있다.

하루는 할망이 가랑이를 벌리고 오줌을 누려 하는데 포수에게 내몰린 사슴들이 할머니의 음부 속으로 숨어버렸다. 사슴 여러 마리가 숨을 정도로 넓었다고 한다.

산에서 짐승을 잘 잡기 위해서는 두 가지를 알아야 해. 하나는 물길이나 물이 있는 장소를 알아두어야 한다는 거지. 왜냐하면 짐승들도 생존을 위해 반드시 물을 찾아오기 때문이지. 물을 찾는 짐승들을 사냥하라는 가르침인 거야.

한라산 꼭대기에서 할망이 갈기는 오줌은, 한라산에서 흘러내리는 계곡의 물길을 상징하고 있어. 이 물길을 따라 덫을 놓으면 짐승들을 잡을 수 있다는 이야기야. 여기서도 할망의 음부는 덫의 상징으로 볼 수 있어. 그리고 또 이야기해주어야 할 생존 지도는 무엇일까?

설문대할망은 비양도에 발을 걸치고 오줌을 누워 백록담에 물이 고였다. 할망은 제주도 안의 물이 얼마나 깊은지 시험해보았다. 용연에 들어가니 물이 발등에 찼고, 서귀포 홍리물에 들어가니 무릎까지 닿았다. 이렇게 시험을 해보다가 마지막으로 물장오리에 들어갔는데 너무 깊어서 빠져 죽었다.

▶ **물장오리** 물장오리오름 정상에 있는 산정호수. 2008년 람사르 습지로 지정된 이곳은 해발 900m에 위치해 있다. 수심 50cm로 사람이 빠져 죽을 깊이는 아니다. 그런데 신화 시대 제주 사람들의 눈에 물장오리는 마르지 않는 물의 저장고였다. 깊이를 가늠할 수 없다고 믿었기에 설문대할망이 빠져 죽을 정도였다는 이야기가 전해진 것으로 보인다. 이는 목마른 시절 궁극의 생명수가 있는 곳을 가리켜주는 지표가 아니었을까.

집을 떠나 수렵과 사냥을 하면서 살아갈 자식들에게 꼭 들려주어야 할 이야기, 물이 있는 곳이야. 물은 짐승에게만 필요한 것이 아니고 사람에게도 꼭 필요하지. 제주는 비가 많이 오지만 물이 귀해. 비가 내려도 바로 땅속으로 스며들거나 바다로 흘러가버리지. 가뭄이 들면 문제가 매우 심각해져. 한라산 계곡에 있던 물도 말라버리기 일쑤야. 그래서 한라산에서 사냥을 하다 가뭄이 들면 어느 쪽에 물이 있는지, 얼마나 있는지를 알려주어야 해. 그곳이 백록담, 용연, 홍리물, 물장오리야.

특히 물장오리는 가뭄에도 절대 마르지 않아. 그러니 꼭 기억해, 물장오리에는 큰 설문대할망이 빠져 죽을 정도의 엄청난 물이 있다는 걸.

더 필요한 생존 지도는 없을까?

할망은 키 큰 만큼 먹는 양도 많았다. 송당리에 있는 큰 바위 세 개는 할망이 밥을 지을 때 솥 받침으로 사용하던 돌의 흔적이며, 세화와 송당 사이에 있는 오름 셋은 할망이 밥을 지을 때 솥을 올려놓았던 곳이다. 애월읍 곽지리에도 바위 세 개가 있는데 할망이 솥을 걸고 밥을 짓던 곳이다.

사람들이 모이는 장소에 관한 지도도 가르쳐주어야 해. 사냥하러 돌아다닌다고 반드시 사냥감을 잡는 게 아니야. 사냥감을 못 잡으면 어디선가 먹을 것을 얻어야겠지. 사냥하다 다치면 사람들의 도움을 받기도 해야겠지. 그래서 사람들이 잘 모이는 곳이나 모여 산다는 곳을 알려주어야 해.

그곳에 가면 굶거나 아플 때 사람들의 도움을 받을 수 있을지 몰라. 설문대할망이 솥을 걸었던 곳, 사람들이 모이는 장소를 알려주는 이야기야. 송당과 곽지는 이 신화의 시대에 사람들이 모여 살았거나, 사람들이 모여서 음식을 해 먹었던 지역으로 보여.

신화의 시대, 시간이 흐르면서 더 첨가된 이야기 지도는 없을까?

설문대할망은 몸집이 커서 늘 옷이 아쉬웠다. 특히나 속옷을 변변히 입어보지 못했다. 그래서 사람들에게 명주 백 동을 모아 속옷을 한 벌 만들어주면 육지까지 걸어서 다닐 수 있도록 다리를 놓아주겠다고 버릇처럼 말했다. 사람들 역시 그 험한 파도를 뚫고 가야 하는 육지 나들이는 늘 걱정거리였다. 그래서 사람들은 명주를 모아 속옷을 한 벌 만들어주기로 했다. 사람들은 모을 수 있는 데까지 명주를 모았으나 아흔아홉 동밖에 되지 않았다. 꼭 한 동이 모자라서 설문대할망은 다리를 놓지 않았다.

설문대할망이 놓던 다리의 흔적이 조천리 엉장매코지와 신촌리 암석에, 한림 앞바다 긴 곳에, 모슬포 알뜨르에, 성산에, 표선에 남아 있다.

제주도를 떠나 다른 곳으로 가는 방법을 알려주는, 다리와 옷에 관한 이야기가 있지. 제주도는 섬이어서 한반도 내륙이나 다른 곳으로 가려면 절대 걸어서는 갈 수 없지. 그 이유는 속옷을 만들어주지 못해 할망이 다리를 놓아주지 않았기 때문이야. 옷 한 벌 제대로 만들 수 없었던 슬픈 현실이 반영되어 있어.

하지만 걸어서 떠날 수 없다는 이야기는 동시에 배를 타서 떠날 수 있다는 이야기의 다른 표현이지. 조천·신천, 성산, 한림, 대정에 다리를 놓으려고 했던 흔적은, 배를 탈 수 있는 곳을 알려주는 포구 지도라 할 수 있어.

자식들이 가지 말아야 할 위험 지역을 알려주는 지도는 없었을까?

설문대할망은 아들 오백 형제를 낳았다. 세월이 흘러 오백이나 되는 아들들은 기골이 장대하게 성장해갔다.

▶ **영실기암** 한라산 백록담 서남쪽에 있는 해발 1,400~1,600미터 사이의 골짜기, '영실(靈室)'. 그리고 골짜기를 둘러싼 형형색색의 거대한 돌기둥인 '영실기암'. 후세 사람들은 이곳의 원시림과 기암절벽의 절경을 아름다움과 웅장함으로만 노래하고 있다. 하지만 신화 시대의 이곳은 무슨 일이 있어 지금도 바람이 불거나 안개가 끼면 아들들이 웅웅거리는 울음소리가 들린다고 전해지는 것인가.

어느 해 큰 흉년이 들었다. 끼니를 이어가는 것이 큰 걱정이었던 설문대할망은 아들들을 불러 말했다.

"이제부터 나가서 모두 양식을 구하도록 하라. 먹을 수 있는 것은 무엇이든 가지고 와야 죽을 쑤든 미음을 끓이든 할 수 있다."

오백 형제는 먹을 양식을 구하러 모두 집을 떠나갔다. 혼자 남은 할망은 집에 남은 양식을 다 털어 자식들이 먹을 죽을 쑤기 시작하였다. 설문대할망은 큰 가마솥에다 불을 때고 솥 주위를 돌면서 죽을 저었다. 할망은 죽을 쑤느라 혼신의 힘을 쓰다가, 그만 실수로 펄펄 끓는 가마솥 속으로 빠지고 말았다.

한참 시간이 지나 아들들이 하나둘씩 집으로 돌아왔다. 하루 종일 양식을 구하러 돌아다녔지만 아들들은 아무도 양식을 구하지 못했다. 배고프고 지친 아들들은 집에 돌아와 펄펄 끓는 죽을 보자 허겁지겁 맛있게 먹기 시작하였다. 맨 마지막에 돌아온 막내아들이 가마솥 바닥에 조금 남은 죽을 뜨려고 휘젓다가 국자에 뭔가 걸렸는데 살펴보았더니 사람의 뼈였다. 건져내면서 자세히 확인해보니 사람의 두개골도 나오는 것이었다. 이상하다 싶은 막내아들은 어머니를 불렀지만 어디에도 어머니는 보이지 않았다. 막내는 가마솥을 뒤집어 어머니가 죽 속에 빠져 죽은 사실을 알고 울부짖었다.

"이게 어떻게 된 일이야? 어머니를 우리가 먹어버리다니⋯⋯."

막내는 울며 집을 뛰쳐나가 한경면 고산리 앞바다 차귀섬에서 굳어져 장군바위가 되었다. 한편 어머니를 먹었다는 사실에 충격을 받은 형들도 통곡하다 바위가 되었다. 오백장군이라고 부르는 영실기암이다.

흉년이 들었을 때, 가서는 안 되는 위험 지역을 알려주는 이야기 지도가 죽 솥에 빠져 죽은 설문대 이야기지. 흉년이 들었을 때 산보다는 바다 쪽으로 가라는 지도야.

식량을 구하지 못했을 때의 어려움은 바다보다도 산이 훨씬 심각해. 짐승 사냥을 원하는 사람들은 대부분 한라산으로 갔지. 사냥꾼이 많아질수록 사냥은 쉽지 않아. 사냥이 쉽지 않을수록 피와 고기에 대한 욕구는 더 강렬해지면서 사냥을 더 열심히 하려 들지. 이런 상황에서 집을 떠나는 자식들에게 가르쳐주어야 할 정보. 도저히 식량을 구하기 힘들 때, 가지 말아야 할 첫 번째 장소가 영실기암이야. 바다 쪽으로 가야 한다는

죽에 빠져 죽은 것은 설문대할망일까, 하르방일까?

● 설문대하르방이 죽에 빠져 죽었다는 이야기와 설문대할망이 죽에 빠져 죽었다는 이야기가 모두 전해지는데 누가 빠져 죽었든, 전달하고자 하는 의미에는 큰 변화가 없는 것으로 보인다. 할망이 물장오리에 빠져 죽었다는 이야기와 함께 전달할 때는 하르방이 죽에 빠져 죽은 것으로, 물장오리에 할망이 빠져 죽었다는 이야기가 없을 때는 할망이 죽에 빠져 죽는 것으로 전해지는 것으로 보인다.

이야기, 생존을 위한 위험 지도인 거지. 영실에서 사냥하다 굶어 죽은 사람은 엄청나게 많지만 바다에서 굶어 죽은 사람은 한 명 정도라는 거지. 한라산에서 굶어 죽은 자식들이 오백장군만큼 많지만 바다에서 굶어 죽은 자식들은 차귀도 장군바위처럼 찾기 어렵다는 것을 말한 거야.

일반적으로 지도는 우리가 살고 있는 세계를 2차원 평면인 종이나 가죽 등에 그림으로 그려낸다. 그렇지만 종이나 가죽을 다뤄 지도를 만들 기술이 없던 시대, 제주의 어머니들은 자식들의 생존을 위해 이야기 지도를 만들었고, 떠나는 자식들에게 들려주었다. 흥미로운 이야기로 되어 있어 기억하기 쉽도록 만든 이 지도는 자식을 염려하는 지혜의 결정판이다.

지도를 그리는 방식은 설문대할망의 누운 자세를 기준으로 동서남북의 방위를 정했고, 할망이 빨래하는 이야기를 통해 지역과 지역의 관계를 한라산을 중심으로 오른쪽인지 왼쪽인지를 알려주었으며, 구체적인 사물을 통해 자신이 있는 위치를 파악할 수 있도록 했다.

뿐만 아니라 물고기와 짐승을 잡는 사냥의 방법과 극심한 가뭄으로 인해 생존이 위협받을 때 물이 있는 곳, 사람들이 모여 음식을 먹는 장소, 식량을 도저히 구할 수 없을 때 한라산 영실 쪽을 피하고 바다가 더 유리하다는 이동의 방향까지 제시하고 있다.

이 이야기 지도는 생존을 위한 최초의 제주도 지도이다.

이야기 지도인 설문대할망 신화는 사람과 사람, 세대와 세대로 전달되어 제주에 광범위하게 유포되었다. 하지만 사람들이 많아지고 이동

수단이 발달하면서, 일 년 걸렸던 거리가 한 달 만에 다닐 수 있게 되고, 일 년에 한 번 보았던 곳을 자주 볼 수 있게 되면서 지도로서의 효용성이 떨어지게 되었다. 그 결과 설문대할망 신화는 점점 소실되면서 파편화되거나 희화화되었으며, 지명과 관련된 전설이나 민담처럼 분리된 이야기로 여기저기 흔적을 남겼고, 그 결과 지금은 찢어진 이야기 지도로 남아 있다.

문무병, 『제주도본향당 신앙과 본풀이』, 민속원, 2008.

──, 『제주도무속신화』, 제주칠머리당굿보존회, 1998.

송문석, 『인지시학』, 푸른사상사, 2004.

──, 『예술의 기호 기호의 예술』, 푸른사상사, 2005.

송효섭, 『문화기호학』, 민음사, 1997.

이정모, 『인지심리학』, 아카넷, 2001.

진성기, 『제주도무가본풀이사전』, 민속원, 1991.

──, 『신화와 전설』, 제주민속연구소, 1959.

현용준, 『제주도 무속자료 사전』, 각, 2007.

──, 『제주도 신화의 수수께끼』, 집문당, 2005.

넬슨 굿맨, 『예술의 언어들─기호이론을 향하여』, 김혜숙 역, 이화여대출판부,
    2002.

랭에커, 『인지문법의 토대』, 김종도 역, 박이정, 1999.

레이 재켄도프, 『마음의 구조』, 이정민 · 김정란 역, 인간사랑, 2000.

루디 겔러, 『기호와 해석』, 이기숙 역, 인간사랑, 2000.

미셸 푸코, 『말과 사물』, 이광래 역, 민음사, 1987.

바렐라 외, 『인지과학의 철학적 이해』, 석봉래 역, 옥토, 1997.

움베르트 에코, 『해석의 한계』, 김광현 역, 열린책들, 1995.

신화 비밀 코드 신화가 숨겨놓은 제주

초판 1쇄 발행 · 2018년 5월 10일
초판 2쇄 발행 · 2018년 11월 5일

지은이 · 송문석
펴낸이 · 한봉숙
펴낸곳 · 푸른사상사

주간 · 맹문재 | 편집 · 지순이 | 교정 · 김수란
등록 · 1999년 7월 8일 제2-2876호
주소 · 경기도 파주시 회동길 337-16(푸른사상사 B/D)
대표전화 · 031) 955-9111~2 | 팩시밀리 · 031) 955-9114
이메일 · prun21c@hanmail.net
홈페이지 · http://www.prun21c.com

ⓒ 송문석, 2018

ISBN 979-11-308-1336-3   03380
값 19,000원

이 도서의 전부 또는 일부 내용을 재사용하려면 사전에 저작권자와 푸른사상사의 서면에
의한 동의를 받아야 합니다.

이 도서의 국립중앙도서관 출판예정도서목록(CIP)은 서지정보유통지원시스템 홈페이지
(http://seoji.nl.go.kr)와 국가자료공동목록시스템(http://www.nl.go.kr/kolisnet)에서 이용
하실 수 있습니다.(CIP제어번호:CIP2018012791)

* 드로잉 : 고지수
이 책에 수록된 도판과 사진의 저작권은 저자에게 있습니다.